De *Studie en Research* Cahiers behandelen eigentijdse thema's van historisch of theoretisch belang voor de arbeidersbeweging en het maatschappelijk verzet tegen onrecht en discriminatie in het algemeen. Zij besteden in het bijzonder aandacht aan de conferenties, lezingen en de vormingsactiviteiten van het International Institute for Research and Education (IIRE) georganiseerd in Amsterdam, Manilla en Islamabad. Het IIRE werd in 1982 opgericht door de marxistische economist en politieke activist Ernest Mandel. Meer dan 50 Notebooks verschenen in het Engels. Vanaf 1998 wordt er samengewerkt met uitgevers in Londen. Diverse cahiers verschenen in andere talen. Voor meer informatie kunt u terecht op www.iire.org. Boeken kunnen worden besteld per e-mail (iire@iire.org) of door te schrijven naar IIRE, Lombokstraat 40, 1094 AL Amsterdam.

Uitgegeven door het IIRE in samenwerking met het Uitgavenfonds Ernest Mandel. Cahiers voor Studie en Research 1
Printed in Britain by Lightning Source ISBN 978-0-902869-47-9
Ontwerp: Claude Roelens-Dequidt

© International Institute for Research and Education, 2014.

ERNEST MANDEL

NATIONALITEIT EN KLASSENSTRIJD IN BELGIË

1958 – 1973 EEN REEKS ARTIKELS VERZAMELD EN TOEGELICHT DOOR GERTJAN DESMET EN HENDRIK PATROONS

UITGAVENFONDS ERNEST MANDEL

INTERNATIONAL INSTITUTE FOR RESEARCH AND EDUCATION

AMSTERDAM 2014

INHOUD

Inleiding :

Ernest Mandel en de nationaliteitenkwestie in België   1

Proloog: de jonge Mandel en de Vlaamse kwestie
(1939) – Gertjan Desmet   13

Socialistische vooruitzichten in verband met de
Vlaamse kwestie (1958)   61

De holdings, de structurele werkloosheid in Vlaanderen
en de Vlaamse nationalisten (1958)   79

Het economisch rapport van de MPW (1961)   85

Marxisme en federalisme (1962)   95

De proef op de som in Canada (1962)   111

Klasse en regio in België in dialectisch verband (1963)   115

Brussel, Vlaanderen en het federalisme (1963)   161

Leuven Vlaams: de diepere betekenis van een revolte (1968)   177

Federalisme en ruimtelijke ordening (1968)   189

Wallonië : welke reconversie ? (1969)   205

Klassenstrijd en nationalisme (1971) 217

Klassenstrijd en nationaliteit in de imperialistische
landen (1973) 225

Annex 1 - Acht stellingen over het federalisme
en het statuut van Brussel 249

Annex 2 - Rik de Coninck - Beknopte historische
inleiding over het Belgisch trotskisme (1979) 255

Annex 3 - Hoe Gustave Dache de geschiedenis
van de staking 60-61 naar zijn hand zet 269

Annex 4 - Daniel Tanuro - De Belgische crisis (2007) 277

Chronologisch overzicht 287

Afkortingen 289

INLEIDING

ERNEST MANDEL EN DE NATIONALITEITENKWESTIE IN BELGIË

« Maar men kan evenmin de conclusie trekken dat het Manifest de nationale kwestie met proletarisch 'nihilisme' bejegent, en evenmin dat het onverschilligheid predikt voor de nationale bewegingen: 'het onbestaande vaderland' waarover het spreekt is de nationale burgerlijke staat, niet het volk, niet de nationaliteit in zijn etnische betekenis.»
Roman Rosdolsky, *De arbeiders en het vaderland*, 1965.

De crisis van de Belgische staat

Het hoeft geen betoog dat de nationaliteitenkwestie aan de basis ligt van de huidige crisis van de Belgische staat en zijn instellingen. De vorming in 1830 van een exclusief Franstalige staat gekoppeld aan de culturele onderdrukking en de economische achterstand van de inwoners ten noorden van de taalgrens heeft deze nationaliteitenkwestie in het leven geroepen. Het cijnskiesrecht van het jonge koninkrijk beperkte het kiezerskorps tot 1% van de bevolking. Deze burgerlijke en aristocratische elite beschouwde zich als de belichaming zelf van de natie en omdat het Frans haar cultuurtaal was, was het Frans de taal van de natie. Deze elite dwong de mensen in het noorden zeker niet om Frans te spreken, maar ze had helemaal geen aandacht voor hun culturele noden en verzuchtingen.

De Vlaamse beweging die tegen deze culturele onderdrukking in verzet kwam, echter zonder daarbij veel aandacht te besteden aan het economische aspect, was aanvankelijk een democratische beweging die het bestaan van België en de vorming van een Belgische natie niet betwistte, bang als ze was voor een Franse annexatie door Lodewijk Napoleon.

Als gevolg van de invoering van het algemeen meervoudig stemrecht in 1893 en van het algemeen enkelvoudig (maar nog steeds mannelijk) stemrecht in 1919, verloor de Franstalige bevolking haar politieke meerderheid. Onder druk van de Vlaamse Beweging waarin naast een overwegend katholieke vleugel ook liberalen en socialisten een stuwende politieke kracht vormden, kwam een einde aan het taalregime dat bepaalde dat Vlaanderen tweetalig was tegenover een eentalig Wallonië.

Later werd de Vlaamse Beweging, om diverse redenen, een politieke, nationalistische en overwegend rechtse beweging. Een van de oorzaken van deze verrechtsing was de houding van de socialistische arbeidersbeweging die aan het einde van de 19de eeuw het licht zag. Zij heeft in haar bestaan wel enige aandacht besteed aan het Waalse, proletarische nationalisme maar, op enkele uitzonderingen na, niet aan de Vlaamse kwestie. En als ze er enige aandacht aan besteedde dan liet ze haar volksvertegenwoordigers vrij om al of niet de zijde van de Vlaamse verzuchtingen te kiezen[1]. Dat was haar grote historische fout: haar weigering om eensgezind rekening te houden met de reële culturele en economische achterstelling van de Vlaamse bevolking, duwde de emancipatiebeweging in de armen van een kleinburgerlijke nationalistische, antisocialistische stroming gecontroleerd door de reactionaire lagere clerus, terwijl de hogere clerus de Vlaamse Beweging afwees. Na de Eerste Wereldoorlog evolueerde de Vlaamse Beweging steeds meer naar rechts, om na de Tweede Wereldoorlog weer een democratisch standpunt in te nemen, maar zonder haar verleden, besmeurd door de collaboratie met het nazisme van vele van haar "voormannen", aan een objectieve kritiek te onderwerpen, terwijl een groot deel van de linkerzijde de Vlaamse emancipatiebeweging smalend de rug toekeerde.

Vandaag bestaat de Vlaamse Beweging grotendeels uit twee componenten. De uitgesproken racistische en antimonarchistische vleugel (VB), de erfgenaam van het vooroorlogse uiterst rechtse en soms rechtuit fascistische ideeëngoed, is sterk achteruitgegaan, maar haalt hier en daar nog meer dan 15%. De tweede en grootste component bestaat uit een *salonfähige*, neoliberale groepering van middenstandskringen, werkgeversorganisaties en industriëlen (CD&V en vooral NV-A).

Het verval van de Waalse industrie vanaf de jaren vijftig en de opkomst van een moderne industrie in Vlaanderen vanaf de jaren zestig, de economische crisis die een aanvang nam in de jaren zeventig en de politiek van de Europese Unie, hebben de institutionele crisis op de spits gedreven. De Waalse sociale beweging die een sterke opgang kende na de grote staking in de winter 1960-1961 is weggeëbd, terwijl het Vlaamse nationalisme zich sterker voelt dan ooit. De federale instellingen die het land zich in 1992 aanmat worden daarbij door de rechtse Vlaamse partijen ontoereikend geacht. Belangrijk hierbij is de federalisering van wat men de "persoonsgebonden materies" noemt, een hervorming die de culturele scheiding van de twee volksgemeenschappen enorm heeft vergroot. We komen hierop terug.

Een strijdbare federalistische en marxistische visie

Gezien de theoretische en programmatische moeilijkheden in de rangen van de linkerzijde m.b.t. de Belgische nationaliteitenkwestie leek het ons nuttig de artikelen van Ernest Mandel over deze kwestie te bundelen. Het huidige België verschilt uiteraard in menig opzicht van het land waarin Mandel actief was als revolutionair militant. De nationaliteitenkwestie stelt zich anders dan in zijn tijd. Maar een confrontatie met de theoretische en praktische aanpak van Mandel in de jaren 1960-1970 kan de linkerzijde vandaag helpen in haar strijd tegen de neoliberale federalistische of separatistische plannen van bepaalde fracties van de bourgeoisie. Voor hem stond de klassenstrijd centraal, waarbij hij de rechten van de Vlamingen verdedigde en een politieke weg uitstippelde om de Waalse tewerkstelling te redden.

Mandel verdedigde een politiek programma dat een federalistische oplossing onlosmakelijk koppelde aan antikapitalistische structuurhervormingen, dit met het oog op een socialistische omvorming van België, enig middel om de "ongelijke en gecombineerde" ontwikkeling van beide landsdelen te vervangen door een globale, planmatige ontwikkeling. Dit programma zou worden verwezenlijkt door de actieve strijd van de hele werkende klasse tegen de unitaire en burgerlijke staat, haaks op de reformistische praktijk van de Belgische Socialistische Partij. Sektarische stromingen hebben deze "structuurhervormingen" afgewezen als reformistisch. Maar men mag de interpretatie die de reformisten en de linkervleugel van het ABVV rond André

Ernest Mandel en de nationaliteitenkwestie in België

Renard er aan gaven, niet vergelijken met die van Ernest Mandel en zijn klein trotskistisch groepje. Zelfs in de linkse oppositiegroep in de BSP beschikte Mandel niet over een meerderheid. Hij interpreteerde, tamelijk geïsoleerd, zijn federalistisch programma als een "programma van overgangseisen" in navolging van Trotski: een door de massa begrijpelijk programma dat de directe economische eisen moest overbruggen naar een revolutionair socialistische programma en de daaraan gekoppelde strijd.

Het integreren van de nationaliteitenkwestie in een antikapitalistisch programma is vergelijkbaar met de integratie door de huidige linkerzijde van de vrouwenemancipatie en de strijd van andere onderdrukte groepen in de globale betwisting van het kapitalisme. Zonder eenheid van alle onderdrukten is de strijd voor het socialisme niet mogelijk.

De niet-Vlaamse Vlaming

Ernest Mandel (1923-1995) was in de Belgische socialistische beweging een van die uitzonderingen die de Vlaamse Kwestie au sérieux namen. Hij groeide op in Antwerpen in een gezin dat zich ontfermde over de linkse antistalinistische bannelingen en hij sloot zich als adolescent aan bij een kleine trotskistische organisatie die hoofdzakelijk bestond uit arbeiders. In de oorlog was hij actief in het verzet o.a. als mede-uitgever van sluikbladen en in de clandestiene trotskistische partij. Na de oorlog werkte hij in de studiegroep van de Waalse vakbondsleider André Renard, nam actief deel aan de staking 1960-1961 en speelde een stimulerende rol in de linkervleugel van de BSP rond de weekbladen *La Gauche* en *Links*. Die groep werd in 1964 uit de BSP gestoten. Door zijn politiek en vakbondswerk was Mandel sterk en zelfs organisch verbonden met de Belgische arbeidersbeweging.

Het beste eerbetoon aan Ernest Mandel is hem te plaatsen in zijn sociale en historische context. Deze polyglot liet graag horen dat hij Vlaming was. Maar hoe moet men die uitspraak interpreteren wanneer men weet dat de man geboren was in een uit Polen afkomstig Duits sprekend, ongelovig joods gezin? Het spreekt vanzelf dat zoiets als dé Vlaming niet bestaat, en nog minder de spookachtige Vlaming die rondwaart in een met rassenwaan behepte nationalistische geest. Mandel beantwoordde evenmin aan het beeld van de halfintellectuele flamingant, product van het middelmatige vooroorlogse kleinburgerlijke culturele milieu. Hij was niet opgevoed met de vitalistische ideeën van de Duitse laatromantiek waarin werd opgeroepen tot een "herwaardering aller waarden" onder de leiding van een "aristocratie van de geest", en dit in het raam van een paternalistisch en corporatistisch regime – ideeën die in de dertiger jaren waren doorgesijpeld in de socialistische beweging, denk o.a. aan Edgard Delvo[2] en aan Hendrik de Man en diens politieke degeneratie.[3] Mandel heeft nooit, zoals zoveel Vlaamse studenten, "Kempenland aan de Dietse Kroon" gezongen of een van die andere pseudo-volksliederen die de Vlaamse neoromantiek uitvond *pour le besoin de la cause*. Maar hij heeft wel *De Leeuw van Vlaanderen* gelezen van Hendrik Conscience en Charles Decosters *Tijl Uilenspiegel*, een roman waarin niet het mythische land van de Vlaamse nationalisten, maar het liberale droombeeld van een Belgisch Vlaanderen wordt verheerlijkt.

Dor zijn kosmopolitische afkomst en zijn internationalistische, revolutionaire culturele achtergrond was hij een uitzondering in het Vlaamse landschap. Misschien past het om, in navolging van Isaac Deutschers typering van de "niet-Joodse Jood", te spreken van een "niet-Vlaamse Vlaming". Mandel was Vlaming, Belg en internationalist. Hij genoot het voordeel om zijn land te bekijken van op een over de grens gelegen heuvel, weliswaar een virtueel buitenland, maar een land dat bewoond wordt door revolutionaire marxisten, waaronder Marx, Engels, Lenin, Luxemburg en Trotski.

Een leninistische benadering

Mandels benadering van de nationaliteitenkwestie volgt die van Lenin die talrijke artikels aan dit vraagstuk heeft gewijd. De Russische revolutionair was voor de volledige en onbeperkte gelijkheid in rechten van de naties en voor hun recht op zelfbeschikking[4]. Boze tongen beweren dat hij dat enkel deed uit tactische overwegingen. Een aandachtige en onbevangen lectuur van de teksten die Lenin vanaf 1913 aan die kwestie besteedde leert het tegendeel[5]. Lenin riep op om te strijden tegen elke vorm van burgerlijk en kleinburgerlijk nationalisme zoals dat onder meer gepropageerd werd door de Boend, de sociaal-democratische organisatie van de joodse arbeiders[6] die, zoals andere Georgische en Armeense revolutionairen in het tsarenrijk, sterk beïnvloed werden door de stellingen over culturele autonomie van Otto Bauer[7].

In zijn polemiek tegen de opvattingen van deze laatste heeft Lenin gewezen op de verdeling die zo'n "culturele autonomie" teweegbrengt in de arbeidersklasse en haar beweging, terwijl hij tegelijk de onderdrukking van welke nationaliteit ook veroordeelde, ook al streeft zij naar afscheiding. België is vandaag een voorbeeld van de negatieve gevolgen van de "culturele autonomie". De federalisering heeft het gezamenlijk ageren van de Vlaamse en Waalse arbeidersbeweging sterk ondermijnd, niet alleen op cultureel vlak (de wetgeving in het onderwijs, de gezondheidszorg, de milieubescherming, soevereine rechten voor het sluiten van akkoorden met andere staten, etc.), maar ook in de politiek en in het vakbondsleven. Vlamingen en Walen groeien uit elkaar.

Mandels legendarische optimisme

Het optimisme dat Mandel ten toon spreidt is meerdere malen op de korrel genomen. Maar men kan moeilijk van een revolutionair verwachten dat hij alle voorstellen tot actie in een pessimistisch daglicht stelt. Naïef was Mandel zeker niet. In een artikel naar aanleiding van zijn dood heeft Paul Verbraeken[8] gewezen op de pessimistische kanten van Mandels visie op de cultuur van het laatkapitalisme en de neerslag ervan op de arbeidersbeweging. Verbraeken citeert hierbij uit de inleiding die Mandel schreef voor een Engelse uitgave van *Das Kapital*: "Precies in functie van de ontaarding van het kapitalisme nemen de verschijnselen van culturele neergang, van achteruitgang op de terreinen van de ideologie en van de eerbiediging van de mensenrechten onverminderd toe, naast een ononderbroken opeenvolging van veelvormige crisissen waarmee die ontaarding ons zal confronteren (ons reeds heeft geconfronteerd). De barbarij, als mogelijk gevolg van een ineenstorting van het systeem is vandaag een veel concreter en duidelijker vooruitzicht dan in de jaren twintig of dertig. Zelfs de gruwelen van Auschwitz en Hiroshima zullen mild lijken vergeleken met de gruwelen die de mensheid te wachten staan in de onafgebroken neergang van het systeem."[9]

Tenslotte

Gertjan Desmet die mede deze bundel heeft samengesteld heeft twee artikels gevonden over de Vlaamse kwestie geschreven door Ernest Mandel toen die pas 16 jaar was geworden. We hebben deze teksten uiteraard opgenomen, samen met een uitgebreid historisch commentaar van hun ontdekker.

Om enig licht te werpen op de interpretaties door diverse revolutionaire stromingen van de staking 1960-1961, een staking

Ernest Mandel en de nationaliteitenkwestie in België

die een grote rol heeft gespeeld in de verdere ontwikkeling van de Belgische nationaliteitenkwestie, hebben wij een reactie opgenomen van enkele "oudgedienden" die samen met Mandel actief waren in deze grote staking (Annex 3).

Verder hebben we een artikel opgenomen van Daniel Tanuro uit 2007 over de huidige politieke en sociale situatie in België waarin de nieuwe aspecten van de kwestie belicht worden (Annex 4). Volgens Tanuro schuilt er achter de ideologisch getinte argumenten waarmee de diverse protagonisten elkaar te lijf gaan een voor de werkende klasse gevaarlijk neoliberaal project, zowel in Vlaanderen als in Wallonië. Elders heeft deze auteur geschreven dat de Vlaamse ondernemers, verenigd in het VOKA, van oordeel zijn dat de politieke krachtsverhoudingen in hun regio gunstiger zijn dan in Wallonië om een krachtig offensief tegen de arbeidersbeweging in te zetten. Aan de Franstalige kant oogt een fractie van de bourgeoisie (gebruik makend van de Parti socialiste en met de steun van de Europese technocraten) op een federale staat, waarbij de angst voor de gevolgen van een Vlaamse afscheiding, vooral m.b.t. de sociale zekerheid, misbruikt wordt om de arbeidersbeweging, in naam van het minste kwaad, achter een grootscheeps soberheidsprogramma te scharen. Volgens Tanuro is het nationalisme van de leider van NV-A een populistische verpakking van zijn neoliberaal project.

Maar het is volgens mij ook zo dat brede lagen van de bevolking in Vlaanderen, hoewel zij vandaag niet meer cultureel onderdrukt worden of economisch achteruitgesteld door een Franstalige minderheid, nog steeds een soort overgeërfde wrok jegens de "franstaligen" koesteren, die hen gevoelig maakt voor de Vlaamse neoliberale demagogie. De traditie van alle dode generaties weegt zwaar op het brein van de levenden, heeft Marx opgemerkt.

Het nationalisme in Vlaanderen wordt niet alleen gestimuleerd door de federalisering en de politiek van de gevestigde partijen, maar ook en vooral door de neoliberale en de extreem rechtse demagogie van de "geldstroom naar Wallonië". Op dit laatste is maar één antwoord mogelijk: een objectieve, gezamenlijke studie door beide vleugels van de arbeidersbeweging aan beide zijden van de taalgrens. Men moet zich met de historicus Lode Wils overigens afvragen, zonder daarom al zijn opvattingen te delen, of we te maken hebben met de vorming van een Vlaamse natie[10]. Met natie bedoelen we dat de bevolking, over de sociale klassen heen, meent een eenheid te vormen, een eenheid waarin ze zich herkent en waarin ze zich verbeeldt en dus de bakermat vormt van een staatsgedreven nationalisme. Het is zo dat de huidige generatie in Vlaanderen over een eigen ingeplante cultuur beschikt, onafhankelijk van haar Franstalige collega's.

Deze bundel werd ter verduidelijking van Mandels politieke interventies eveneens aangevuld met een beknopte geschiedenis van de trotskistische beweging in België, geschreven door Rik Deconinck, archivaris bij het AMSAB, waarvoor onze oprechte dank. We bedanken hierbij ook Claude Roelens die de opmaak van dit boek heeft verzorgd. De presentatie van Mandels artikelen is van mijn hand, evenals de noten gevolgd door (H.P.). Voor kritiek en opmerkingen: hendrick.patroons@wanadoo.fr

Hendrik Patroons, september 2013

[1] Zie hierover o.a. H. VAN VELTHOVEN, "Onenigheid in de Belgische Werkliedenpartij: de Vlaamse kwestie wordt een vrije kwestie (1894-1914)", in *Belgisch Tijdschrift voor Nieuwste Geschiedenis*, 1974, pp. 123-165; Maarten VAN GINDERACHTER, *Het rode vaderland. De vergeten geschiedenis van de communautaire spanningen in het Belgisch socialisme voor WO I*, Tielt 2005.

[2] De Gentse socialist Edgard DELVO werd in 1932 secretaris-generaal van de Centrale voor Arbeidersopvoeding, het vormingsinstituut van de BWP. Na het uitbreken van de oorlog wordt hij opgenomen in het bestuur van het VNV. In

sous titre

1942 wordt hij door de bezetter benoemd tot "leider" van de Unie van Handen Geestesarbeiders, de vakbond van de collaboratie. Hij werd gehuldigd door het Vlaams Blok in een artikel onder de titel "Van marxist tot nationalist".

[3] Zie hierover Ernest MANDEL, "Hendrik De Man: een intellectuele tragedie", in *Links*, 11 juli 1959 en *Vlaams Marxistisch Tijdschrift*, juni 2004, en "Hendrik De Man, vijftig jaar later", in *Hendrik De Man: een portret 1885-1953*, Archief en Museum voor het Vlaamse Cultuurleven,1985. Zie ook Zeev STERNHELL, *Ni droite, ni gauche. L'idéologie fasciste en France*, Parijs 1983.

[4] V.I. LÉNINE, « Bilan d'une discussion sur le droit des nations à disposer d'elles-mêmes », in *Œuvres*, Tome 22, Parijs/Moskou 1960.

[5] Zie hierover George HAUPT, Michael LÖWY, Claudie WEILL, *Les marxistes et la question nationale 1848-1914*, Parijs 1974.

[6] Cf. Henri MINCZELES, *Histoire générale du Bund, un mouvement révolutionnaire juif*, Parijs 1999.

[7] De Oostenrijkse sociaal-democratische Otto BAUER (1881-1938) was een vertegenwoordiger van het zogeheten austro-marxisme. Zijn werk *Die Nationalitätenfrage und die Sozialdemokratie* (1907) had grote invloed in de Oost-Europese revolutionaire bewegingen.

[8] Paul VERBRAEKEN, "De worsteling van Ernest Mandel", in *Vlaams Marxistisch Tijdschrift*, vol. 29, 1995, nr. 4.

[9] Ernest MANDEL, "Introduction", in Karl MARX, *Capital, Vol. III*, Londen 1981, p.89. (Mijn vertaling, H.P.)

[10] Lode WILS, *Van de Belgische naar de Vlaamse natie. Een geschiedenis van de Vlaamse Beweging*, Leuven/Den Haag 2009.

De jonge Mandel bij de Bevrijding

De jonge Mandel en de Vlaamse kwestie

PROLOOG

DE JONGE MANDEL EN DE VLAAMSE KWESTIE (1939)

GERTJAN DESMET

INLEIDING

De bijdragen verzameld in dit werk illustreren Ernest Mandels vrij originele inschatting van het nationale vraagstuk in België. Zijn marxistisch perspectief op een dergelijk controversieel (en bovenal brandend actueel) thema is in het België van vandaag op zijn minst bijzonder te noemen. Mandels flamingantisme blijft echter in de schaduw staan van zijn invloedrijke economische studies.

Nochtans ontstond zijn Vlaamsgezinde houding al op zeer jonge leeftijd. We lezen in de *Nieuwe Encyclopedie van de Vlaamse Beweging* (NEVB) dat het "sociaal-flamingantisme" van Mandel zich reeds tijdens zijn schooltijd aan het Koninklijk Atheneum te Antwerpen manifesteerde.[1] Daarna maakt de auteur echter een sprong in de tijd naar het naoorlogse België, meer bepaald naar Mandels periode bij *La Gauche* in de jaren 1960. De biografie van Ernest Mandel[2] – verschenen 9 jaar na de publicatie van de NEVB – gaat wel dieper in op de jaren waarin zijn engagement en politieke denken uitkristalliseerde. Stutje vermeldt daarbij eveneens Mandels Vlaamsgezinde reflex. Hoewel Stutje aangeeft dat de 15-jarige 'Esra' in 1938 lid werd van de Revolutionair Socialistische Partij (RSP), vinden we nauwelijks informatie terug over de activiteit van Mandel binnen deze organisatie vóór de Tweede Wereldoorlog.[3]

Bij wijze van proloog op de teksten die verder in dit boek aan bod komen, duiken we in dit artikel onder in de periode waarin de kiemen werden gelegd van het politieke denken van Ernest Mandel. De aanleiding en het aanknopingspunt hiervoor is de ontdekking van drie tot dusver onbekende (en nooit gepubliceerde) artikels[4] van Mandel, daterend uit het voorjaar van 1939. In de artikels *Het "geval" Martens en ... de Vlaamsche kwestie* en *Theses tot het Vlaamsche vraagstuk* probeerde de toen 16-jarige Esra vanuit een marxistisch kader het nationale vraagstuk te analyseren.

Wat volgt is een bespreking van de ontstaanscontext van beide artikels, gebaseerd op onderzoek van (her)ontdekt archiefmateriaal en secundaire literatuur. De bespreking van de merkwaardige archivalische oorsprong van de teksten helpt ons zowel het historische luik te vervolledigen als de kritische uitgave van de artikels te rechtvaardigen. Beide nooit eerder uitgegeven teksten werden integraal opgenomen, voorafgegaan door een inleiding en voorzien van commentaar.

"Schaked", "Es." en *IKD-gruppe* Antwerpen

We schrijven 1939. De parlementaire democratie zit in een diepe crisis. Minder dan de helft van de Europese landen kent een democratisch staatsbestel. In Italië, Duitsland, Oostenrijk, Spanje, Portugal maar ook in Oost-Europa en de Balkan zijn autoritaire regimes aan de macht die allen een eigen variatie op het fascisme

De jonge Mandel en de Vlaamse kwestie

belichamen – van het klerikaal-corporatieve Spanje van Franco tot het Poolse *Sanacja*-bewind. De extreemrechtse regimes deden in Europa een aanzienlijke stroom van politieke migranten ontstaan – Italianen, Polen, Duitsers, Oostenrijkers, Spanjaarden ... gevlucht voor vervolging en terreur in hun thuisland. Voor de Europese Joden, in ballingschap gejaagd door het (vaak geïnstitutionaliseerde) antisemitisme in landen als Duitsland, Oostenrijk, Polen, Hongarije, Roemenië ... bleven steeds minder en minder veilige oorden over.

Het is geen toeval dat in Antwerpen heel wat vluchtelingen uit het Derde Rijk aanspoelden. Na Brussel was het de grootste *Exil*-stad van België. De anonimiteit van deze metropool speelde natuurlijk een rol. Vreemdelingen vallen in een havenstad minder op dan in het hinterland en ook de aanwezigheid van reeds bestaande Duitse (en Joodse) gemeenschappen maakten het de emigranten ongetwijfeld makkelijker om zich aan te passen, en indien nodig 'ondergronds' te gaan. Vluchtelingen werden zo goed en zo kwaad als het kon ondersteund door Belgische gelijkgezinden of door hulporganisaties opgericht binnen de Joodse gemeenschappen.[5]

Ook de Duitse trotskistische beweging[6] – de *Linke Opposition der KPD*, later *Internationale Kommunisten Deutschlands* (IKD) – had haar ballingen. In de jaren 1933 – 1940 kwam een kleine groep voor het nazi-regime gevluchte IKD'ers in België terecht.[7] Het ging in hoofdzaak om leden van de IKD-groep uit Remscheid, een groep rond de charismatische Josef Weber (1901-1959) (pseudoniem "Johre") uit Gelsenkirchen en enkele militanten uit Maagdenburg.

De IKD'ers lieten zich in het politieke leven van hun gastland niet onbetuigd. Conform de richtlijnen van hun leiding schakelden ze zich in in de plaatselijke trotskistische partij, de Revolutionair

Socialistische Partij (RSP).[8] Veruit de voornaamste taak van de Antwerpse IKD-emigranten was de uitgave van trotskistische literatuur en periodieken. Fritz Besser (1908-1977) (pseudoniem "Brink") en Franz Meyer (1906-1957) (pseudoniem "Holz") werkten bij uitgeverij/boekhandel *Éditions De Lee* van de Belgische trotskist Leon De Lee. Daar werd, naast brochures en Trotski's *Verratene Revolution*, vanaf 1936 het IKD-blad *Unser Wort* en later ook *Der Einzige Weg*[9] uitgegeven. Brink en Holz verzamelden artikels geschreven door kameraden in binnen- en buitenland, verzorgden de lay-out, zagen toe op het drukken en verzonden het blad naar abonnees in alle uithoeken van de wereld.

Het *Exil* in België was hard. Radicaal-linkse vluchtelingen kregen pas begin 1936 de mogelijkheid om als 'politiek vluchteling' erkend te worden en hun verblijf te regulariseren. Voordien werden ze, eenmaal ontdekt, consequent het land uitgewezen. Velen leefden voortdurend in de vrees om aangehouden te worden. En zelfs met de identiteitskaart voor vreemdelingen op zak was het uitkijken voor de politie. Wie aan 'politiek' deed – een rekbaar begrip, ingevuld door de Openbare Veiligheid – liep het risico alsnog het land te worden uitgezet.

Zoals zoveel emigranten hadden ook de trotskistische ballingen het uiterst moeilijk om de eindjes aan elkaar te knopen. *"Unsere hiesigen Freunden gehts allen assez schlecht: wir leben alle – ohne Ausnahme – von der Hand in den Mund. Und freuen uns bei alledem, dass wir überhaupt noch leben ..."* [10] Sommige IKD'ers probeerden via vrienden en familie aan een mager inkomen te geraken. Anderen, zoals de Pools-Joodse Max Laufer (1913-1986) (pseudoniem "Marcel") werden geholpen door het Rode Kruis. De tekenaar Holz kon dankzij zijn politieke netwerk met het tekenen van politieke cartoons voor de Nederlandse en Belgische

De jonge Mandel en de Vlaamse kwestie

trotskistische pers af en toe wat geld bijeen sprokkelen.[11] Brink, 26 jaar toen hij in België aankwam, gaf pianoles. Onder zijn studenten bevonden zich Ernest Mandel en zijn broer Michel.[12]

Ernest leerde de Duitse emigranten kennen via het politieke netwerk van zijn vader Henri. In het huis van de Mandels zouden na Hitlers machtsovername immers heel wat straatarme vluchtelingen passeren. De jonge Ernest zou zich vooral verbonden voelen met de links-oppositionelen, vervolgd door zowel Hitler als Stalin. Velen waren net als de familie Mandel van Joodse afkomst. Else Bormann – de vriendin van Holz – hielp de familie in het huishouden. Henri had voor Brink een kantoorruimte geregeld waar hij kon werken en bezorgde hem eveneens studenten voor zijn pianolessen. Vader Mandel was niet meer direct politiek actief geweest sinds hij in 1919 Duitsland ontvlucht was na de moord op Rosa Luxemburg en Karl Liebknecht. Gaandeweg begon hij echter wel een activiteit te ontplooien in de periferie van de nog embryonale Vierde Internationale. In 1937 was Henri bijvoorbeeld één van de stichters van het Comité voor Recht en Waarheid, opgericht om de ware feiten over de processen in Moskou naar buiten te brengen. In december van datzelfde jaar hadden Henri en Brink ook *Dynamo Verlag* opgericht, een uitgeverij ontstaan uit de fusie van *Dynamo Verlag Zürich* en *Éditions De Lee* met als hoofddoel de publicatie van trotskistische literatuur in het Duits.[13] Toen Brink, die gezocht werd door de Openbare Veiligheid, in 1939 naar Londen kon ontkomen werden zijn taken overgenomen door "H. Schaked" [14], pseudoniem van Henri Mandel.

In dit milieu ontstond de politieke belangstelling van de jonge Ernest. 'Esra' was thuis niet weg te slaan van de vele discussies en vergaderingen.[15] Vooral Brink, zijn pianoleraar en *"beste vriend"*, liet een onuitwisbare indruk op hem na: *"Nog sterker dan mijn vader vormde hij mij tot een marxist, tot militant van de trotskistische [...] organisatie"*.[16] Ernest nam op 16-jarige leeftijd zijn eerste schuchtere stappen in het politieke werk, onder andere door artikels te schrijven en teksten te vertalen voor de partijkrant. Zijn eerste (ons bekende) politieke essays dateren van begin 1939. Voor een hedendaagse lezer valt in beide hierna weergegeven teksten vooral de strakke, doctrinaire stijl op. Tegelijkertijd getuigen ze echter ook van een – voor een 16-jarige scholier toch vrij indrukwekkende – achtergrondkennis van de geschiedenis en economische structuur van België. Het was een intellectuele bagage waaruit Mandel kon putten en die hij wist te synthetiseren tot een coherente tekst, ook al was het geheel niet altijd even geraffineerd.

Archivalische context

De hieronder besproken artikels zijn teruggevonden in wat het "archief Leon De Lee" wordt genoemd. De documenten werden in 2011 door Amsab-ISG archivaris Rik De Coninck teruggevonden in een (reis)koffer op zolder bij Ernest Mandel. Na grondige analyse blijkt het te gaan om een conglomeraat van privé-archieven, in casu archief van Fritz Besser (Brink), Franz Meyer (Holz) met daarnaast ook privé-archief van Leon De Lee en/of van zijn uitgeverij. Het hybridisch karakter van dit bestand maakt dat het archieftheoretisch wellicht even zinvol is om te spreken van het archief van de IKD-groep Antwerpen. Het archief moet overigens verre van compleet zijn, want de ijverige politiediensten hadden in 1939 huiszoekingen gedaan bij Brink, Holz, Marcel, De Lee en andere Belgische trotskisten.[17] Sommige in beslag genomen documenten bevinden zich nog steeds in de archieven van het Parket van Antwerpen. Ongetwijfeld hebben de protagonisten documenten verstopt of vernietigd.

De jonge Mandel en de Vlaamse kwestie

De stukken zijn vermoedelijk bij Ernest Mandel terechtgekomen via zijn vader. We weten dat Henri Mandel na het vertrek van Brink in 1939 diens administratieve taken o.a. bij de uitgeverij op zich heeft genomen. In een brief aan Brink vermeldt 'Schaked' expliciet een koffer met documenten waarin hij met een echte "Pruisische ordeningsliefde" orde heeft geschapen.[18] Interessant is dat hij naast deze koffer bovendien spreekt over het klassement van de administratie van *Dynamo Verlag*, wat een sterke indicatie is dat het archief van de uitgeverij en de stukken in de koffer fysiek afzonderlijk werden bewaard. Het lijkt ons best mogelijk dat vader Mandel deze koffer bij zich thuis bewaarde, of dat dit bezwarend archief aan het begin van de Tweede Wereldoorlog bij hem in veiligheid werd gebracht.

Ernest heeft de reiskoffer – een prozaïsch en tegelijk buitengewoon symbolisch aandenken van de doortocht van een handvol Duitse ballingen in zijn leven – al die jaren bewaard.

DE TEKSTEN

Woord vooraf

De opgenomen teksten zijn de integrale versies zoals we ze aantroffen in het 'archief De Lee'. Om de leesbaarheid te bevorderen, hebben we de ouderwetse spelling en grammatica gecorrigeerd, gehomogeniseerd en waar nodig actueel gemaakt. De enkele "(sic)" zijn van Mandel zelf, evenals de onderstreepte passages.

De voetnoten geven beknopte contextinformatie over organisaties, personen en gebeurtenissen, waarbij de focus vooral ligt op de periode voor de Tweede Wereldoorlog.

NATIONALITEIT EN KLASSENSTRIJD IN BELGIË

Het "geval" Martens en ... de Vlaamsche kwestie

De vroegste tekst van Ernest Mandel die we terugvonden dateert van 23 februari 1939, met een aanvulling van 4 maart 1939. Aan de hand van de positie van de politieke partijen in de zaak Martens verkent hij de klassenbasis van de "Vlaamse kwestie" zoals die zich manifesteerde in 1939.

De zaak Martens barstte eind 1938 los. Adriaan Martens (1885-1968) was een radicaal Vlaamsgezinde dokter die in 1919 ter dood was veroordeeld wegens zijn activisme tijdens de Eerste Wereldoorlog. Hij vluchtte naar Nederland maar kon begin jaren '30 dankzij de clementiewetten terugkeren naar België, waar hij bekend werd als specialist interne geneeskunde. De regering Spaak – bestaande uit katholieken, liberalen en sociaaldemocraten – had dr. Martens opgenomen als lid van de in november opgerichte Vlaamse Academie voor Geneeskunde. De benoeming van een oud-activist veroorzaakte een golf van protest uit Franstalige en oudstrijderskringen. De regering was bovendien in aanvaring gekomen met Leopold III, door Martens' aanstelling bekend te maken vooraleer de vorst deze ondertekend had. Het 'Manifest van Antwerpen', waarin Vlaamsgezinde politici stelden dat Franstaligen niet het recht hadden zich te mengen in Vlaamse culturele kwesties, kon niet verhinderen dat de regering Spaak viel op 9 februari 1939. De rooms-rode regering Pierlot I hield het nog geen week vol (21 februari – 27 februari 1939) en er werden op 2 april vervroegde verkiezingen uitgeschreven, waarbij katholieken en liberalen als overwinnaars uit de bus kwamen.[19]

Het mankeerde de trotskisten in België nog aan een degelijke analyse van de zaak Martens. Esra's artikel werd dan ook gesmaakt door zijn Duitse kameraden. *"[Esra] tut wirklich ausgezeichnet dasjenige, was getan werden musste: der reisst den Schleier runter und legt den Arsch der Bourgeoisie bloss."*[20]

Brink vond dat de tekst ondanks zijn zwaktes zo snel mogelijk gepubliceerd moest worden en als discussietekst moest circuleren. Het artikel lijkt echter om nog onduidelijke redenen te zijn afgewezen[21], hoogstwaarschijnlijk omdat de verschillende afdelingen van de RSP geen eensgezind standpunt konden bereiken over de nationale kwestie.

In een lange brief overloopt Brink de theoretische tekortkomingen en lacunes van het artikel. De tekst mankeerde volgens hem duidelijkheid en was te complex. Hij gaf Esra de raad om minder hooi op de vork te nemen en zich vooral te focussen op zaken waarvan de jongen zelf goed op de hoogte was. Brink stelde ook vast dat om zinvolle uitspraken te doen over het industrie- en financiekapitaal, men eerst het marxisme goed moest beheersen *"und da haperts bei Dir noch sehr."* Esra moest van Brink systematisch de belangrijkste marxistische literatuur bestuderen, en zich vooral nog eens over het Communistisch Manifest buigen.[22]

De opmerkingen van Esra's leermeester zijn, getuige het latere oeuvre van Mandel, in elk geval niet in dovemansoren gevallen.

HET "GEVAL" MARTENS EN ...
DE VLAAMSCHE KWESTIE

Het "geval" Martens heeft België in rep en roer gezet: een bekend arts, oud-activist en terdoodveroordeelde werd door de regering tot lid van de nieuw-gevormde "Vlaamsche Akademie voor Geneeskunde" benoemd. Voorwaar, geen alledaags feit! Van alle kanten kwamen dan ook de tongen en de pennen los; er werd de eerste minister een ferme mep gegeven, en ten slotte "moest" zelfs het kabinet Spaak aftreden.

De zaak Martens als zodanig, t.t.z. het benoemen van een zogenaamd "landverrader" tot academielid, heeft voor ons niet veel belang. Door een analyse te geven van de houding der verschillende partijen in de "zaak" Martens in 't bijzonder en de Vlaamse kwestie in 't algemeen, willen we de diepere oorzaak en de klassenbasis van deze crisis onthullen, en tevens aantonen, hoe het Belgisch proletariaat ook in deze "zaak" misleid en bedrogen wordt.

Martens is in de ogen van de "nationale" Belgische bourgeoisie een verrader, omdat hij tijdens de oorlog voor een zelfstandige Vlaamse staat heeft geijverd. Let wel, de activisten wilden het *kapitalistisch* België vervangen door een *kapitalistisch* Vlaanderen en een *kapitalistisch* Wallonië. België, waarvan Marx zei, dat het "een paradijs voor het kapitalisme"[23] is, vormt een economische eenheid. Door de verdeling van deze economische eenheid zouden de Vlaamse activisten niet alleen aan de Belgische "nationale" bourgeoisie een vernietigende slag toedienen, maar ook aan het Belgisch proletariaat in zijn geheel. Stellig, niet omdat wij belang hechten aan de frasen "Belgisch vaderland", "Belgisch volk", enz. Maar we zijn ervan overtuigd – en de imperialistische wereldoorlog heeft het trouwens ook bewezen – dat de oplossing van het nationale vraagstuk niet meer mogelijk is in het raam van de kapitalistische maatschappij. Dat is het *essentiële* in de Vlaamse kwestie.

Door België te verdelen, verdelen de activisten ook het Belgisch proletariaat, en het dient gezegd, dat het Vlaamse proletariaat niet in staat is, *alleen* de grote historische taak te vervullen, die hem opgelegd is. Wanneer de Vlaamse en de Waalse arbeiders en boeren, schouder aan schouder strijdend, de zege verworven hebben en hun

De jonge Mandel en de Vlaamse kwestie

sovjetrepubliek hebben gesticht, dan eerst kan er van een *Vlaamse sovjetstaat* naast een *Waalse sovjetstaat* sprake zijn.

Om de betekenis van de huidige crisis, die uit de aard van de zaak een economische crisis is, te verklaren, is het nodig hier een kort overzicht te geven van de economische ontwikkeling van Vlaanderen in de laatste honderd jaar. Er is een tijd geweest – de jaren 1830-1914 – dat de Vlaamse strijd een sociale strijd was. Toen heersten in Vlaanderen nog feodale toestanden. De Vlaamse boeren werden door de Waalse, "franskiljonse" kasteelheren onderdrukt en uitgeplunderd op een manier, die enkel te vergelijken is met de wijze, waarop de lijfeigenen door hun feodale heren werden behandeld. In Gent en in Antwerpen werd het Vlaamse proletariaat door een Waalse bourgeoisie onder de duim gehouden. Deze toestand veranderde sinds, en door, de wereldoorlog: in Vlaanderen werden de kasteelheren en de Waalse kapitalisten buiten gegooid. Maar aan de klassen-toestand van het Vlaamse proletariaat en de Vlaamse boeren werd er niets veranderd. De Vlaamse bourgeoisie verving de Waalse, de Vlaamse Boerenbond de "franskiljonse" kasteelheren. Het is begrijpelijk dat, door het feit zelf, dat het tamelijk laat begon op te bloeien, het zogenaamde "Vlaamse" kapitalisme in weinige jaren buitengewone uitbreiding nam. Tussen de jaren 1920-1930 verdrong het Vlaamse kapitaal het Waalse van de eerste plaats, wat betreft <u>productie</u> in Vlaanderen (deels ook in Wallonië). Maar het Waalse kapitaal, dat zich bijna volledig in financiekapitaal had omgezet, behield de kredietmacht, die nodig is, om de fabrieken van de Vlaamse bourgeoisie te laten lopen. Vandaar de tegenstellingen tussen de Waalse en Vlaamse bourgeoisieën, waaronder ook deze van het monopolie op de uitbuitingsrechten van het Vlaamse proletariaat. Vandaar de "alarmkreet" van de Waalse burgerlijke pers over "het Vlaamse gevaar" en de "overheersing van België door Vlaanderen".

Welnu, zodra de economische crisis uitbrak, kwamen de Vlaamse en Waalse bourgeoisieën met tegenovergestelde "redmiddelen" voor de dag: de Vlaamse, die kost wat kost kredieten nodig had, of juister gezegd, ruime en goedkope circulatiegelden, eiste een devaluatie; de Waalse, die haar kapitalen wou bevriezen om de geldmarkt te verstevigen, eiste een deflatie. Eerst zegevierden de Waalse geldbaronnen. Maar, dankzij de BWP en haar PLAN-fictie[24] slaagden de aanhangers van de devaluatie erin, de overhand te krijgen. De verschillende regeringen van "Nationale Unie" vertegenwoordigden enkel de bovenvermelde "Vlaamse" strekking (en dit ofschoon Van Zeeland[25], Janssen[26] en Co. geen Vlamingen zijn …). Het moest dan ook tot een uitbarsting komen. Het ontslag van de deflationist Max Léo Gérard[27] uit de regering Spaak versnelde slechts die uitbarsting. De "zaak" Martens was voor de Waalse liberalen het "gepaste middel" om de zuiver financiële tegenstellingen te bemantelen en er een ander "cachet" aan te geven. De "zaak" Martens is in feite niets anders dan een voorwendsel, want het gaat er alleen om de kwestie deflatie of devaluatie. Er dient echter op gewezen te worden, dat zowel *deflatie* als *devaluatie* ten slotte neerkomen op het uitplunderen van het proletariaat. Daarom ook is de houding van de BWP in deze kwestie zó misdadig, omdat zij zich vóór de wagen van de ene trust tegen de andere laat inspannen, in plaats van beide te bestrijden.

Wat betreft de taalkwestie en de zogenaamde culturele Vlaamse strijd, zo heeft deze dezelfde oorzaken als de sociale: de onderdrukking door een Waalse minderheid. Nochtans, in tegenstelling met de sociale strijd, slaagde de Vlaamse bourgeoisie er niet in, op cultureel gebied de zege te behalen en zal daar ook nooit in slagen. Dit heeft twee redenen. De eerste is in het verleden, de tweede in het heden van de Vlaamse beweging te vinden. De eerste reden is het feit, dat Vlaanderen tot de laatste tijd toe een

De jonge Mandel en de Vlaamse kwestie

tekort had aan intellectuele krachten. Natuurlijk saboteerden de Brusselse officiëlen systematisch alle Vlaamse wetten. Maar deze sabotage werd vergemakkelijkt door de onkunde of de onwil van de Vlaamse intellectuelen zelf. Zo werden bv. verleden jaar, voor Vlaamse regimenten Waalse officieren benoemd, bij gebrek aan Vlaamse kandidaten.

De tweede reden ligt in de huidige Vlaamse cultuurbeweging. Het valt niet te loochenen, dat de katholieke partij in deze Vlaamse culturele strijd een hoofdrol speelde en nog speelt. Zoals nu de kerk vroeger het volk verdwaasde door het niet te onderwijzen, zo verdwaast ze het thans, door het wel, en in een bekrompen geest, te onderwijzen. Het KVV[28] heeft zich aan het hoofd geplaatst van de beweging voor "culturele zelfstandigheid". Het tijdschrift "Nieuw Vlaanderen"[29] slingert de kreet in de wereld: "Flandria fara da se"[30]. Daarbij vergeten deze heren willens en wetens, dat deze strijd in feite tegen henzelf gericht is. Sinds 1920 zitten de "katholieke Vlamingen" aan het hoofd van 2/3 van de Vlaamse openbare besturen en 3/4 van de culturele instellingen. De gouverneurs van de vier Vlaamse provincies zijn katholieken. De provincieraden liggen in handen van de katholieke partij en het VNV[31]. De voorzitters van de nieuwe academies zijn katholieken. Maar het is diezelfde katholieke beweging, die het Vlaamse volk verdwaast door zijn katholieke scholen. Heden zijn er nog honderden dorpen, waar deze partijscholen meer dan 80% van de leerlingen tellen. De eerste voorwaarde voor de zegepraal van de Vlaamse culturele beweging is het afschaffen van de katholieke school. Om dus de zege te behalen zouden de katholieken zelfmoord moeten plegen... Ziedaar de voornaamste reden, waarom de bourgeoisie die culturele strijd *niet winnen kan.*
Welke stelling moeten wij nu innemen tegenover deze strijd voor "culturele autonomie"? We moeten aan het proletariaat zeggen:

volkomen vrije ontplooiing van al de culturele krachten van een volk moet er zijn. Alleen, deze is *niet mogelijk* in de huidige kapitalistische maatschappij. De bourgeoisie, die dezelfde leuze op haar banier heeft gezet, gebruikt ze enkel als dekmantel. Achter mooie woorden als "culturele autonomie" hoort men nu reeds het gekletter van de fascistische en profascistische benden. Het culturele vraagstuk is dus ondergeschikt aan het sociale. De oplossing van dat culturele probleem kan slechts verkregen worden door de oplossing van het sociale. Met andere woorden: revolutie, sovjetstaat en dictatuur van het proletariaat zijn een *conditio sine qua non* voor de culturele ontvoogding van het Vlaamse volk.

Kijken we nu even toe, hoe de verschillende partijen op de Vlaamse kwestie reageren. Allereerst de katholieke. Deze partij, die zelfs in "normale" tijden een bontgekleurde aanblik vertoont, laat haar karakter des te duidelijker zien in gevaarlijke situaties. Uiteraard zelf is deze partij geen partij in de eigenlijke zin van het woord. Hoogstens kunnen we zolang van partij spreken, als de ene kliek de andere onder de duim houdt. Maar, van het ogenblik af, dat de zuivere klassenbelangen aan de orde van de dag staan, valt ze uiteen en stemmen alle groepen: ACW[32], Boerenbond[33], conservatieven, middenstanders, enz. ieder naar hun eigen specifieke opvatting. Zó gebeurde het in 1925.[34] Zó is het ook nu weer gebeurd bij de stemming in de Kamer over de "zaak" Martens. Conservatieven stemden tegen Martens, dat is voor de politiek van deflatie. Boerenbond stemde voor Martens, dat is tegen de deflatiepolitiek. Zoals reeds hierboven gezegd, de tegenstelling Vlaanderen-Wallonië binnen het Belgisch kapitalisme, is de tegenstelling *voor of tegen deflatie*, die zich weerspiegelt in de tegenstelling voor of tegen Martens.

De liberalen zijn, op drie laatste Vlaamse Mohikanen na, de typische vertegenwoordigers van de Waalse banktrust: Société

De jonge Mandel en de Vlaamse kwestie

Générale[35] en c.s. Vanuit dit oogpunt beschouwd wordt hun houding heel wat duidelijker. Niet uit overdreven patriottisme, niet uit stemmenvisserij (zoals de BWP-pers haar lezers wil wijsmaken) stonden de liberalen zo heftig op hun stuk. Puur, simpel klassenbelang sprak hier. Door deze stemming wordt ook het ware karakter van REX[36] duidelijk, dat toont, niet de belangen van het kleinburgerdom, maar wel deze van de groot-bourgeoisie te vertegenwoordigen.

Het VNV is in Vlaanderen ontstaan als een direct gevolg van de crisis, die dit gedeelte van België harder trof dan Wallonië, omdat de Vlaamse nijverheid op een veel jongere en lossere basis was gebouwd dan de Waalse. De ontgoochelde massa's zagen tevergeefs uit naar een nieuwe (!) oplossing. Kwakzalvers als het Liga Signaal[37], Dinaso[38], Realisme[39], enz. enz. konden zich geen gehoor verschaffen. Na de mislukking van de BWP-actie "het Plan, niets dan het Plan, alles voor het Plan" bleef er schijnbaar slechts een weg open: de fascistische. De grotere kracht van het VNV – en tevens het grote gevaar voor de arbeidersbeweging – ligt juist hier in, dat het met zijn sociale eisen (corporatisme enz.) de Vlaamse nationaal-culturele eisen verbindt en de teleurgestelde kleinburgers, gedeklasseerde arbeiders en intellectuelen zogenaamde "nieuwe perspectieven" biedt: bestuurlijke scheiding, een eigen nationale Vlaamse staat, enz. Het is dan ook op dat gebied, dat de revolutionaire partij van het proletariaat de fascisten van het VNV en hun spitsbroeders de pas moet afsnijden, door met haar sociale eisen ook de culturele te verbinden.

De houding van de BWP is voor het Belgisch proletariaat des te gevaarlijker, omdat zich voor het eerst in België, een nieuwe factor voordoet. Uit de tegenstelling Vlaamse-Waalse bourgeoisie begint er een tegenstelling Vlaams-Waals proletariaat te groeien.

Welke gevaren dat in zich insluit – vooral voor de Vlaamse arbeiders – dient hier niet bewezen te worden. Het feit echter, dat de Waalse federatie van de BWP de fascistische parolen van Cox[40], Louvaux[41] en co overneemt, is niet alleen een symptoom van hypersociaalpatriottisme. Het is ook een symptoom van een totnogtoe ongehoorde deklassering van het Waalse reformisme, dat geen ander middel meer vindt om de Waalse arbeiders te sussen, dan ze tegen hun Vlaamse kameraden op te jagen (wat trouwens niet de eerste keer is). We hebben reeds lang het punt bereikt, waarop de belangen van de arbeiders-aristocratie niet meer in 't algemeen met die van het proletariaat overeenstemmen. Maar nu bereiken we langzaam dit punt, waarop deze belangen tegengesteld worden aan die van de arbeiders. Voorwaar, dat de bureaucratie van de BWP, als laatste redmiddel, *de fascistische parolen* overneemt, is een treurig beeld des tijds.

Dat zich in dit waardig gezelschap ook de Vlaamse (sic) en Waalse zogenaamde "communistische partijen" bevinden, is niet te verwonderen. De stalinisten zijn heden ten dage altijd daar te vinden, waar ze het proletariaat kunnen schaden. In hun haast om patriottischer te zijn dan de burgerlijke patriotten, durfden deze ellendige clowns eerst geen stelling kiezen. Zodra ze echter het oordeel van de liberalen en de fraternellen hadden vernomen, mengden ze zich, ongevraagd, tussen hen in en zongen heel lustig mee in het chauvinistisch koor. Bekennen we het, het klonk een beetje vals. Dat bemerkten ook Lahaut[42] en co, ze kazakkeerden[43] al snel, en na de "aanslag" (sic) op Spaak, kozen ze partij voor "culturele autonomie" zonder meer...

En zo staan we dan te midden van een van de sterkste crisissen, die België ooit schokten. Bonapartisme[44], fascisme misschien, staan voor de deur. In deze voor de arbeidersklasse ernstige

De jonge Mandel en de Vlaamse kwestie

ogenblikken geldt het voor elke revolutionair, ideologisch sterk te staan tegenover elk probleem, dat zich stelt. Zijn plaats is in de revolutionaire partij van het proletariaat, in de Revolutionair Socialistische Partij, Belgische sectie van de Vierde Internationale, die de sociale en culturele bevrijding van de arbeidersklasse van gans de wereld nastreeft en er voor strijdt. Onder het onbevlekt vaandel van de Vierde Internationale te strijden, is een ereplicht van elke klassenbewuste arbeider.

23 Februari 1939.
Es.

P.S. Dit artikel was geschreven vóór het ontslag van de regering Pierlot en het mislukken van de pogingen van Soudan.[45] De gebeurtenissen hebben de hier uiteengezette analyse slechts bevestigd. De heer Pierlot, die slimmer is dan hij er uitziet, hoopte, door een deflationistische politiek de liberalen op zijn kant te krijgen. Zijn poging mislukte, dank aan de BWP die zich "halsstarrig" tegen elke deflatie blijft verzetten (maar laat ons de gebeurtenissen afwachten, want we kunnen zeker zijn, dat de reformisten hun "sterke" stelling op dat punt vlug zullen opgeven, wanneer men ze aan de tand voelt). De heer Soudan – typisch sociaaldemocraat, maar niet "zo handig" als Spaak – dacht de liberalen te vangen met een oplossing van de "zaak" Martens. Natuurlijk slaagde hij daar niet in, daar het toch niet om de "zaak" Martens ging. Wij voorzien dus, indien het tot een oplossing op "parlementaire" wijze komt, dat er een deflatie-kabinet gevormd zal worden, volgens het dictaat van de banktrust. En de sociaaldemocraten zullen voor de nieuwe chantage voor de zoveelste maal zwichten.

4 Maart 1939.
Es.

STATISTISCHE TOELICHTINGEN
van het artikel: "Het 'geval' Martens en de Vlaamsche kwestie".

I. – Aantal bedrijven in werking in 1936:

Takken:	Vlaanderen:	Wallonië:	Brabant:
Mijnen:	22	750	12
Groeven:	77	1.150	72
Metaalnijverheid:	6.029	10.363	4.613
Aardewerk:	756	630	265
Glasnijverheid:	65	124	51
Chemische-Nijverheid:	841	351	673
Textielnijverheid:	8.835	1.185	582
Kleding:	17.033	15.352	11.747
Bouw:	12.579	12.284	7.343
Hout en Meubelen:	15.142	9.621	6.011
Huiden en Leder:	10.552	2.325	3.638
Tabak:	619	200	130
Papier:	114	78	272
Boekbinderijen en Drukkerijen:	1.078	953	979
Transport:	5.029	5.690	2.659
	78.771	61.056	39.047

II. – Aantal uitbuiters:

Taalgebieden	1910	1930
Vlaamse uitbuiters:	109.056	96.392
Waalse uitbuiters:	151.465	75.745

III. – Fabrieksarbeiders: x)

Taalgebieden	1910	1930
Vlaanderen:	490.032	636.964
Wallonië:	695.349	580.193

De jonge Mandel en de Vlaamse kwestie

x) Het gemiddeld aantal werklozen beliep in Januari 1939 op:
± 135.000 Vlaamse en ± 75.000 Waalse

In Vlaanderen was de algemene beweging van de bevolking na 1920 (de crisisjaren 1929-1933 uitgezonderd): VAN HET LAND NAAR DE STAD, in Wallonië echter: VAN DE STAD NAAR HET LAND.

Deze beweging was zó hevig, dat in 1922 de landbouwopbrengst van Wallonië bijna gelijk was aan deze van Vlaanderen:

Vlaanderen: 87.150 (in duizend kwintalen) hetzij 51,7 %

Wallonië : 81.236 (" " ") " 48,3 %

Dankzij echter de modernisatie van de Vlaamse bedrijven (modelhoeven in Limburg!), is deze toestand sindsdien weer ietwat in het voordeel van Vlaanderen veranderd.

IV. – Beweging van de bevolkingsgroei:

Arrondissementen:	per 10 jaar in 1830-1920:	1920-1930:
Vlaamse landbouw:	20,9 %	30,4 %
" industrie:	23,9 %	46,7 %
Waalse landbouw:	13,8 %	8,1 %
" industrie:	41,4 %	14,8 %
Totale stijging:	100,- %	100,- %

Theses tot het Vlaamsche vraagstuk

In *Theses tot het Vlaamsche vraagstuk* (d.d. 14 april 1939) probeerde Mandel tot een marxistische analyse van de 'Vlaamse kwestie' te komen. Aanzetten hiertoe zijn overigens reeds te vinden in zijn artikel over de zaak Martens. Parallellen kunnen eveneens worden gelegd met Mandels *The Dialectic of Class and Region in Belgium* (1963), in Nederlandse vertaling opgenomen in dit werk.

Brink, die op dat moment ondergedoken leefde bij een RSP-militant in Etterbeek, kreeg dit artikel midden april 1939 via Marcel toegestuurd. Marcel zelf was enthousiast en schreef aan Brink: "Het is echt een goed stuk, je zal je er ook over verheugen wat de jongen al kan. De Vierde [Internationale] mag zich reeds gelukkig prijzen."[46]

Brink wilde wel opnieuw zijn mening te geven over het artikel van zijn leerling, maar wist aanvankelijk niet goed wat ermee aangevangen. Hij begreep naar eigen zeggen geen jota van "die verdomde Vlaamse kwestie".[47] Begin mei 1939 stuurde Brink zijn lijst met bedenkingen door naar Mandel. De kritiek was niet van de poes. De tekst bracht volgens Brink wel interessante historische inzichten, maar sprak slechts in de meest algemene termen over de positie die de trotskisten moesten innemen ten opzichte van de Vlaamse beweging. Brink vond opnieuw dat Esra te veel in één keer wou behandelen. De jongen was daarbij veel te beschrijvend geweest. Het ontbrak de tekst globaal gezien aan nauwkeurigheid en diepgang. De punten waarin de eigenlijke actuele Vlaamse kwestie besproken werd, waren veel te vaag afgehandeld. Brandende vragen kwamen volgens Brink niet aan bod: was er eigenlijk wel nog nationale onderdrukking in België? Moest de Vlaamse beweging als een nationaal-revolutionaire vrijheidsbeweging worden beschouwd? Kon ze met andere nationalistische bewegingen (zoals de Ierse) vergeleken worden?

De bij momenten harde kritiek moest Esra echter niet ontmoedigen, want "ik beschouw je niet als een domkop die geen kritiek kan verdragen, maar wel als een jongen die graag wil leren." [48]

De jonge Mandel en de Vlaamse kwestie

Het antwoord van *"der Junge"* kwam enkele weken later. Brink was intussen reeds door Henri Mandel gewaarschuwd voor *"eine Bataille"*. Esra had naar eigen zeggen nog niet de tijd gehad om Brink van repliek te dienen, *"niet omdat ik geen antwoord vindt* [sic]*, maar wel omdat [ik] er een te groot (!) vindt* [sic] *..."* Bovendien waren de examens in aantocht. De strijdvaardige scholier had zich evenwel voorgenomen de nodige bewijzen te verzamelen en de Thesen te herschrijven, zodat ze er *"twee maal langer en ... beter"* zouden uitkomen.[49]

Het vervolg van deze uitwisseling vonden we niet terug. Brink kon tussen midden 1939 en begin 1940 naar Londen vluchten. Het is niet duidelijk of (en hoe regelmatig) hij daarna nog in contact stond met zijn kameraden in België.

THESES TOT HET VLAAMSCHE VRAAGSTUK

1.) Het Koninkrijk der Nederlanden, in 1815 door het Congres van Wenen gevormd, had tot bijzonderste taak, de opkomende bourgeoisie in het Zuiden aan banden te leggen, en de feodale overresten tegen een burgerlijke overheersing te beschermen.

2.) Het gelukte daarin grotendeels in Vlaanderen, maar slaagde er niet in, de vlugge industrialisatie van Wallonië te stremmen.

3.) In de botsing, die onvermijdelijk moest losbreken tussen de reactionaire staat en de revolutionaire bourgeoisie, bleef deze laatste overwinnaar, en vormde de nieuwe staat België.

4.) Deze nieuwe staat werd een constitutionele monarchie, een trouw afgietsel van het Franse Juli-koningdom. Hij werd "het paradijs van het kapitalisme" (Marx).[50] Als dusdanig betekende hij ongetwijfeld een vooruitgang op het oude Koninkrijk der Nederlanden. "Geen mens van enige geschiedkundige kennis zal loochenen, dat België's afscheiding van Holland aanzienlijk historischer was dan hun vereniging" (Marx).[51]

5.) De Waalse bourgeoisie beschikte in deze nieuwe staat over alle elementen, om het kapitalisme in korte tijd tot grote bloei te kunnen brengen: alle nodige delfstoffen, een achterlijke, door twee eeuwen culturele inzinking verdomde massa, een betrekkelijk groot afzetgebied, Vlaanderen, waarop ze, voorlopig althans, geen concurrentie te vrezen had.

6.) Om deze gunstige toestand te kunnen behouden moest de Waalse bourgeoisie:

a) De Vlaamse massa's op een zo laag mogelijk cultureel peil houden. Vandaar, dat alle onderwijs verfranst werd, dat het enkel aan gegoede lieden – de handlangers van de Waalse bourgeoisie – mogelijk was, hun kinderen, in 't Frans onderricht te verschaffen, zodat deze kaste van "franskiljons" als 't ware een Waals garnizoen werd in Vlaanderen.

b) Het gezag van de katholieke kerk, het beste middel om de massa's in verdwazing te houden, vergroten. Zo komt het, dat de omwenteling van 1830, alhoewel geleid door de vrijzinnige bourgeoisie, gesteund werd door de reactionaire katholieke partij.

c) Alle industrialisatie van Vlaanderen verhinderen om alzo een mogelijke concurrentie uit te schakelen.

7.) Alzo werden de half-feodale, "franskiljonse" kasteelheren in

De jonge Mandel en de Vlaamse kwestie

Vlaanderen de trouwe bondgenoten van de Waalse bourgeoisie. Alzo bleef Vlaanderen een achterlijk, half-feodaal land, met uitzondering nochtans van Gent (opkomende textielnijverheid, echter ook in Waalse handen) en Antwerpen (haven). Alzo komt het, dat tengevolge van de onderdrukking en de ellende Vlaanderen gedurende de jaren 1830-1850 het laagste geboortecijfer van heel Europa opwees, Ierland uitgezonderd. Alzo komt het, dat er Vlaamse gemeenten zijn, die eerst in 1902 hun bevolkingscijfer van 1830 bereikten.

8.) Maar de Franse omwenteling van 1848 gaf een krachtige stoot aan alle vooruitstrevende bewegingen in Europa. In al de Vlaamse steden ontstonden kernen voor een latere Vlaamse bourgeoisie. De weerstand van de onderdrukte boeren groeide. Zo werd de eerste Vlaamse beweging geboren, die haar hoogtepunt bereikte met de aanstelling van de "Kommissie voor Vlaamsche Grieven"[52] in 1856.

9.) De grote fout van deze beweging was, dat deze haar strijd uitsluitend voerde op literair en taalgebied. Geheel haar politieke actie bepaalde er zich bij, een zekere taalgelijkheid in Vlaanderen te eisen. Weliswaar voelde de Vlaamse intelligentie wel, dat de verfransing een van de factoren van de sociale onderdrukking was. Weliswaar staat in het verslag van bovengemelde commissie een zin als: "Wat de Vlamingen vragen is de opheffing van de hinderpalen voor de vrije ontwikkeling van de menselijke geest", een zin, die op de eis naar burgerlijke ontvoogding duidt, maar in 't algemeen was deze eerste Vlaamse beweging of te zwak, of te onwetend, om het enge kader van de taalstrijd te breken en de actie naar het economisch en politiek terrein te verplaatsen.

10.) Nochtans veranderde de sociale samenstelling van het Vlaamse volk tussen de jaren 1860-1880 langzaam maar zeker. De kleine kernen ontwikkelden zich tot een stevige bourgeoisie, en dit om verschillende redenen:

a) De liberale Waalse bourgeoisie kwam in botsing met de reactionaire katholieke partij, die haar overheersing op schoolgebied over heel het land wilde uitbreiden. Verbitterd door hun nederlaag, zochten de katholieken steun bij de jonge Vlaamse bourgeoisie, die van haar kant de steun van de katholieken gretig aanvaardde. Uit dit verbond sproten o.a. de "Meeting-partij"[53] in Antwerpen en het "Willemsfonds"[54].

b) De arbeidersbeweging, die in die jaren begon op te bloeien, sloot eveneens een verbond met de jonge Vlaamse bourgeoisie en intellectuelen, vooral in Vlaanderen, waar hun strijd ging tegen dezelfde vijanden: de "franskiljonse" kasteelheren en de Waalse katoenbarons.

c) Het zich langzaam vormende Waalse financiekapitaal werd al snel gedwongen kapitaal uit te voeren, en vond daarvoor gretige afnemers in de kapitaal-arme, Vlaamse bourgeoisie.

11.) Zodra nu echter de Vlaamse bourgeoisie vaste voet gekregen had op economisch gebied, werden beide bovenvermelde bondgenootschappen automatisch gebroken. De liberalen verlieten de "Meeting-partij" en vormden de "Liberalen Vlaamschen Bond"[55]. De katholieken verlieten het "Willemsfonds" en stichtten het "Davidsfonds"[56]. Weer keerde de Vlaamse beweging terug tot het smalle pad van de taalstrijd. In den beginne bleken de liberalen de woordvoerders van de radicale Vlaamse bourgeoisie te zijn, die vooral de "vrije scholen" (in België worden de onvrije katholieke scholen "vrije scholen" genoemd!) als voornaamste hinderpaal beschouwden voor de culturele ontvoogding van Vlaanderen.

De jonge Mandel en de Vlaamse kwestie

12.) Toen echter, sinds 1891, de katholieken de leiding namen in de Vlaamse beweging, die dus nog enkel een culturele was, werd deze op een nog lager plan gezet. Inderdaad, het behoud van de "vrije scholen" enerzijds, het politieke eenheidsfront met de katholieke "franskiljonse" kasteelheren anderzijds, verhinderde elke vooruitstrevende arbeid. Voor het eerst kreeg dus de – katholieke – Vlaamse beweging een reactionair karakter.

13.) Maar door de stichting van de BWP en de zegepraal van het meervoudig stemrecht werd deze toestand wederom veranderd. Weliswaar speelde de BWP voorlopig enkel in Wallonië een belangrijke rol, maar enige leiders zoals E. Anseele[57] en Camille Huysmans[58] verbonden de Vlaamse culturele strijd met de sociale actie van de arbeiderspartij.

14.) Vanaf haar stichting was de BWP echter grotendeels een reformistische partij. Voorlopig zette zij heel haar kracht in voor het bekomen van kleine gedeeltelijke overwinningen, en stelde zich als hoofddoel, niet de revolutie en de stichting van een arbeidersstaat, maar enkel het verkrijgen van het Zuiver Algemeen Stemrecht en de omverwerping van het Koningdom, welke laatste leuze ze later nog liet vallen.

15.) Het is dan ook begrijpelijk, dat de BWP haar onmarxistisch karakter ook op Vlaams gebied meer dan eens toonde. In de plaats van het culturele probleem met het sociale en politieke te verbinden – t.t.z. de bourgeoisie evengoed op cultureel terrein te bestrijden als op enig ander –, scheidden de leiders van de BWP die vraagstukken systematisch van elkaar af. Zo zien we, dat Huysmans zich, in de actie voor de Vervlaamsing van de Gentse Hogeschool, *onvoorwaardelijk* bij de liberaal Franck[59] en de katholiek Van Cauwelaert[60] aansloot, die we op dit ogenblik respectievelijk kunnen karakteriseren als de vertegenwoordigers van een oudere, op economisch gebied tevreden gestelde bourgeoisie en van de katholieke middenstand. Zou deze gezamenlijke actie om speciale redenen (zoals vb. de uitbuiting van een grote massabeweging voor de belangen van de BWP) nog goed te keuren zijn onder de voorwaardelijke formule "gescheiden marcheren, verenigd strijden", dan is de onvoorwaardelijke aaneensluiting van de vertegenwoordigers van de drie partijen enkel te beschouwen als een voorloopster van de Union Sacrée[61], die vier jaar later zou gevormd worden.

16.) Maar de radicale Vlaamse bourgeoisie, die eist, volledige industrialisatie van Vlaanderen, verscherpte concurrentiestrijd tegen de Waalse bourgeoisie, heeft, onafhankelijk van de drie grote partijen, reeds haar organen geschapen. Het voornaamste daarvan was het Vlaamsch Handelsverbond, later Vlaamsch Economisch Verbond[62], dat, kenschetsend, als een van zijn eisen opstelde: Vlaams aandeel in de uitbuiting van Kongo.

17.) In 1914 sloten de Vlaamse en Waalse bourgeoisie een tijdelijk verbond tegen de gemeenschappelijke vijand. Maar door de onloochenbare misdaden van het Belgisch militair en bureaucratenapparaat ontstond er een betrekkelijk omvangrijke volksbeweging. De radicale Vlaamse bourgeoisie buitte deze volksbeweging handig uit, en zo ontstond het activisme[63] en de Raad van Vlaanderen[64].

18.) In deze Raad van Vlaanderen waren verschillende strekkingen vertegenwoordigd, maar ten slotte behaalde de radicaalste, d.w.z. zij, die een zekere onafhankelijkheid van Vlaanderen eiste (vb. in het kader van een federaal België) de bovenhand. In het manifest van de Raad van Vlaanderen staan openlijk de eisen van de radicale Vlaamse bourgeoisie: uitbating van het Kempisch kolenbekken,

De jonge Mandel en de Vlaamse kwestie

uitbreiding van de textielnijverheid e.a., schepping en bevordering van *grootnijverheid en grootkapitaal* op Vlaamse grondslag.

19.) Alhoewel natuurlijk in elke beweging verdachte elementen binnensluipen, toch mag met zekerheid gezegd worden, dat de activistische beweging niet aan Duitsland "verkocht" was. Tot op zeker ogenblik liepen de belangen van het activisme weliswaar enigszins parallel met deze van de Duitsche bezetting. Maar wanneer de activisten overgaan tot de eis van volledige onafhankelijkheid, wanneer ze zich verontwaardigd aan het hoofd plaatsen van de volksbeweging tegen de wegvoering van arbeiders naar Duitsland, wanneer de door de activisten geschapen organen in tegenstelling kwamen met de Duitse bezettingsoverheden, dan slaat deze gelijklopendheid van belangen om in een scherpe tegenstelling. Van toen af begon de keizerlijke regering de activisten te vervolgen, zodat deze al hun hoop zetten op een omwenteling in Duitsland. Deze hoop werd echter verijdeld door de zegepraal van de Entente.

20.) Op enkele moedige, maar theoretisch onwetende figuren na, zoals b.v. Jef Van Exterghem[65] (hij zou zijn prachtig revolutionaire houding tijdens zijn proces in 1920 wel eens moeten vergelijken met zijn schandelijk verraderlijk gedrag van heden!), schoot de arbeidersbeweging hier volledig te kort. Een werkelijk revolutionaire marxistische partij had anders wel in deze massabeweging vruchtbare propaganda kunnen verrichten. Ze had de strijd tegen het Belgisch militarisme en voor de vrede met alle middelen moeten steunen. Ze moest deze strijd echter verbinden met de strijd tegen de Belgische imperialistische regering en het kapitalistisch stelsel in 't algemeen, om dan de massa's te mobiliseren voor de proletarische revolutie, de vorming van een sovjetstaat en de dictatuur van het proletariaat, daar dit het enige middel is, om de Vlaamse kwestie op te lossen in de meest progressieve geest.

21.) De activistische beweging had wel vele vooruitstrevende elementen in zich: strijd tegen het militair apparaat, strijd voor de vrede, strijd tegen de imperialistische politiek van de uitgeweken Belgische regering in Le Havre (streven naar de annexatie van Luxemburg, een gedeelte van Nederland en van de zogenaamde "Duitse" kolonies)[66], strijd voor een ver doorgevoerde industrialisatie van Vlaanderen. Het was dan ook niet te verwonderen, dat de Belgische (Waalse) bourgeoisie in 1918 nog, een hevige actie inzette tegen allen, die er ook maar enigszins van verdacht werden, met de activisten te heulen. Het regende vonnissen, het een bloediger dan het ander, waaronder niet weinig doodsvonnissen.[67] Verontwaardigd stond het Vlaamse volk op. Hier ook moest het proletariaat kordaat partij kiezen voor de activisten. Hier ook was er een rijk veld voor propaganda geweest voor een waarlijk bolsjewistische partij. Maar ook voor de derde maal schoot de arbeidersbeweging te kort, en heel de actie liep uit op de ... Borms-verkiezing in Antwerpen[68].

22.) Scheen dus de activistische beweging op politiek terrein verslagen, op economisch gebied schreed haar programma van zegepraal tot zegepraal. De wetten der geschiedenis zijn immers sterker dan de heer Max en zijn schoothondje[69]! Vlaanderen werd koortsachtig geïndustrialiseerd. Overal schoten nieuwe nijverheden op. Tegelijk met hun ontstaan werden deze nijverheden vertrust: de belangrijkste van deze trusts is de Boerenbond. De Vlaamse nijverheid haalde de Waalse in op gebied van productie, om haar in vele nijverheidstakken zelfs voorbij te snellen. Tezelfdertijd wordt de Vlaamse boer grotendeels verlost van zijn "franskiljonse", half-feodale heer, – daar, waar hij er nog niet van verlost is, heeft zijn

De jonge Mandel en de Vlaamse kwestie

toestand zich toch merkelijk verbeterd ten opzichte van voor de oorlog – valt echter in de handen van de trusts (Boerenbond!), maar bevindt zich toch in een gunstigere positie. Tegelijk met deze beide processen heeft zich de uittocht voorgedaan van het land naar de stad, terwijl we in Wallonië juist het tegenovergestelde verschijnsel waarnemen. Er dient nochtans op gewezen dat, daar in Wallonië de grond nog niet in de minste mate in de handen van de trusts is gevallen, de landbouw in Vlaanderen veel modernere vormen heeft aangenomen dan in Wallonië (modelhoeven in Limburg) en dus ook meer opbrengt.

23.) Maar niettegenstaande deze industrialisatie bleef de Vlaamse bourgeoisie meer dan ooit afhankelijk van de kredieten van de Waalse bankiers. Het Waalse financiekapitaal, dat voor de oorlog zijn kapitalen vooral naar Congo, Spanje en Zuid-Amerika uitvoerde, zag zich na de oorlog uit de meeste van die markten verdreven door Engels of Amerikaans kapitaal, en moest dus wel *nolens volens* kredieten verlenen aan de Vlaamse bourgeoisie, was dus op zijn beurt enigszins afhankelijk van deze Vlaamse bourgeoisie. Uit deze dubbele afhankelijkheid sproot een zekere passiviteit voort, een zekere bedekking van de tegenstelling, wat in "gewone tijden" tot uiting kwam.

24.) Maar zodra het tot ernstige crisisperioden kwam, zoals in 1925, in 1935 en ook nu, in 1939, bleek het, dat de tegenstelling telkens scherper geworden was, en dat het ten slotte tot een uitbarsting moet komen. Karakteristiek is echter dat enerzijds industrie- en financiekapitaal telkens opnieuw een compromis trachten te sluiten, om het proletariaat de kosten van het geding te laten betalen, en dat anderzijds de methoden van het financiekapitaal immer meer het kader van de burgerlijke democratie te buiten gaan: in 1925 werd de regering Poullet-Vandervelde[70] tot aftreden gedwongen, in

NATIONALITEIT EN KLASSENSTRIJD IN BELGIË

1935 werd de REX-partij georganiseerd, die, na uitbuiting van een reeks schandalen, Van Zeeland en De Man[71] tot aftreden dwong, en in 1939 ten slotte, na enscenering van de zaak Martens, werd de liberale partij het werktuig van het financiekapitaal en werd Spaak door de fascistische benden tot aftreden gedwongen.[72] Het ogenblik schijnt echter gekomen, waarop industrie- en financiekapitaal zich hebben verenigd voor de instelling van een bonapartistisch regime.

25.) Na de oorlog rezen een reeks van nationalistische Vlaamse partijen uit de grond, die eerst, zoals de Frontpartij[73], op democratische basis stonden. De houding van het proletariaat tegenover dergelijke partijen is dezelfde als deze tegenover de activisten. Het lijdt natuurlijk geen twijfel, dat het proletariaat en zijn waarlijk bolsjewistische partij fascistische bewegingen, zoals het VNV, onverbiddelijk bevecht. Even onverbiddelijk bekampt de bolsjewistische partij ook Liga-Sinjaal, Vlaamsche "Kommunistische" Partij[74] e.a., wier taak er enkel in bestaat, enerzijds de massa's door schijnbaar revolutionaire leuzen te bedriegen, anderzijds zich als knechten van het reformisme, van de Vlaamse of zelfs van de Waalse bourgeoisie te ontpoppen. Ze weigert ook elke deelname aan patriottische of semi-patriottische Vlaamse manifestaties zoals IJzerbedevaart[75] enz. Wat haar houding tegenover het federalisme betreft, zodra daaruit een massabeweging groeit, zal de bolsjewistische partij zich deze zoals hoger beschreven tot nut trachten te maken. In andere kwesties, zoals amnestie, cultuurautonomie e.a., neemt ze dezelfde houding aan.

26.) De revolutionaire socialistische partij van het proletariaat is voor het zelfbeschikkingsrecht der volkeren. Haar houding ten overstaan van de Vlaamse kwestie geschiedt in overeenstemming met haar beginselen. Wanneer de Vlaamse bourgeoisie en haar trawanten beweren, voor de bevrijding van het Vlaamse volk te strijden, wanneer zij van zelfbeschikkingsrecht spreken, is dit

De jonge Mandel en de Vlaamse kwestie

niets anders dan bedrog. Achter deze leuzen verbergen zij hun eigen profijt-begeerte en de wil, om het Vlaamse volk zelf, en zonder concurrentie zijdens hun Waalse spitsbroeders, te kunnen uitbuiten. Zij bewijzen dit door hun eis, om, evenals hun Waalse spitsbroeders, aan de uitbuiting der Congo-slaven deel te nemen. Hoe zij het met "de rechten van het Vlaamse volk" menen, zullen ze weldra bewijzen, nu, dat we voor het dubbel gevaar van een imperialistische oorlog en van een bonapartistische overheersing staan. Het Vlaamse vraagstuk zoals het zich voor de arbeidersklasse stelt, kan geen oplossing vinden in het kader van de imperialistische Belgische staat. De reformistische BWP en de stalinisten zijn volkomen onbekwaam gebleken, een oplossing te vinden voor het Vlaamse vraagstuk, omdat zij de belangen van het proletariaat verraden. Alleen de Revolutionair Socialistische Partij (RSP) kan en zal de Vlaamse kwestie in het kader van de socialistische maatschappij tot oplossing brengen. Onder het vaandel van de Vierde Internationale, de wereldpartij van de proletarische revolutie, zal de RSP aan het Vlaamse en Waalse proletariaat de weg wijzen, die werkelijk het nationaal vraagstuk kan oplossen. Enkel de proletarische revolutie en de dictatuur van het proletariaat kunnen en zullen met de economische ontvoogding van het proletariaat ook de culturele ontvoogding bewerkstelligen. Zonder opheffing van de loonslavernij kan er geen sprake zijn van nationale vrijheid! Eens het socialisme gezegevierd, zal het Vlaamse volk werkelijk vrij zijn. De Vierde Internationale toont de weg!

14 April 1939.
Es.

NOTEN

1. Jan DEBROUWERE, *Mandel, Ernest*, in NEVB, p. 1998.
2. Jan-Willem STUTJE, *Ernest Mandel. Rebel tussen droom en daad*, Antwerpen/ Gent, Houtekiet/Amsab, 2007.
3. Jan-Willem STUTJE, op. cit., pp. 31 - 32.
4. Es., *Het "geval" Martens en ... de Vlaamsche kwestie*, 23 februari 1939 en 4 maart 1939; Es., *Theses tot het Vlaamsche vraagstuk*, 14 april 1939; Es., *Over de verkiezingen*, [s.d., maar na 2 april 1939]. AMSAB-ISG, Archief Leon De Lee (468), nr. 26 en 28.
5. Voor een schets van de Duitse radicaal-linkse emigratie naar België, zie: Gertjan DESMET, *Weil Belgien ein demokratisches Land ist. De Belgische staat versus de Duitse communistische emigratie, 1933-1940*, UGent, ongepubliceerde masterproef, 2009; Gertjan DESMET, *Jugé indésirable? De Duitse communistische emigratie en het Belgische vluchtelingenbeleid, 1933-1940*, BTNG-RHBC, XL (2010), 3, pp. 415 – 448.
6. Gezien de link met de familie Mandel, zal in dit artikel de focus liggen op de IKD. We herinneren eraan dat ook militanten van andere links-oppositionele en bij het trotskisme aanleunende groepen zoals de SAP(D), RKO, etc. naar België gevlucht waren. Zie hiervoor Jan FOITZIK, *Zwischen den Fronten. Zur Politik, Organisation und Funktion linker politischer Kleinorganisation im Widerstand 1933 bis 1939/1940 unter besonderer Berücksichtigung des Exils*, Bonn, Verlag Neue Gesellschaft, 1986.
7. Marc Lorneau, die zich in hoofdzaak baseert op begin jaren 1980 afgenomen interviews van oud-militanten (waaronder Mandel) schat het aantal Duitse trotskisten in 1939-1940 op een 15-tal. Zie Marc LORNEAU, *Contribution à l'histoire du mouvement trotskyste belge: 1939-1960*, ULG, ongepubliceerde scriptie, 1983, p. 262.
8. De Belgische trotskistische beweging ontstond in 1928 door de uitsluiting van de linkse oppositie uit de communistische partij. Het Belgisch trotskisme had het in de jaren '30 uiterst moeilijk om zich als één organisatie te handhaven. Tussen

De jonge Mandel en de Vlaamse kwestie

1928 en 1939 zorgden verschillende conflicten, o.a. rond Trotsky's positie over de oorlog tussen Finland en de Sovjetunie en het 'entrisme', voor scheuringen, fractiestrijd en een gestaag teruglopen van het ledenaantal. Pas in 1936 smolten de grootste groepen – *Action Socialiste Révolutionnaire* en *Ligue Communiste Internationaliste* – opnieuw samen tot de Revolutionair Socialistische Partij (RSP) / *Parti Socialiste Révolutionnaire* (PSR). Deze partij zou ondanks het vertrek van de Brusselse groep rond Georges Vereeken in 1938 tot aan de Tweede Wereldoorlog blijven bestaan. Nadya DE BEULE, *Het Belgisch trotskisme 1925-1940*, Gent, Masereelfonds/Jan Dhondtstichting, 1980 en Marc LORNEAU, op. cit. Zie ook Annex 2.

9. *Der Einzige Weg: Zeitschrift für die Vierte Internationale: Organ des IS, der MA Schweiz, der RKOe, der IKCSR* was het blad van het Internationaal Secretariaat van de Vierde Internationale en de Zwitserse, Oostenrijkse en Tsjechoslovaakse secties.

10. [Franz Meyer] aan 'Heinz' [Heinz Epe], 29 juni 1939. ALDL nr. 24.

11. Een selectie van het werk van Meyer is te vinden in Dick DE WINTER, *Franz Holβ. Kunstenaar op de vlucht voor Hitler*, Breda, Stichting Uitgeverij Papieren Tijger, 2001.

12. Jan-Willem STUTJE, op. cit., p. 25.

13. Circulaire (met statuten) van Dynamo Verlag, 4 december 1937. ALDL nr. 14. De verplaatsing van de uitgave van *Unser Wort* naar België verlichtte bovendien het werk van de overbelaste IKD-sectie in Parijs. Zie Rodolphe PRAGER, *Einleitung-Introduction in Flucht aus Deutschland. Bilder aus dem Exil*, Frankfurt, ISP-Verlag, 1984.

14. 'Schaked' is Hebreeuws voor 'amandel'. Zie ook Jan-Willem STUTJE, op. cit., p. 30.

15. Jan-Willem STUTJE, op. cit., pp.17 – 32.

16. Jan-Willem STUTJE, op. cit., p. 25.

17. Enkele van Holz' (postuum gepubliceerde) tekeningen in het boekje *Flucht aus Deutschland* evoceren precies zo'n huiszoeking. Zie *Flucht aus Deutschland. Bilder aus dem Exil*, Frankfurt, ISP-Verlag, 1984.

18. [Henri Mandel] aan [Fritz Besser], 23 april [1939]. ALDL nr. 26.

19. Joris DEDEURWAERDER, *Martens, Adriaan*, in NEVB, pp. 2006-2008 en Els WITTE, Jan CRAEYBECKX en Alain MEYNEN, *Politieke geschiedenis van België van 1830 tot heden*, Antwerpen, Standaard Uitgeverij, 1997, pp. 196-197.

20. [Fritz Besser] aan [Max Laufer], 5 maart 1939. ALDL nr. 26.

21. [Fritz Besser] aan [Ernest Mandel], 16 maart 1939. ALDL nr. 26.

22. Ibid.

23. Marx heeft het zowel over *"Belgien, das Paradies des konintentalen Liberalismus"* als *"diesem 'Paradiese der Kapitalisten' "*. Zie Karl MARX, *Das Kapital,* herdrukt in Karl MARX en Friedrich ENGELS, op. cit., vol. 23, p. 316 (voetnoot 190) en p. 701. Zie ook http://www.mlwerke.de/me/me23/me23_245.htm , geraadpleegd op 28 december 2012.

24. Het "PLAN VAN DE ARBEID" (alias het "Plan De Man"), uitgewerkt door de sociaaldemocraat Hendrik De Man en in 1933 aangenomen door de BWP, voorzag in een geleide economie aangedreven door o.a. inflatoire ingrepen. Het Plan was verwant met de ideeën van J.M. Keynes en Roosevelts *New Deal*, maar ging een stuk verder. Zo beoogde De Man ook de nationalisering van de financiële instellingen en de energiesector. In zijn *socialisme national* kwam klassesolidariteit tegen het financiekapitaal in de plaats van klassenstrijd. Het Plan werd nooit uitgevoerd. Els WITTE, Jan CRAEYBECKX en Alain MEYNEN, op. cit., pp. 200-201.

25. PAUL VAN ZEELAND (1893-1973), hoofd van de studiedienst (1922), directeur (1926) en vice-gouverneur (1934-1935) van de Nationale Bank, leidde als (niet-verkozen) 'extraparlementair' twee regeringen van nationale eenheid, resp. Van Zeeland I (25 maart 1935- 26 mei 1935-1936) en Van Zeeland II (13 juni 1936 - 25 oktober 1937). Zijn beleid, bedoeld om België uit de economische depressie te halen, was gebaseerd op devaluatie van de frank en strategische overheidsingrepen. Van Zeeland II werd ten val gebracht door het – door REX vakkundig uitgebuite – schandaal over jarenlange miljoenenfraude binnen de Nationale Bank. Brigitte HENAU, *Zeeland, burggraaf Paul van,* in NEVB, pp. 3776-3777 en Karel VAN NIEUWENHUYSE, *Sap versus van Zeeland: politieke titanen kruisen de degens in de jaren '30,* in BTNG-RHBC, XXXII (2002), 1-2, pp. 195-251.

26. Waarschijnlijk verwart Mandel hier (de Vlaamse) ALBERT-EDOUARD JANSSENS (de

De jonge Mandel en de Vlaamse kwestie

opvolger van Max-Léo Gérard als minister van Financiën) met PAUL-EMILE JANSON (1872-1944). Deze Franstalige liberale politicus was volksvertegenwoordiger (1910-1912 en 1914-1935) en senator (1935-1936), en bekleedde in het interbellum heel wat ministerposten (o.a. die van Justitie en Landsverdediging). Hij voerde vaak een eigenzinnige koers en stond niet onwelwillend ten opzichte van de Vlaamse eisen, wat hem onder Franstalige liberalen dikwijls niet in dank werd afgenomen. De regering-Janson (23 november 1937-13 mei 1938) voorzag in de oprichting van o.a. de cultuurraden en de Koninklijke Vlaamse Academie voor Wetenschappen, Letteren en Schone Kunsten van België. Bernard VAN CAUSENBROECK, *Janson, Paul-Emile,* in NEVB, pp. 1553-1554.

27. MAX-LÉO GÉRARD (1879-1955) was een (Franstalige) mijningenieur, bankier en liberaal politicus. Hij werkte eerst voor het Ministerie van Economische Zaken als directeur van het *Office des questions financières,* werd de persoonlijke secretaris en vertrouweling van koning Albert I (1919-1924) en was minister van Financiën in de regering-Van Zeeland I en Spaak (15 mei 1938 – 9 februari 1939). Deze laatste regering werd ontbonden over de eis van Gérard voor buitengewone volmachten om snel de nodige economische hervormingen door te drukken; hij werd vervangen door Albert-Edouard Janssen. Als zakenman werkte Gérard onder meer voor de holdings Brufina en Cofinindus. Hij bekleedde vanaf 1939 tot aan zijn dood in 1955 eveneens hoge functies bij de *Banque de Bruxelles* (onder meer die van voorzitter, administrateur en hoofd van de beheerraad). Jean GODEAUX, *Gérard, Henri, Leo, Max in Commission de la biographie nationale,* Nouvelle Biographie Nationale. Volume 8, Brussel, Académie Royale des Sciences, des Lettres et des Beaux-Arts de Belgique, 2005, pp. 160-164.

28. De KATHOLIEKE VLAAMSE VOLKSPARTIJ (KVV) ontstond in oktober 1936 na de omvorming van de Katholieke Unie in een Vlaamse en Franstalige partij (o.a. in een poging om de door de samenwerking tussen REX en VNV blootgelegde rechterflank af te dekken). Een beginselakkoord tussen de KVV en VNV bleek door de tegenstand van ACW, Boerenbond en de bisschoppen van korte duur. Het minimumprogramma van de KVV evolueerde in de richting van 'culturele autonomie', een eis die uiteindelijk vrij succesvol bleek om een nieuwe lichting Vlaamse jongeren te bekoren. Emmanuel GERARD, *Katholieke Partij / Christelijke*

Volkspartij, in NEVB, pp. 1618-1636.

29. Nieuw Vlaanderen was een relatief invloedrijk weekblad dat verscheen tussen 1934 en 1944 met een oplage van ca. 2000 exemplaren. Het blad had een Vlaamsgezinde, katholieke maar niet-partijgebonden signatuur. Het kan worden beschouwd als de spreekbuis van de intellectuelen die van de katholieke partij vervreemd waren maar de stap naar het radicale VNV niet wilden maken. Ideologisch vertolkte Nieuw Vlaanderen een rechts federalistisch standpunt met de eentaligheid van Vlaanderen als *Leitmotiv*. Tijdens de bezetting stond het blad "in het teken van de Nieuwe Orde", hoewel de bijdragen zelf minder uitgesproken politiek werden. De bevrijding maakte een einde aan het verschijnen van Nieuw Vlaanderen. Emmanuel Gerard, *Nieuw Vlaanderen*, in NEVB, pp. 2201-2202.

30. Vrij vertaald "Vlaanderen zal het zelf wel doen". Het gaat hier om een parafrase van de leuze "Italia fara da sé" van het Risorgimento (het proces van de eenmaking van Italië).

31. Het Vlaamsch Nationaal Verbond (VNV, 1933-1945) was een fascistische partij en collaboratiebeweging. Het VNV werd opgericht met het doel de verschillende Vlaams-nationalistische partijen te verenigen. Haar onbetwiste leider was Staf de Clercq. Het autoritaire, antisemitische, anti-liberale en anti-marxistische VNV streefde naar een "Dietse Volksstaat". Nazi-Duitsland kon onder haar leden op veel sympathie rekenen. De Clercq dirigeerde bij het begin van de Duitse bezetting heel de VNV-'zuil' (met o.a. haar eigen jongeren- en vrouwenorganisaties) rechtstreeks de collaboratie in. Bruno De Wever, *Vlaamsch Nationaal Verbond*, in NEVB, pp. 3380-3387.

32. Het Algemeen Christelijk Werkersverbond (ACW), nu Algemeen Christelijk Werknemersverbond, werd in 1921 opgericht. De hoofdzakelijk Vlaamse stichters hadden een dubbele missie: enerzijds politieke ontvoogding (los van de conservatieve en Fransgezinde burgerij, en als volwaardige factie in de katholieke partij), anderzijds de 'volksontwikkeling' van de Vlaamse christelijke arbeiders. Organisatorisch imiteerde men de structuur van de sociaaldemocratische 'zuil'. Ook de christendemocratische arbeidersbeweging zou vrouwen- en jeugdorganisaties en coöperatieven maar ook een eigen mutualiteit, spaarkas en verzekeringsmaatschappij uitbouwen. Het overwicht van de Vlamingen (zowel

De jonge Mandel en de Vlaamse kwestie

qua ledenaantal, als in de leidinggevende posities) was onmiskenbaar. Hiertegen kwam vanaf de jaren '30 verzet vanwege de Waalse christendemocraten, maar tot 1940 bleef het ACW evenwel unitair. Emmanuel GERARD, *Algemeen Christelijk Werknemersverbond*, in NEVB, pp. 242-244.

33. De BOERENBOND (BB), opgericht in 1890 als een katholieke belangenorganisatie, had als doel de politieke, sociale, morele en professionele ondersteuning van de 'boerenstand'. In haar kielzog waren gelieerde organisaties actief, zoals een kredietinstelling, een aan- en verkoopsvennootschap (AVEVE), verzekeringen, … Men hoopte om zo tot een duurzame binding van het (vooral Vlaamse) platteland aan de Kerk en de katholieke partij te komen. De BB werd gezien als een belangrijk onderdeel in de christelijk-corporatieve maatschappijopvatting. De organisatie was, zeker in haar beginperiode, uitdrukkelijk katholiek en Vlaamsgezind – zo ondersteunde ze o.a. de eis tot vernederlandsing van de Gentse Universiteit en het vrij middelbaar onderwijs. Door haar vormingswerk (onder meer voor vrouwen) heeft de BB sterk haar stempel gedrukt op het sociale en culturele leven van het Vlaamse platteland. Een echte doorbraak in Franstalig België kende de BB, ondanks verwoede pogingen, niet echt, onder andere door conflicten met regionale Waalse (en vaak antiflamingantische) organisaties. Leen VAN MOLLE, *Boerenbond*, in NEVB, pp. 524-526.

34. Dit moet 1926 zijn.

35. De *Société Générale de Belgique*, opgericht in 1822 door Willem I, was de grootste en meest invloedrijke holding in België. De taak van deze maatschappij was het bevorderen van de economie, onder meer via haar bancaire activiteit maar vooral door fors te investeren in de Belgische industrie. Gaandeweg breidde ze haar activiteiten ook uit naar het buitenland – met o.a. een enorme expansie in Belgisch Congo. Madeleine JACQUEMIN, Caroline SIX & Chantal VANCOPPENOLLE, *Guide des Archives d'associations professionnelles et d'entreprises en région Bruxeloise*, vol. 2, Brussel, ARA, Gidsen 51, 2001, pp. 784-786.

36. REX was een Belgische fascistische partij (1935-1945), gesticht door en opgebouwd rond haar leider Léon Degrelle. De partij kon bij de verkiezingen van 1936 11,5% van de kiezers bekoren: Belgische nationalisten, katholieke rechts-revolutionairen, middenstanders, Franstalige Vlamingen, … Degrelle

NATIONALITEIT EN KLASSENSTRIJD IN BELGIË

hoopte – o.a. door kortstondige en uiteindelijk grotendeels gefaalde allianties met extreemrechtse partijen zoals VNV – het land in een continue regimecrisis te storten en zo de macht te grijpen. Tegen 1939 was REX echter nog maar goed voor 4,4%. Tijdens de bezetting zou het rexisme zich volop in de collaboratie storten, o.a. met het oprichten van een "Waalsch Legioen" binnen de SS aan het Oostfront. Bruno DE WEVER, *REX,* in NEVB, pp. 2604-2606.

37. Het LIGA SINJAAL. SOCIALISTISCH STRIJDBLAD VOOR VLAANDEREN VAN HET I.S.A.O.L. (1934-1939) was het blad van de Internationale Socialistische Anti-Oorlogsliga (ISAOL), een anti-militaristische organisatie uit sociaaldemocratische hoek. In het begin van 1935 was de meerderheid van de trotskistische groepen in België in de Belgische Werklieden Partij ingetreden (het zgn. "entrisme"), wat onder meer ook een werking in de ISAOL inhield. Op 9 oktober 1935 werden deze ingetreden trotskisten wegens 'fractiestrijd' uit de Liga gestoten. Hoewel Mandel toen nog niet politiek actief was, verklaart het mogelijk de vermelding van *Liga Sinjaal* in dit rijtje 'kwakzalvers'.

38. Het fascistische VERBOND VAN DIETSCHE NATIONAAL SOLIDARISTEN (Verdinaso) werd in 1931 opgericht door de charismatische 'Leider' Joris van Severen. Het was een eerder "marginale" organisatie die geleidelijk overschaduwd werd door het meer pragmatische VNV. Het Verdinaso kantte zich fel tegen de democratie, het marxisme, het liberalisme en de vermeende Joodse invloeden in de samenleving. Haar einddoel was een autoritaire, corporatistische "Dietse" natiestaat gebaseerd op klassensolidariteit. De partij was aanvankelijk radicaal anti-belgicistisch, maar in 1934 gebood de (in eigen rangen zeer omstreden) 'nieuwe marsrichting' eerst de machtsverwerving binnen een Belgisch kader, om van daaruit heel "Dietsland" te verenigen. In mei 1940 werd van Severen gearresteerd als 'verdachte'. Hij werd in Abbeville vermoord door Franse soldaten. Het stuurloze Verdinaso was verdeeld; een gedeelte ging regelrecht de collaboratie in, een kleine groep sloot zich aan bij het verzet. De meesten zouden zich (althans na 1941) "afzijdig" hebben gehouden. Romain VANLANDSCHOOT, *Verbond van Dietsche Nationaal Solidaristen,* in NEVB, pp. 3192-3204.

39. De REALISTISCHE BEWEGING was een extreemrechtse, radicaal antisemitische organisatie, opgericht in 1935 door de Antwerpse zakenman Armand Janssens.

De jonge Mandel en de Vlaamse kwestie

Lieven SAERENS, *Vreemdelingen in een wereldstad: een geschiedenis van Antwerpen en zijn joodse bevolking 1880-1944*, Tielt, Lannoo, 2000, p. 375.

40. EDOUARD-LUCIEN COX (1890-1942) richtte in 1933 de *Fédération Nationale des Croix de Feu* op, een oudstrijdersvereniging die in haar naam verwees naar de militaire onderscheiding *Croix de Feu / Vuurkruis*. Gaandeweg schoven de 'Vuurkruisers' steeds meer op naar (extreem) rechts. Gita DENECKERE, *Oudstrijders op de vuist in Brussel. Het amnestieconflict tijdens het interbellum*, in BTNG-RHBC, XX (1994-1995), 3-4, p. 285.

41. De kolonel-op-rust LOUIS LOUVAU (1879-1967) was vanaf 1933 voorzitter van de *Union des Fraternelles de l'Armée de la Campagne / Vereniging van de Verbroederingen van het Veldleger* (UFAC), een organisatie die vanaf het einde van de jaren 1920 de verschillende 'fraternellen' overkoepelde. De UFAC was hevig anti-Vlaams, anti-democratisch, anti-communistisch, hyperpatriottisch en koningsgezind. Gita DENECKERE, op. cit., p. 284.

42. JULIEN LAHAUT (1884-1950) was één van de meest gekende, populaire en invloedrijke communistische leiders van België. Lahaut, afkomstig uit een arbeidersgezin in Seraing, was eerst actief in de socialistische metaalarbeidersvakbond. In 1923 maakte hij de overstap naar de KPB. Hij was o.a. secretaris van de *Chevaliers du Travail* (een linkse, niet aan de BWP gelieerde vakbond), gemeente- en provincieraadslid en vanaf 1932 ook parlementair voor de KPB. Lahaut zetelde na de dood van partijsecretaris Joseph Jaquemotte eveneens in het partijbestuur. In 1941 werd hij gearresteerd; hij werd opgesloten in de citadel van Hoei en kwam daarna terecht in de concentratiekampen Neuengamme en Mauthausen. Lahauts populariteit, de spectaculaire groei en radicalisering van de KPB zijn vermoedelijk de ware oorzaken van zijn (nog steeds niet volledig opgehelderde) moord op 18 augustus 1950. Maxime STEINBERG, « Lahaut (Julien Victor) » in *Biographie Nationale*, vol. 39, supplement vol. XI, Brussel, Etablissements Emile Bruylant, 1976, pp. 569-584.

43. Een "kazakkeerder" is iemand die plots van politieke overtuiging is veranderd. "Kazak" is Vlaams voor een lange overjas, soms ook een tas. Mandel bekritiseert hier de politieke zigzagbeweging van de communistische partij die zich in 1938 nog met veel patriottische ijver tegen de oud-activist Martens had uitgesproken.

Later evolueerde de KPB en vooral de Vlaamse Kommunistische Partij (cfr. infra) naar een verzoenend standpunt in de "nationale kwestie". Rudi VAN DOORSLAER, *Links-radicalisme*, in NEVB, pp. 1915-1929.

44. In trotskistisch jargon spreekt men over "bonapartisme" wanneer een regime door verhoogde klassentegenstellingen niet meer kan rekenen op interne stabiliteit en met behulp van het leger, repressief apparaat en de bureaucratie de rust en orde en daarmee ook de "nationale eenheid" moet herstellen. Vaak wordt beroep gedaan op charismatische, "neutrale" want "boven de partijen staande" figuren om leiding te nemen. Andere trotskistische figuren achtten Leopold III, wegens zijn rol in de zaak Martens, in staat om België "naar het bonapartisme" te leiden, en noemden hem daarom "gevaarlijker" dan REX-leider Léon DEGRELLE. (Zie bv. Walter DAUGE, "L'Affaire Martens" in *La Lutte Ouvrière*, 11 februari 1939. De term verwijst naar Marx' *Der achtzehnte Brumaire des Louis Bonaparte*, gepubliceerd in 1852. Trotski zelf onderscheidde zowel een "burgerlijk" (kapitalistisch) bonapartisme als het "Kremlin-bonapartisme" van de Sovjetunie. Zie *Bonapartism,* op http://www.marxists.org/glossary/index.htm , geraadpleegd op 21 januari 2013 en Leon Trotsky, *The Workers' State, Thermidor and Bonapartism,* 1935 op http://www.marxists.org/archive/trotsky/1935/02/wstherm-bon.htm , geraadpleegd op 21 januari 2013.

45. De katholiek-socialistische regering Pierlot, gevormd na de val van het kabinet Spaak, bleef maar een week overeind (21 februari 1939 – 27 februari 1939).

46. *"Die Arbeit ist wirklich gut und es wird auch Sie freuen, was der Junge schon kann. Die IV. kann sich schon jetzt gratulieren ... "* [Max Laufer] aan [Fritz Besser], 16 april 1939. ALDL nr. 26.

47. [Fritz Besser] aan [Joseph Weber], 28 april 1939; [Fritz Besser] aan [Ernest Mandel], 2 mei 1939. ALDL nr. 26.

48 *"[...] ich halte Dich nicht für einen Dummkopf, der keine Kritik vertragen kann, sondern für einen Jungen, der willig ist zu lernen."* [Fritz Besser] aan [Ernest Mandel], 2 mei 1939. ALDL nr. 26.

49. [Ernest Mandel] aan [Fritz Besser], 24 mei 1939. ALDL nr. 26.

50. Zie Het "geval" Martens en ... de Vlaamsche kwestie, noot 21.

51. *"Kein Mensch von einiger geschichtlicher Bildung wird*

De jonge Mandel en de Vlaamse kwestie

leugnen, daß die Trennung Belgiens und Hollands ungleich historischer war als ihre Vereinigung". Karl MARX, "Debatten über Preßfreiheit und Publikation der Landständischen Verhandlungen", in *Rheinische Zeitung*, nr. 128 (8 mei 1842), herdrukt in Karl MARX en Friedrich ENGELS, *Werke*, Berlijn/DDR, Karl Dietz Verlag, 1976, pp. 28-77. Zie ook http://www.mlwerke.de/me/me01/me01_033.htm, geraadpleegd op 28 december 2012.

52. De VLAEMSCHE COMMISSIE (doorgaans Grievencommissie genoemd) werd in 1856 onder impuls van de katholieke volksvertegenwoordiger Pierre de Decker opgericht, met als opdracht beleidsvoorstellen ter bevordering van het gebruik van het Nederlands in het openbare leven te doen. Hoewel de commissie zelden echt radicale maatregelen suggereerde, werd de voorstelling van haar eindverslag (1857) geblokkeerd door de (Fransgezinde) liberale regering Rogier. Uiteindelijk gaf de commissie zelf het verslag uit (1859). Als reactie publiceerde Rogier een officieel tegenverslag waarin de commissieleden een gebrek aan patriottisme verweten werd en de legitimiteit van de Vlaamse eisen werd ontkend, met manifestaties in Brussel en Gent als gevolg. De hele episode bracht flamingantische katholieken en radicale liberalen dichter bij elkaar en leidde tot Vlaamsgezinde verkiezingsoverwinningen in de jaren 1860. De dreiging van het flamingantisme zette de regering aan om maatregelen te nemen ten voordele van het Nederlands. Lode WILS, *Vlaemsche Commissie*, in NEVB, pp. 3504-3506.

53. De MEETINGPARTIJ (1862-1914) (MP) was een politieke organisatie te Antwerpen, bestaande uit een coalitie van de meest vooruitstrevende liberale, katholieke en Vlaamsgezinde krachten. Ze ontstond onder meer uit het verzet tegen de plannen van de regering om van Antwerpen een versterkte vesting te maken, wat de (economische) groei van de haven en dus de stad beperkte. De MP kreeg haar naam door de volksvergaderingen ("meetings") georganiseerd door haar Kommissie der Krijgsdienstbaarheden, waarin afgevaardigden van de liberale, conservatieve en flamingantische kiesverenigingen zetelden. De Vlaamsgezinden stonden, als sprekers maar ook als journalisten, in de MP zeer sterk. De partij zou 10 jaar lang de gemeenteraad en 40 jaar lang de Antwerpse vertegenwoordigers in het parlement aanwijzen. Onder haar verwezenlijkingen noteren we de vernederlandsing van het stads- en provinciebestuur en het

aanduiden van flamingantische volksvertegenwoordigers in de Kamer, die de eerste taalwetten zullen stemmen. Lode WILS, *Meetingpartij,* in NEVB, pp. 2026-2028.

54. Het WILLEMSFONDS – vernoemd naar auteur Jan F. Willems – werd in 1851 opgericht in Gent. Deze Vlaamsgezinde culturele vereniging was oorspronkelijk opgericht door katholieken en liberalen, maar evolueerde gaandeweg naar een liberaal-vrijzinnige opstelling. Marcel BOTS en Georges DECLERCQ, *Willemsfonds,* NEVB, pp. 3753-3578.

55. De LIBERALE VLAAMSCHE BOND ontstond in 1866 te Antwerpen. Heel wat leden van deze organisatie waren uit de Nederduitsche Bond gestapt uit ontevredenheid met haar passiviteit ten opzichte van de taalstrijd. Toch zou de Bond zich in het begin eerder dan flamingantisch vooral democratisch en antiklerikaal opstellen. Vanaf 1885 kon de fractie van jongere en meer radicale leden meer invloed verwerven, wat zich o.a. uitte in het programma waarin naast een Nederlandstalige universiteit ook algemeen stemrecht werd geëist. José VERSCHAEREN, *Liberale Vlaamsche Bond,* in NEVB, pp. 1884-1885.

56. Het DAVIDSFONDS is een culturele flamingantische vereniging, opgericht in 1875 ten tijde van verhoogde spanningen tussen de diverse strekkingen in de Vlaamse beweging als katholieke tegenhanger van het Willemsfonds. Aanvankelijk primeerde het godsdienstige element, maar het Fonds zou tegen het einde van de jaren '30 een belangrijke culturele speler worden in Vlaanderen door haar opstelwedstrijden, uitgave van boeken en haar netwerk van socioculturele organisaties zoals toneelverenigingen, studiekringen, geschiedkundige en heemkundige kringen, muziekensembles, enz. Lode WILS, *Davidsfonds,* in NEVB, pp. 863-866.

57. EDWARD ANSEELE (1856-1938) was vanaf haar ontstaan tot de Eerste Wereldoorlog de onbetwiste voorman van de socialistische arbeidersbeweging in Vlaanderen, (mede)stichter van de Vlaamsche Socialistische Arbeiderspartij (1876) en de Belgische Werklieden Partij (BWP)(1885) en quasi onafgebroken socialistisch volksvertegenwoordiger tussen 1894 en 1936. Ondanks zijn argwaan ten opzichte van de flaminganten in Gent (o.a. wegens de aanwezigheid van dissidente socialisten in hun rangen) stemde Anseele doorgaans pro alle

De jonge Mandel en de Vlaamse kwestie

Vlaamsgezinde wetsvoorstellen. Guy VANSCHOENBEEK, *Anseele, Edward,* in NEVB, pp. 297-298.

58. CAMILLE HUYSMANS (1871-1968) speelde vooral vlak voor en na de Eerste Wereldoorlog een belangrijke rol in de Vlaamse beweging. Huysmans was volksvertegenwoordiger voor de BWP, werd later secretaris van de 2de Internationale en hoofdredacteur van de *Volksgazet* (1931), zou na de Eerste Wereldoorlog de Antwerpse BWP verder uitbouwen, en kreeg de post van Kunst en Wetenschappen in de regeringen Poullet-Vandervelde en Jaspar. Hij was ook burgemeester van Antwerpen (1933-1940 en 1944-1946). Huysmans speelde een hoofdrol in de vernederlandsing van het publieke leven in Vlaanderen, o.a. door zijn inzet voor de vernederlandsing van de universiteit in Gent en zijn onderwijshervormingen. In de jaren '30 distantieerde Huysmans zich steeds meer van de verrechtste Vlaamse beweging en werd een felle tegenstander van het fascisme. Jan HUNIN, *Huysmans, Camille,* in NEVB, pp. 1496-1501.

59. LOUIS FRANCK (1868-1937), afkomstig uit de Antwerpse kleinburgerij, was advocaat en later hoogleraar maritiem recht aan de ULB. Hij was o.a. volksvertegenwoordiger (1906-1926), minister van Koloniën (1918-1924) en gouverneur van de Nationale Bank (1926-1937). De liberaal Franck, die ook lid was van de Liberale Vlaamse Bond en een aantal andere Vlaamsgezinde organisaties, gold als een eerder behoedzaam en gematigd flamingant. Francks verdienste ligt hoofdzakelijk in de vernederlandsing van het juridische leven in Vlaanderen en in zijn inspanningen (met Van Cauwelaert en Huysmans) voor de vernederlandsing van de Gentse universiteit. Jozef MERTENS, *Franck, Louis,* in NEVB, pp. 1169-1171.

60. FRANS VAN CAUWELAERT (1880-1961) was één van de iconen van het (katholieke) flamingantisme. Deze uitzonderlijke redenaar was al tijdens zijn studententijd actief in de Vlaamse beweging. Hij was o.a. vanaf 1910 katholiek volksvertegenwoordiger voor Antwerpen, voorzitter van de Vlaamsgezinde katholieke verkozenen (1919), politiek directeur van de krant De Standaard, burgemeester van Antwerpen (1921-1932), bekleedde ministerposten in enkele tussenoorlogse regeringen en werd in 1939 voorzitter van de Kamer. Daarnaast vervulde hij functies in het economisch leven, o.a. in het Antwerpse havenbedrijf

en het bank- en verzekeringswezen. Voor dit artikel is zijn campagne voor de vernederlandsing van de Gentse universiteit van belang – hij was, samen met Huysmans en Franck, een van de "Drie Kraaiende Hanen". Lode WILS, *Cauwelaert, Frans van,* in NEVB, pp. 696-703.

61. De term UNION SACRÉE (het Heilig Verbond) wordt gebruikt om de verhouding tussen de sociaaldemocratische, liberale en katholieke partijen tijdens de Eerste Wereldoorlog te benoemen. Sociaaldemocraten en liberalen hadden zich bij de Duitse inval achter de homogeen katholieke regering De Broqueville geschaard om een regering van nationale eenheid te vormen. Het sociaalpatriottisme van de BWP lag in het verlengde van haar vooroorlogse reformistische politiek, en de partij bewees ermee dat ze integraal deel uitmaakte van het burgerlijke staatsbestel. Els WITTE, Jan CRAEYBECKX en Alain MEYNEN, op. cit., pp. 146-147.

62. Het VLAAMSCH ECONOMISCH VERBOND (VEV) was een werkgeversorganisatie en drukkingsgroep, opgericht in 1926 als opvolger van het door het activisme gecompromitteerde Vlaamsch Handelsverbond. Het VEV had als doelstelling het "bevorderen der Vlaamse economische belangen" en het promoten van het Nederlands in de zakenwereld. Vanaf 1935 profileerde het VEV zich meer en meer als echte patronale organisatie en directe concurrent van het unitaire *Comité Central Industriel* (CCI). Tijdens de bezetting zou het VEV (net als het CCI) samenwerken met de Duitse bezetter om een machtspositie te verwerven in de nieuwe economische orde. Dirk LUYTEN, *Vlaams Economisch Verbond,* in NEVB, pp. 3316-3322.

63. Het ACTIVISME was een Vlaams-nationalistische politieke beweging tijdens de Eerste Wereldoorlog (1914-1918), aangehangen door een eerder beperkt gedeelte van de bevolking, die streefde naar verregaande politieke veranderingen in België waarin Vlaamse autonomie (binnen of buiten het kader van een Belgische staat) voorop stond. De 'activisten' werkten hiervoor nauw samen met de Duitse bezetter en onderscheidden zich zo van de zgn. 'passivisten'. Het activisme is niet los te zien van de reactie op bepaalde manifeste onrechtvaardigheden aan het front, maar bovenal van de *Flamenpolitik* van de Duitsers, een staaltje van verdeel-en-heerspolitiek die grotendeels ongewijzigd bleef tot de zomer van 1918 en waarin de Vlaamse beweging ondersteund en beïnvloed werd. Het activisme

De jonge Mandel en de Vlaamse kwestie

werd echter nooit een massabeweging, o.a. door de veelheid aan organisaties en strekkingen, waardoor ook een duidelijke visie op de gewenste staatsstructuur ontbrak. Pieter VAN HEES, *Activisme,* in NEVB, pp. 205-224.

64. De RAAD VAN VLAANDEREN (1917-1918) werd begin februari 1917 opgericht op de Vlaamsche Nationale Landdag in Brussel. Ze moest als centraal orgaan de politiek van de verschillende activistische organisaties sturen, waarvoor ze samenwerkte met de Duitse bezetter. De Duitsers van hun kant lieten de Raad weinig autonomie en waren evenmin onder de indruk van de door haar uitgeroepen politieke zelfstandigheid van Vlaanderen. Hendrik D. MOMMAERTS en Pieter VAN HEES, *Raad van Vlaanderen,* in NEVB, pp. 2523-2527.

65. JEF VAN EXTERGEM (1898-1945) werd tijdens de Eerste Wereldoorlog ingeschakeld in de (linkse) activistische propaganda. Hij werd in 1920 veroordeeld tot 20 jaar, komt voorwaardelijk vrij in 1921, maar zit tussen 1925 en 1928 weer in de cel wegens politieke activiteit. Van Extergem, aanvankelijk socialist maar sinds 1917 communistisch sympathisant, werd actief in de KPB: hij voerde bij de Bormsverkiezing met de KPB propaganda voor Borms, werd erevoorzitter van de Internationale Rode Hulp (1928), studeerde aan de leninistische kaderschool in Moskou (1930-1931) en was zelfs Belgisch afgevaardigde op het VIIde Wereldcongres van de Komintern (1935). Van Extergem stichtte in 1937 de Vlaamse Kommunistische Partij en werkte mee aan het (communistische) blad Ulenspiegel, dat na de Duitse inval en Belgische capitulatie (conform de Komintern-lijn) een 'neutraal' standpunt innam en Vlaams-nationalisten voor zich trachtte te winnen. In 1941 moet Van Extergem onderduiken. Hij werd gearresteerd in 1943 en kwam via Breendonk terecht in de concentratiekampen Sachsenhausen en Ellrich, waar hij in 1945 overleed. Rudi VAN DOORSLAER, *Extergem, Jef van,* in NEVB, pp. 1095-1097.

66. België zou bij de vredesonderhandelingen na de Eerste Wereldoorlog in Versailles (1919) naast de overdracht van het Groothertogdom Luxemburg, Maastricht, Nederlands-Limburg, Moresnet, Eupen en Malmedy, immers ook koloniale gebiedsuitbreiding in Oost-Afrika eisen. De Duitse kolonies Ruanda-Urundi werden effectief als mandaatgebied aan België toegekend. De 'Oostkantons' (Moresnet, Eupen en Malmedy) werden eveneens Belgisch

grondgebied. Els WITTE, Jan CRAEYBECKX en Alain MEYNEN, op. cit., p. 187.
67. In totaal zou bij de naoorlogse repressie 268 gerechtelijke veroordelingen worden uitgesproken (168 bij verstek), waarvan 45 doodvonnissen. Geen enkel doodvonnis werd echter voltrokken. Pieter VAN HEES, *Activisme*, in NEVB, p. 219.
68. De 'Bormsverkiezing' (9 december 1928) was een tussentijdse verkiezing in Antwerpen, uitgeschreven wegens het overlijden van de liberale volksvertegenwoordiger Richard Kreglinger. De katholieke en socialistische partij riepen – als gebaar naar de liberale partij – op om blanco te stemmen. De bekende oud-activist August Borms, die nog steeds in de cel zat, werd echter met voorsprong de eerste kandidaat. Gezien Borms' onverkiesbaarheid (en die van zijn opvolger) werd de liberaal Paul Baelde verkozen. Het resultaat van de 'Bormsverkiezing' deed bij de regering Jaspar het voornemen ontstaan om de "Vlaamse kwestie" voorgoed op te lossen. Een tweede gevolg was het verlies van de BWP en de winst van de Frontpartij bij de algemene parlementsverkiezingen van mei 1929. Lode WILS, *Bormsverkiezing*, in NEVB, p. 566.
69. ADOLPHE MAX (1869-1939) was tussen 1909 en 1939 als liberaal o.a. volksvertegenwoordiger en provincieraadslid voor Brabant, gemeenteraadslid, schepen en uiteindelijk burgemeester van Brussel. Hij stond gekend als een machtige tegenstander van de Vlaamse beweging. Dankzij zijn invloed als voorzitter van de liberale Kamerfractie kon hij verschillende flamingantische wetsvoorstellen tegenhouden. Hij verzette zich o.a. tegen de vernederlandsing van de universiteit van Gent, de taalwetten van de jaren 1930, de vraag voor amnestie van de oud-activisten en de benoeming van Adriaan Martens. Nico WOUTERS, *Max, Adolphe E.J.H.*, in NEVB, p. 2016.
70. De "travaillistische" regering Poullet-Vandervelde (17 juni 1925-8 mei 1926), bestaande uit progressieve katholieken en sociaaldemocraten, kreeg tijdens haar korte regeerperiode te maken met ongewoon felle tegenstand (in de pers, in buitenparlementaire oppositiebewegingen, ...) en viel, ondanks een intacte en brede parlementaire meerderheid, in 1926 (en niet in 1925 zoals Mandel stelt). Het deed een – romantische en moeilijk hard te maken – hypothese ontstaan van een "samenzwering van bankiers". Guy VANTHEMSCHE, *De Val van de regering Poullet-Vandervelde: een "samenzwering der bankiers"?*, in BTNG-RHBC, IX

De jonge Mandel en de Vlaamse kwestie

(1978), 1-2, pp. 165-214.

71. Hendrik DE MAN (1885-1953) was één van de bekendste (en omstreden) Belgische sociaaldemocratische intellectuelen. Voor WO I onderhield hij contacten met de zgn. 'Austromarxisten' en figuren als Rosa Luxemburg, Karl Kautsky en Karl Liebknecht (waarmee hij in 1907 de Socialistische Jeugdinternationale oprichtte). In België blijft hij, naast zijn marxistisch oeuvre, vooral gekend voor zijn 'Plan van de Arbeid'. De Man werd in 1939 voorzitter van de BWP. Hij was daarnaast minister van Openbare Werken (1935-1936) en Financiën (1936-1938) evenals vice-premier in de regering Van Zeeland II. Tijdens de Tweede Wereldoorlog zou hij verder gaan op het pad van het autoritair socialisme, door zich in te schakelen in de Nieuwe Orde van de bezetter. Hendrik DEFOORT, *Man, Hendrik de*, in NEVB, pp. 1993-1997.

72. Betreffende de val van de regering Van Zeeland II en Spaak, cfr. supra.

73. De FRONTPARTIJ (officieel "het Vlaamsche Front") ontstond uit de zgn. Frontbeweging en werd in 1919 opgericht als Vlaams-nationalistische politieke partij met als kernprogramma "Zelfbestuur, Godsvrede en Nooit Meer Oorlog". In datzelfde jaar werden haar leiders Adiel Debeuckelaere en Hendrik Borginon verkozen in het parlement. Van in het begin ontstonden conflicten over de te volgen politiek, tussen enerzijds reformistische en radicale groepen, en anderzijds tussen pluralistische en katholieke strekkingen. De Frontpartij kende daarnaast ook een eerder zwakke partijstructuur. Haar decentralisatie (1923) versterkte de onafhankelijke koers van regionale afdelingen. Gaandeweg werd de Frontpartij als politieke Vlaams-nationalistische beweging voorbij gestoken door o.a. het VNV, waaraan de partij veel leden en kiezers verloor. Bruno DE WEVER, *Vlaamsche Front, het,* in NEVB, pp. 3405-3407.

74. De oprichting van een VLAAMSCHE KOMMUNISTISCHE PARTIJ (1937 – 1945) (VKP) paste in het kader van de 'Volksfrontpolitiek' van de Komintern, die samenwerking met de burgerlijke partijen voorschreef als tactiek om het oprukkend fascisme te bestrijden. Georges Van den Boom werd voorzitter, Jef van Extergem secretaris. De VKP genoot als onderafdeling van de KPB weinig autonomie; de Vlaamse identiteit bleef immers ondergeschikt aan de communistische. Het radicale flamingantisme, aanwezig bij sommige communisten, moest sterk

verdund worden. De VKP protesteerde tegen amnestie voor oud-activisten als Borms, Verhulst en Jacob, evenals tegen de benoeming van Adriaan Martens. Nico WOUTERS, *Vlaamsche Kommunistische Partij,* in NEVB, p. 3411.

75. De Bedevaart naar de Graven van de IJzer (kortweg IJZERBEDEVAART) (1920 – heden) is een jaarlijkse Vlaams-nationalistische massa-manifestatie aan de IJzertoren in Diksmuide. Oorspronkelijk opgevat als een herdenking voor tijdens de Eerste Wereldoorlog gesneuvelde (Vlaamse) soldaten, kreeg de IJzerbedevaart al snel een uitgesproken politiek karakter en bleef ze slechts "schijnbaar pacifistisch". Vanaf 1930 radicaliseerde de IJzerbedevaart en evolueerde ze (o.a. dankzij haar band met het VNV) sterk naar rechts. Annelies BECK, *IJzerbedevaart(en),* in NEVB, pp. 1503-1514.

BRONNEN

AMSAB-ISG, Archief Leon De Lee (468).

SOCIALISTISCHE VOORUITZICHTEN IN VERBAND MET DE VLAAMSE KWESTIE (1958)

Medeauteur van onderstaand artikel is de socialistische vakbondsmilitant Jacques Yerna (1923-2003). Net als Ernest Mandel was hij aan het eind van de jaren 1950 actief in het studiebureau van het ABVV waar inhoud en vorm werd gegeven aan de door André Renard voorgestelde economische structuurhervormingen. Na de dood van deze gezaghebbende Waalse vakbondsleider werd Yerna secretaris van het gewest Luik-Hoei-Borgworm van de socialistische vakbond. Na de staking 1960-1961 was Yerna actief in de Waalse beweging en de Mouvement Populaire Wallon waarvan hij in 1968 de laatste voorzitter werd. Hij was een tijd lang redacteur van het weekblad La Gauche. *De tweetalige Yerna was als vakbondswerker ook actief in Vlaanderen. Hij steunde de Vlaamse emancipatiebeweging als onderdeel van de strijd voor het socialisme. Over Ernest Mandel zei Yerna dat die hem voorgoed verlost had van het nationalisme. Het artikel richt zich niet alleen tot een Franstalige publiek maar ook tot de reformistische en de met betrekking tot de Vlaamse beweging kortzichtige Belgische Socialistische Partij.*

Mandel en Yerna behoorden tot de linkervleugel van die partij, georganiseerd rond de weekbladen La Gauche *en* Links. *Deze tendens die in 1964 uit de BSP werd gestoten, bestond uit de kleine trotskistische organisatie die gevolg had gegeven aan de zogeheten "intredepolitiek", en een meerderheid van radicale linkse militanten. Beide weekbladen waren noch trotskistisch, noch revolutionair marxistisch. In de schoot van de redactie werden en moesten vele compromissen worden gesloten om zich als tendens in de BSP te handhaven. Dat de Belgische sectie van de Vierde Internationale achter Renard aanliep is een mythe, zoals blijkt in het artikel "Marxisme en Federalisme" in deze bundel. Onderstaand artikel verscheen in* La Gauche *op 19 april 1958, twee jaar voor de grote staking die een ommekeer zou veroorzaken in de verhoudingen tussen de Vlaamse en Waalse arbeidersbeweging*

Naties ontstaan en vergaan. Maar zij onderscheiden zich door de omstandigheden waarin zij zijn ontstaan. De oudste naties, verenigd door een gemeenschappelijke taal en cultuur binnen een wel afgebakend territorium en met duizend jaar oude tradities achter de rug, schijnen te zijn losgeweekt van de specifieke omstandigheden waarin zij werden geboren. Het is alsof zij buiten de geschiedenis staan en gehoor geven aan een duister plan van de voorzienigheid. De burgers van zo'n geprivilegieerde natie kunnen bogen op een eeuwenoud verleden. Zij vinden in dit verleden het onveranderlijke beeld van een vaderland, ettelijke generaties lang gefatsoeneerd door de "grote voorouders".

Zo spiegelt de jonge Fransman zich al bewonderend in de veertig koningen die aan de basis van het koninkrijk liggen en die de revolutie heeft verjaagd. De absolute monarchie en de verklaring van de rechten van de mens, de gotische kathedralen en de vrijmetselaarsloges, de klopjachten op Noord-Afrikanen en de

Socialistische Vooruitzichten i.v.m. de Vlaamse Kwestie

universele roeping van Frankrijk zijn de wisselende maar de onveranderlijke kenmerken van eenzelfde werkelijkheid. Anatole France is de geestelijke erfgenaam van Pascal en Bossuet, terwijl Sartre en Proust, in het spoor van Voltaire[1], de helderheid eigen aan de Latijnse geest tot uiting brengen, ondoordringbaar voor de dromerijen en metafysische bespiegelingen van de zwaarwichtige Germanen.

Maar andere naties zijn van veel recentere datum. Zij dragen, zonder dat ze het kunnen verbergen, het kenmerk van vluchtige en tegenstrijdige invloeden. Hun bestaan lijkt betwistbaar. De geschiedenis die ze heeft gevormd had een andere weg kunnen inslaan. Zo is het met België. Geboren in 1830, onder omstandigheden wier interne noodzakelijkheid niet evident lijkt, bestaande uit twee afzonderlijke gemeenschappen die zich soms weer aangetrokken voelden tot andere gemeenschappen, is België de uitdrukking van een eerder toevallige lotsbestemming. De inwoners spreken er twee verschillende talen en beroepen zich op twee verschillende culturen. De jonge Belg die in het verleden op zoek gaat naar de geest van zijn land krijgt een reeks verwarde beelden voorgeschoteld: een opeenvolging van woeste Gallische stammen, Romeinse en Germaanse kolonisten, feodale graven en hertogen, vorsten uit de huizen van Valois en Habsburg, Franse revolutionairen en orangisten, gedragen door de opeenvolgende golven van de geschiedenis. Achter deze wisselvalligheden schuilt ongetwijfeld een diepere en meer duurzame realiteit. De Frankische koningen, de graven van Vlaanderen, de hertogen van Bourgondië, de Spaanse en Oostenrijkse vorsten zijn gekomen en weer weggegaan, de Belgen zijn gebleven. Zo lijkt het alleszins, bij gebrek aan een andere verklaring.

Franstalig België

Toen de Belgische staat in 1830 uit de septemberrevolutie te voorschijn[2] kwam kozen zijn oprichters voor het Frans als enige officiële taal. Het bestuur was in het Frans, de rechtspleging eveneens en het leger en het onderwijs niet minder. De Vlaamse taal werd genegeerd. Het leek alsof zij niet bestond. De nieuwe staat schaarde zich meteen achter het exclusieve uithangbord van de Franse cultuur. Hoewel de Belgische staat ongetwijfeld een belangrijke factor is geweest in de verfransing van Vlaanderen, ligt hij niet aan de oorsprong van dit proces. De kern van de zaak ligt elders. De verfransing van Vlaanderen is het resultaat van een differentiatieproces in de Vlaamse gemeenschap zelf. In de schoot van elke gemeenschap onderscheiden de verschillende maatschappelijke klassen zich door de nadruk die zij leggen op hun eigen kenmerken. Deze neiging merkt men vooral bij de bezittende standen, die zich dikwijls een bijzondere levensstijl eigen maken, meer bepaald qua huisvesting, het culturele leven en de vrijetijdsbesteding.

In het Vlaamse land nam deze differentiatie een heel bijzondere vorm aan. De heersende klassen in Vlaanderen kozen het Frans als omgangstaal, terwijl het Vlaams[3] de taal van het volk bleef. Men constateert een gelijkaardige, maar minder uitgesproken ontwikkeling in de 17de en 18de eeuw in vele Europese contreien. Tussen 1648 en 1913 was het Frans de overheersende taal in Europa. Op het vasteland was het in die periode ofwel de hoofdtaal ofwel de cultuurtaal van de bezittende klassen. Maar in Vlaanderen was deze ontwikkeling veel geprononceerder en duurzamer van aard.

De historische gebeurtenissen hebben hierin een aanzienlijke rol gespeeld. De nabijheid van Frankrijk, de vazalliteit die Vlaanderen

Socialistische Vooruitzichten i.v.m. de Vlaamse Kwestie

bond aan het Franse koninkrijk, het landsheerlijk gezag van de Bourgondische hertogen, de Franse vorsten van het huis van Valois, de scheiding van de Nederlanden in de 16de eeuw, de economische en culturele achteruitgang van de Zuid-Nederlandse provincies in de 17de eeuw, de Franse bezetting onder de revolutie en het keizerrijk hebben de verfransing van de Vlaamse aristocratie en bourgeoisie in de hand gewerkt. Dit verklaart waarom de verfransing in Nederland, Duitsland en Rusland een accidenteel karakter had of een modeverschijnsel was van voorbijgaande aard. In Vlaanderen echter was zij van blijvende aard. Het is niet zo dat de Franse taal vanuit het buitenland werd opgelegd aan weerspannige inwoners. We mogen ongetwijfeld het gewicht van de externe factoren niet onderschatten, zoals de twintig jaar lange Franse annexatie en daarna de ongelijke industriële ontwikkeling in Vlaanderen en Wallonië, maar de geschiedenis heeft ze niet opgelegd. De heersende klassen in Vlaanderen kozen voor het Frans in overeenstemming met de concrete situatie waarin zij verkeerden. Zij maakten die keuze zonder zich te verzetten tegen de factoren die de verfransing in de hand werkten, maar verwierpen wel de vernederlandsing die onder het Nederlandse regime door Willem I werd nagestreefd. Zij maakten dezelfde keuze toen zij samen met de Waalse bourgeoisie de nieuwe Belgische staat een exclusief Frans karakter gaven.

Het feit dat de oprichters van België het Frans als enige officiële taal hebben aangenomen is dus eenvoudig te verklaren. De staat die uit de revolutie van 1830 was voortgekomen, was een burgerlijke staat waarin een kleine minderheid van de bevolking zowel ten zuiden als ten noorden van de taalgrens Frans sprak. De keuze voor het cijnskiesrecht en voor de Franse taal gebeurde in eenzelfde beweging. De taal van de meerderheid van de bevolking werd genegeerd, juist zoals het Vlaamse volk zelf werd genegeerd. De staat was door de aard der zaak Franstalig omdat alle kiesgerechtigde burgers Franstalig waren. Men kan dus de Walen niet verantwoordelijk stellen voor de aldus ontstane situatie. Zij hebben er wel hun voordeel mee gedaan, maar hebben ze niet veroorzaakt. Er is nooit sprake geweest van een Waalse overheersing in Vlaanderen, maar wel van de hegemonie van de Franstalige, op de Franse cultuur gerichte van het cijnskiesrecht genietende bourgeoisie.

De Vlaamse kwestie is dus in wezen een sociale kwestie. Dat was ze vanaf het begin, en dat is ze nog steeds. De strijd van het Vlaamse volk voor zijn taal en cultuur ligt in de lijn van de algemene emancipatorische volksbeweging zoals die zich heden ten dage voordoet. In dit opzicht is zij in wezen een democratische beweging. Het recht om zijn taal te spreken is immers een van de meest fundamentele mensenrechten. Elke burger moet zich kunnen uitdrukken in zijn eigen taal, een taal die meestal de enige is die hij beheerst. De geleerde en spitsvondige discussies[4] over de respectievelijke verdiensten van het Frans en het Vlaams, als ze al zin hebben, staan hierbuiten. Het is voor een persoon meestal niet gemakkelijk om over te schakelen van de ene naar de andere taal, met alle moeilijkheden van dien. Voor een volk, opgevat als eenheid, is dit niet mogelijk. De Belgische staat heeft het dan ook niet geprobeerd. De bourgeoisie in Vlaanderen heeft het primaat van het Frans steeds opgevat als een verdediging van haar maatschappelijke privilegies. Zij heeft nooit echt gedacht aan de verfransing van de Vlaamse volksmassa's. De verfransing van Vlaanderen is marginaal gebleven. Zij betrof slechts een zeer kleine minderheid van de bevolking.

Socialistische Vooruitzichten i.v.m. de Vlaamse Kwestie

De balans van honderd jaar Vlaamse strijd

De lange strijd van de Vlaamse bevolking om respect af te dwingen voor haar taal en cultuur behaalde in de periode 1930-1935 grote overwinningen. Het Nederlands werd officiële taal, op gelijke voet met het Frans. De Vlamingen beschikten voortaan over dezelfde privilegies als de Franstaligen. De gelijkberechtiging was totaal, zowel in de administratie, in de rechtspleging als in het onderwijs. Maar ondanks het feit dat de kwestie sindsdien geleidelijk naar een oplossing evolueert, kan men niet stellen dat het probleem van de baan is. Men moet zich namelijk hoeden voor extreme oordelen. De rechten die de Vlamingen hebben verworven zijn aanzienlijk. Het recht om in het Nederlands te studeren, om in die taal te worden bestuurd en te worden berecht, zijn een stevige waarborg voor een harmonieuze ontwikkeling van de Vlaamse gemeenschap. Zij wordt niet langer onderdrukt, noch vervolgd, zoals sommige buitenissige extremisten luidkeels beweren. Een vergelijking met de heersende toestand van zo'n honderd jaar geleden gaat niet op. Indien de Vlaamse kwestie nog niet volledig is opgelost, of juister, indien zij op verkeerde wijze is opgelost, dan ligt dit aan het feit dat men haar situeerde op een terrein waar zij niet kon worden opgelost. Het gaat namelijk om een sociologisch probleem. Eén kleine fractie, minder dan 5% van het Vlaamse volk, heeft een vreemde omgangstaal gekozen, het Frans. Zij heeft zich zo de vorm aangemeten van een kaste, afgescheiden van de rest van de bevolking. Deze kaste controleert nog steeds het gros van economische en financiële macht. Zij is nauw gelieerd aan de Brusselse en Waalse bourgeoisie die samen de belangrijkste ondernemingen van het land controleren. Het sociale prestige van deze minderheid over de rest van het Vlaamse volk was de hoofdfactor, en is dit nog steeds, van de verfransing. Dit prestige stoelt op het economische voorrecht.

De Vlaamse beweging heeft aan deze realiteit weinig of geen aandacht besteed. Zij heeft haar eisen beperkt tot het juridische terrein. Zij heeft het exclusieve gebruik van het Nederlands in de administratie, in de rechtspleging en in het onderwijs afgedwongen, maar zij heeft niet geijverd voor een overheveling van de economische en financiële macht van de Franstalige minderheid naar het volk. De Vlaamse beweging werd voornamelijk geleid door mensen uit de middenklassen en zette zich bijgevolg niet in voor een overgang van de burgerlijke naar de socialistische democratie. Vandaar het ongelijke resultaat van haar streven. Dit streven is weliswaar niet vruchteloos geweest zoals sommigen beweren, maar het heeft, juist zoals het algemeen stemrecht en de verdiensten ervan, de arbeiders niet geëmancipeerd.

De gelijkberechtiging van de taal heeft de Vlaamse problemen niet opgelost. In de marge van het wettelijk bestuur blijft de economische en financiële macht in de handen van een kleine verfranste minderheid. De Franstalige Vlamingen die meester zijn gebleven van het economische apparaat hebben zich snel aangepast aan de vervlaamsing van het openbare leven. Het gevaar van een vergaande verfransing van Vlaanderen is definitief uit de weg geruimd en het aantal Franstaligen zal verder krimpen. Maar de meeste grote ondernemingen in het Vlaamse landsgedeelte worden nog steeds bestuurd in een andere taal dan die van de arbeiders en kantoorbedienden die er werken[5]. Het is ook zo dat in de meeste Vlaamse steden de invloed van een kleine Franstalige minderheid ver boven haar numerieke sterkte uitsteekt.

In de schoot zelf van de Vlaamse gemeenschap worden het sociale verkeer en de culturele uitwisselingen tussen de diverse lagen van de bevolking afgeremd. Het ziet er naar uit dat deze toestand niet snel zal veranderen. De geschiedenis heeft het "franskiljonisme"

Socialistische Vooruitzichten i.v.m. de Vlaamse Kwestie

veroordeeld, maar de uitvoering van het vonnis heeft nog een moeilijke periode voor de boeg. Bovendien kan het sociologische overwicht van het Frans in sommige opzichten de verhoudingen tussen de verschillende gemeenschappen voelbaar veranderen. In de centrale staatsinstellingen heeft het Frans nog dikwijls het feitelijke overwicht. In Brussel en het omringende arrondissement, langsheen de taalgrens, houdt het gewicht van de Franstalige sociale lagen ongetwijfeld een niet te verwaarlozen gevaar in voor het verlies van de nationale eigenheid. Dit effect is het meest voelbaar in Brussel en in de randgemeenten. Brussel, dat zoals Gent en Antwerpen oorspronkelijk een Vlaamse stad was, werd geleidelijk verfranst. Deze verfransing bleef zoals in de andere Vlaamse steden niet beperkt tot de adel en de hoge burgerij. Zij heeft ook de middelgrote en de kleine burgerij getroffen en zelfs een deel van het proletariaat. De belangrijke Waalse immigratie heeft eveneens een rol gespeeld in de sociale structuur van de hoofdstad. De spontane expansie van de stad en de geleidelijke urbanisatie van de omliggende rurale gebieden hebben bovendien het taalkundig regime veranderd. De autochtonen, voor het merendeel buitenlui, lopen het risico geleidelijk aan "geassimileerd" te worden door de stedelingen die de stad ontvluchten. De taalgrens is bijgevolg langzaam aan het bewegen.

De Vlaamse immigranten die zich in toenemende mate in Brussel vestigen, worden op hun beurt door die beweging opgeslorpt. De hoofdstad is een actieve haard van verfransing. Deze ontwikkeling is complex. Zij laat zich niet herleiden tot een taalkwestie op zich, maar is in de eerste plaats het resultaat van een aantal meestal spontane en onafwendbare sociologische bewegingen. Elke hoofdstad oefent een centraliserende kracht uit. Elke grote stad beïnvloedt de sociale en culturele structuur van haar omgeving. Maar in Brussel betekent dit tevens de overgang van tien-, ja honderdduizenden burgers naar het gebruik van de Franse taal. Dit veroorzaakt onvermijdelijk spanningen en misverstanden en zelfs scherpe tegenstellingen. Een vergiftigd klimaat is een voedingsbodem voor een nationalisme van meestal reactionair allooi.

Socialistische standpunten

Het socialistisch standpunt over de Vlaamse kwestie moet klaar en duidelijk zijn. De socialisten beschouwen de strijd van het Vlaamse volk toen en nu als rechtvaardig en vooruitstrevend. Het is de plicht van de Vlaamse socialisten om aan deze strijd deel te nemen en hem te integreren in de algemene emancipatiebeweging van de werkende klasse. De Brusselse en Waalse socialisten moeten zich achter die strijd scharen. Maar de socialisten moeten die strijd voeren op hun eigen terrein, dat van de economische en sociale verhoudingen. En daarom eisen zij:

1. De vestiging van de economische democratie in Vlaanderen en in het Franstalige deel van België. Wanneer de natie eigenaar zal zijn van de grote ondernemingen dan zal dit gepaard gaan met de vervlaamsing van de bedrijven in Vlaanderen en met een tweetalig regime voor die bedrijven die het hele land bestrijken.

2. De planning van de nationale economie. In het raam van deze planning krijgen de economische problemen eigen aan de Vlaamse provincies een oplossing die tegemoet komt aan de belangen van deze provincies en van heel het land.

3. Het invoeren van deze dubbele hervorming zal de economische en financiële basis van de Franstalige minderheid afbouwen. Zij zal hierdoor haar huidig geprivilegieerd statuut en haar rol in de verfransing van de volksmassa's verliezen. De aantrekkingskracht

Socialistische Vooruitzichten i.v.m. de Vlaamse Kwestie

die uitgaat van deze minderheid is van maatschappelijke aard. Als vele Vlaamse ouders hun kinderen naar een Franstalige school sturen dan denken zij hiermee hun kroost te helpen in hun sociale opgang, en niet om ze de kans te geven Proust in de oorspronkelijke taal te lezen.

De socialisten moeten het Vlaamse volk wijzen op de nauwe band tussen de taalstrijd en de sociale strijd: beide staan niet los van elkaar. Het recht van de arbeiders en van het kantoorpersoneel om deel te nemen aan het leven van de onderneming waaraan zij hun arbeid geven houdt in dat zij er hun eigen taal kunnen gebruiken. De culturele en talige emancipatie is slechts één aspect van de algemene emancipatie van de werkers. De plicht van de staat om de industriële problemen die zich in een aantal Vlaamse provincies voordoen aan te pakken maakt uiteraard deel uit van de algemene economische expansie van het hele land. Men kan de vervlaamsing van de grote ondernemingen met zetel in Vlaanderen niet eisen zonder hun teruggave aan de natie te eisen. Want indien men er van uitgaat dat de ondernemingen behoren tot het patrimonium van de natie, dan geldt dit ook uit talig en sociaal oogpunt. Daar staat dan weer tegenover dat wanneer men er van uitgaat dat de ondernemer als enige beslist over de investeringen en de afschrijvingen, hij ook beslist over het taalregime in zijn onderneming. Het is duidelijk dat de vervlaamsing, zelfs indien zij zou worden verwezenlijkt, een puur formele zaak blijft zolang alleen de vertegenwoordigers van het kapitaal de macht uitoefenen in de onderneming. De ervaring leert ons dat de Franstalige minderheid zich zonder veel problemen heeft aangepast aan de vervlaamsing van het openbare leven. Wij twijfelen er niet aan dat zij zich even gemakkelijk zal aanpassen aan de vervlaamsing van hun ondernemingen zolang zij haar financiële en economische autoriteit niet verliest. Fabrieken en kantoren zullen Vlaams zijn zoals het strand van Knokke-het-

Zoute op een stralende maandagmorgen in juni[6]. Het is ook zo dat de economische problemen in Vlaanderen geen degelijke oplossing kunnen krijgen zonder een socialistische planning. De minder doorgedreven industrialisatie in vele Vlaamse arrondissementen met hun endemische werkloosheid en lage lonen is niet, zoals sommigen maar al te graag geloven, te wijten aan occulte Waalse invloeden. Deze verschijnselen zijn het spontane gevolg van de "wetten van de markt" en vooral van de onbelemmerde jacht op een optimale winstvoet. De enige remedie bestaat erin de kapitalistische spelregels ondergeschikt te maken aan een economisch en financieel plan gericht op een verzekerde volledige tewerkstelling, op een stijgend nationaal inkomen en op een verbetering van de levensstandaard van de werkende bevolking.

De hierboven geschetste hervormingen leggen de basis voor een definitieve oplossing van de Vlaamse kwestie. Ze zullen moeten worden aangevuld met maatregelen met een minder algemene draagwijdte inzake specifieke kwesties zoals het taalstatuut van de hoofdstad en van de omliggende gemeenten, de afbakening van de taalgrens en het taalregime in de centrale diensten van de administratie. Deze kwesties komen in dit artikel niet aan bod. We beperken ons tot de opmerking dat de socialisten bereid zijn om zonder vooringenomenheid en zonder "belgicistische" en centraliserende vooroordelen die kwesties onder de loep te nemen, bekommerd als zij zijn om de optimale ontwikkeling van de diverse cultuurgemeenschappen en de vrijheid van de burgers in dit land veilig te stellen. In principe zijn federalisme en socialistische overtuiging niet onverenigbaar. Men kan het federalisme afwijzen uit opportuniteitsredenen met het argument dat alle energie een hele tijd lang uitsluitend besteedt wordt aan een eenmalig probleem, dat het de nationalistische passies aanwakkert en een abces veroorzaakt die het economische leven in de war stuurt. Maar toegepast op

Socialistische Vooruitzichten i.v.m. de Vlaamse Kwestie

begrensde gebieden zoals de cultuur, is het niet uitgesloten dat het een vruchtbare ervaring kan zijn. Veel hangt af van de kwaliteit en van de democratische overtuigingen van hen die het federalisme verwezenlijken. De eerste taak van de socialisten moet er in bestaan de Vlaamse kwestie te integreren in een breder logisch perspectief en haar daarbij een juiste plaats toe te wijzen. Het is een belangrijke maar geen kapitale, een sociale maar geen ideologische kwestie, die op bepaalde terreinen tot bevredigende resultaten heeft geleid. Maar terwijl de socialisten ijveren voor een rationele oplossing van de Vlaamse kwestie, moeten zij onverpoosd het Vlaamse nationalisme bestrijden, zoals zij elke vorm van nationalisme moeten bestrijden. Het gaat er om de sociale en culturele emancipatie te voltooien, niet om offers te brengen op het altaar van een Vlaams of een Nederlands vaderland. De sociale en economische opties hebben voorrang op de nationale. Zuiver taalkundige opties monden snel uit in sektarisme en vreemdelingenhaat. De Vlaamse beweging wordt voortdurend door dit gevaar bedreigd en is er dikwijls voor bezweken. Door de kwestie op een foute manier te stellen kon zij er geen oplossing aan geven en heeft zij dikwijls geprobeerd om haar betrekkelijk onvermogen te compenseren met een verbale, steriele stormloop. Hier ligt de verklaring voor het feit dat een belangrijke fractie van de Vlaamse beweging tussen beide wereldoorlogen koos voor het fascisme. Dit gevaar is vandaag minder groot want vele problemen hebben een oplossing gekregen. Maar het gevaar bestaat nog steeds. Zo draagt een grote Vlaamse krant die op andere gebieden open staat voor dialoog en dikwijls een progressieve oplossing bepleit, in haar titel de leuze *Alles voor Vlaanderen, Vlaanderen voor Kristus*[7]. We laten het aan anderen over om na te gaan of de Kerk de enige middelaar tussen Vlaanderen en Christus kan zijn en of de veroordeling van Maurras[8] ook niet van toepassing is op dit soort leuzen. Een socialist zal nooit toegeven dat zijn verbondenheid met een nationale gemeenschap een totale verbondenheid is en dat het heil van het vaderland centraal staat in zijn denkwereld en zijn activiteiten. Deze veroordeling van het nationalisme is ook gericht op een zeker wallingantisme en een zekere adoratie van al wat Frans is, en waarvoor veel van onze vrienden een kniebuiging hebben gemaakt. Het curieuze allegaartje van antiklerikalisme, patriottisme, burgerzin en liefde voor Frankrijk door sommigen voorgesteld als socialisme is alles behalve socialistisch.

De praktische voorstellen op economisch en sociaal vlak zullen dit soort nationalistische vooroordelen ruimschoots ontluisteren. Wanneer het financiële monopolie van de Franstalige bourgeoisie gebroken is, zal het zelfs mogelijk zijn om de kwetsende aspecten van de taalwetgeving te verzachten. Want men moet toegeven dat de taalwetten niet populair zijn in zoverre zij de vrijheid van bepaalde inwoners van het rijk belemmeren. Hoe rechtvaardig je immers het verbod voor een Franstalige Vlaming om zijn kinderen in hun eigen taal groot te brengen? De taaldwang had zich moeten beperken tot een voorlopige maatregel. Maar hij is het voornaamste strijdmiddel geworden van de Vlaamse beweging die de sociale fundamenten van het probleem niet heeft kunnen oplossen. Die dwang heeft alsmaar hardere vormen aangenomen en bepaalde stijfkoppen willen hem zelfs vandaag nog versterken. Sommigen dromen ervan om Brussel af te sluiten met een echt "cordon sanitaire" en elke inwoner van de hoofdstad een onveranderlijke talige identiteit op te leggen. Alsof de Vlaamse gemeenschap, na de afschaffing van de economische en sociale privileges, niet in staat zou zijn om gedreven door haar dynamiek haar integriteit te vrijwaren. Alsof het bestaan van een kleine minderheid die blijft vasthouden aan een andere cultuur en taal dan die van de meerderheid, op zich een schandaal zou zijn. Alsof de toekomst van Vlaanderen zich afspeelt in Wemmel of in Sint-Genesius-Rode.

Socialistische Vooruitzichten i.v.m. de Vlaamse Kwestie

De noodzakelijke dialoog

Het linkse socialisme verschilt niet alleen van zijn rechtse versie door het feit dat het zich radicaler en consequenter opstelt en nauwer aansluit bij de basisprincipes, maar ook omdat het zich opener opstelt en clichés en routine schuwt. Er is dikwijls weinig verband tussen wat een individu verdedigt en het etiket dat op zijn borst plakt. Laten we dus niet stilstaan bij het etiket. Over de taalverschillen, de gewoonten, de vooroordelen en misverstanden heen moet een dialoog tot stand komen tussen allen die met ons willen samenwerken voor de progressieve realisatie van een meer rechtvaardige en meer vrije samenleving. Geen enkel vorm van steun kunnen we daarbij afwijzen. Vele activisten in de Vlaamse beweging kunnen ons helpen om het socialisme te verwezenlijken.

Het gaat niet om leuzen en liederen. Achter de geel-zwarte vaandels, achter de Vlaamse Leeuwen, strijden mensen voor een ideaal dat zij rechtvaardig achten. We moeten die mensen aanspreken en hun ideeën confronteren met de onze. Het gaat niet om een rehabilitatie van het Vlaams nationalisme. De geschiedenis heeft dit nationalisme, net zoals het Franse nationalisme, veroordeeld. Beide zijn, door de ironie van het lot, door de onderwerping aan een vreemde bezetter, verzand in het fascisme, het verklikken, de terreur. *Alles voor Vlaanderen* werd *Alles voor Duitsland*, zoals Maurras' leuze *Alleen Frankrijk* uiteindelijk neerkwam op *Alleen Duitsland*. De socialisten zullen nooit toelaten dat de veroordeling van deze ontaarding ongedaan wordt gemaakt. Dat is de reden waarom zij zich verzetten tegen elke vorm van algemene amnestie voor de misdaden die werden begaan tijdens de bezetting. Zij maken daarbij geen onderscheid tussen misdaden van gewoon recht en politieke steun aan het nationaalsocialisme. Dit laatste is ongetwijfeld erger. Ze zijn bereid om vergiffenis te schenken aan hen die zich hebben vergist en fout zijn geweest. Maar zij kunnen niet aanvaarden dat een algemene regel de plaats inneemt van individuele vergevingsgezindheid, dat een amnestie het Vlaamse nationalisme zelf komt witwassen.

De toekomst van het socialisme in België hangt grotendeels af van zijn toekomst in Vlaanderen. Er werden al aanmerkelijke successen geboekt. Het komt er vandaag op aan een doorbraak te realiseren. Daarom heeft onze beweging nood aan een bredere basis dan in het verleden; we moeten sociale lagen aanspreken die we nog niet hebben kunnen overtuigen. Maar dit veronderstelt enkele voorwaarden. Eerst en vooral moeten we voortdurend het accent leggen op de sociale en economische problemen. Vervolgens moeten we een deel van de Vlaamse publieke opinie ervan overtuigen dat het socialisme geen religieuze overtuiging is die de plaats wil innemen van welke godsdienst ook, maar een beweging gericht op een sociale transformatie met behoud van de politieke democratie en het invoeren van economische democratie. Het respect voor iemands religieuze overtuiging is geen kwestie van tactiek maar een fundamentele eis van het socialisme. De derde voorwaarde om het succes van onze beweging te verzekeren is een begrijpelijke taal wanneer we ons richten tot de mensen, niet om redenen van politieke opportuniteit, maar omdat we moeten uitgaan van de reële beslommeringen van de mensen, van hun problemen, van de vragen die ze stellen, als we ze willen helpen. Het socialistisch bewustzijn wordt niet van buitenaf opgelegd. Het moet wortel vatten in het bestaan zelf van de mensen, in hun begripsvermogen, het moet gradueel uit hun overpeinzingen oprijzen.

Indien deze voorwaarden worden vervuld kan het socialisme een aanzienlijke ontwikkeling kennen. Zowel in Vlaanderen als in Wallonië vormen de werkers de overgrote meerderheid van de

Socialistische Vooruitzichten i.v.m. de Vlaamse Kwestie

bevolking. De eenheid van de Vlaamse en Franstalige werkers in loondienst, van de gelovigen en ongelovigen, kan morgen de politieke structuur van dit land door elkaar gooien en de onmiddellijke opbouw van het socialisme mogelijk maken.

---

1 Anatole FRANCE (1844-1924), antiklerikale links georiënteerde auteur; PASCAL (1623-1662), wiskundige en jansenistische filosoof; BOSSUET (1627-1704), orthodox theoloog en verdediger van de monarchie; J.-P. SARTRE (1905-1980), linkse schrijver en filosoof; Marcel PROUST (1871-1922), vermaard auteur van *Op zoek naar de verloren tijd*; VOLTAIRE (1694-1778), antiklerikaal en satirisch auteur uit de Verlichting, verdediger van de religieuse tolerantie. (H.P.)
2 In zijn essay *De proletarische opstand in België* van 1929 verdedigt Maurice BOLOGNE de idee als zou de volksrevolutie geconfisqueerd zijn door de bourgeoisie en de aristocratie. De hedendaagse historici verwerpen deze stelling."Het gebruik van zo'n formule doet de werkelijkheid geweld aan. (...) Niets, maar dan ook niets wijst er op dat [de mensen die vochten] duidelijk andere klassedoelstellingen dan die van de bourgeoisie voor ogen hadden", aldus Jean STENGERS. Als argument voert hij aan dat na de overwinning van de revolutie niemand van het volk deze "confiscatie" en haar gevolgen heeft aangeklaagd. (Zie Anne MORELLI (dir.), *Les Grands Mythes de l'histoire de la Belgique*, Brussel 1995, p. 140). Zie ook Frédéric Thomas, http//chrhc. revues.org/index1943.html. (H.P.)
3 Eigenlijk de Vlaamse, Brabantse en Limburgse dialecten. Aan de inspanningen van Willem II voor de veralgemening van het Nederlands in Vlaanderen kwam een einde door de Belgische afscheuring. De katholieke dichter Guido GEZELLE (1830-1899) die het noordelijke Nederlands beschouwde als een vehikel van het protestantisme, wilde een Belgisch Nederlands met het West-Vlaams als grondslag. (H.P.)
4 Kardinaal MERCIER (1851-1926) bijvoorbeeld verklaarde dat het Nederlands niet in staat is om zich op filosofisch vlak subtiel uit te drukken. (H.P.)
5 Die "vervlaamsing van het bedrijfsleven" gebeurde in 1971, onder druk van de Vlaamse werkgevers en van de vakbeweging. (H.P.)
6 Knokke-het-Zoute is een geliefde badplaats van de Franstalige (en Vlaamse) bourgeoisie in het weekend. (H.P.)
7 Deze krant, *De Standaard*, heeft die leus in 1999 uit haar voorpagina verwijderd. (H.P.)
8 Charles MAURRAS (1868-1952), de voorstander van het « integraal nationalisme », was de oprichter en animator van de antirepublikeinse en

antisemitische beweging *Action Française* (1908-1944). Hij schaarde zich achter Mussolini, Franco en het regime van Pétain. In 1945 veroordeeld tot levenslange hechtenis. (H.P.)

DE HOLDINGS, DE STRUCTURELE WERKLOOSHEID IN VLAANDEREN EN DE VLAAMSE NATIONALISTEN (1958)

De holdings en in de eerste plaats de Société Génerale de Belgique (ze kreeg haar Vlaamse naam veel later) waren de heersende economische machten in België[1]. Zij waren verantwoordelijk voor de economische achterstand van Vlaanderen en de industriële achteruitgang van Wallonië. De Vlaams-nationalistische Volksunie begreep dat deze houdstermaatschappijen en niet de Franstaligen daarvoor verantwoordelijk waren, maar zij bleef illusies koesteren in het kapitalisme om Vlaanderen industrieel te ontwikkelen. Die ontwikkeling is er sinds het einde van de jaren zestig wel gekomen, niet dankzij de holdings, maar door een ommekeer in de internationale en de buitenlandse investeringen voortaan gericht op de petrochemie, de automobielindustrie, de scheepsbouw, de telecommunicatie, de elektrische huishoudapparatuur en de fiscale voordelen en de lagere lonen in Vlaanderen. Het artikel verscheen in Links, *het weekblad van de socialistische linkerzijde, de 11de juli 1958.*

Zoals bekend heeft de regering een wetsvoorstel neergelegd dat de nijverheids- en handelsondernemingen toelaat de meerwaarde van hun bezit (gronden, gebouwen, aandelen) te realiseren zonder op die meerwaarde belasting te betalen, met als voorwaarde dat die meerwaarde opnieuw zou belegd worden in een bedrijf in België of in Belgisch Kongo. Op voorstel van de heer Schot — beheerder van de Bank van de Société Générale en katholiek volksvertegenwoordiger — werd dit voorrecht uitgebreid tot de holdings, de financiële maatschappijen die zich speciaal bezig houden met het beheren van aandelen. Dhr. De Saegher, CVP volksvertegenwoordiger van Leuven[1], heeft dit voorstel in de Kamercommissie van Financiën scherp bevochten. Hij heeft in een sindsdien berucht geworden minderheidsnota de talrijke fiscale privilegiën opgesteld waarvan de holdings reeds genieten in ons land. Hij heeft duidelijke cijfers aangehaald die bewijzen, dat talrijke van onze holdings, ongeveer 1-2 % belastingen betalen op winsten die boven de 100 miljoen F per jaar liggen, d.w.z. minder belastingen dan een ongeschoolde werkman!

Een ongehoord schandaal.

Dhr. De Saegher heeft niet geaarzeld daaruit de nodige besluiten te trekken. Tot grote ergernis van eerste minister Eyskens[2] — en onder toejuichingen van de socialisten — heeft hij uitgeroepen, dat het politiek gezag in ons land niets kan weigeren aan de financiële grootmachten, de troetelkinderen van het regime. Dit bevestigt enkel wat het ABVV en de BSP sinds vele jaren herhalen. Maar, dhr. De Saegher is niet consequent in zijn oppositie tegen de holdings. Hij stelt immers geenszins voor, dat in de plaats van hen nieuwe fiscale geschenken uit te reiken, men hen sterker zou taxeren. Integendeel! Nadat hij eerst luidkeels de vele fiscale voordelen van de holdings had aangeklaagd, trok hij vervolgens daaruit de conclusie ... hen toch nieuwe voordelen te schenken, op voorwaarde dat zij die gerealiseerde meerwaarden in de z.g. ontwikkelingsgebieden (d.i. de gewesten met hoge structurele werkloosheid) zouden beleggen!

De holdings, de structurele werkloosheid in Vlaanderen en de Vlaamse nationalisten (1958)

Men weet dat die gewesten bijna allemaal in Vlaanderen liggen. Daarom hebben de Vlaamse nationalisten dit initiatief van dhr. De Saegher warm begroet en toegejuicht. Het amendement van dhr. De Saegher vond echter aan de rechterzijde van de Kamer slechts drie stemmen: die van de heren De Saegher, Van den Daele en Van der Elst[4]. Alle socialisten, incl. de Waalse hebben er nochtans voorgestemd. Dit houdt de Vlaams nationalistische pers zorgvuldig voor haar lezers verborgen. Dat de regering Eyskens niets tegen de holdings durft te ondernemen, dat weten wij vanaf de dag van haar samenstelling. In haar schoot bevinden zich immers talrijke rechtstreekse vertegenwoordigers van het grootkapitaal en de financiële grootmachten. Maar dhr. De Saegher is naïef — of stelt zich naïef aan — wanneer hij meent dat zijn amendement 'miljarden' zou hebben vrijgemaakt voor de industrialisatie van Vlaanderen. En de Vlaamse nationalisten die hem braaf napraten, schijnen niet veel meer van die zaak te snappen dan hijzelf.

Wat is nu de belangrijkste toedracht van de zaak? De grote holdings bezitten in hun portefeuille voor tientallen miljarden F aandelen, die vandaag veel meer waard zijn dan tien jaar geleden. Vermits zij die nu mogen verkopen zonder op dit verschil belasting te moeten betalen, zou men kunnen aannemen, dat inderdaad 'miljarden' zouden worden vrijgemaakt. Maar in werkelijkheid willen de grote holdings hun meeste aandelen niet verkopen, — en dit niet omdat zij vrezen teveel belasting te moeten betalen, maar omdat voor hen het bezit van die aandelen geen speculatief doel heeft, maar tot doel heeft de grote bedrijven van ons land te controleren. Wie zou zo naïef zijn te geloven — om enige voorbeelden aan te halen — dat nu de meerwaarden zijn getaxeerd, Brufina-Cofindus hun aandelen Cockerill Ougrée op de markt gooien, of de Société Générale hun aandelen in de ACEC, en de Compagnie Maritieme Belge (langs de Ufimor om), in de Brugeoise, in de Union Minière, de Vieille

Montagne, de Métallurgie de Hoboken, enz.? Dit is geloven dat de holdings zelf hun industrieel rijk zouden willen ontmantelen. Niets is minder waar. De ontlasting van de gerealiseerde meerwaarden zal dus enkel kleine holdings hun aandelen doen verkopen, en de grote holdings zullen zich misschien van de een of andere marginale belegging ontdoen. Maar dat slaat niet op miljarden, verre van daar. En het is belachelijk aan te nemen dat die sommen zouden volstaan voor de industrialisatie van Vlaanderen! Talrijke Vlaamse nationalisten spreken zich nu duidelijk uit: het zijn de holdings — en niet de 'Walen en Franssprekende Brusselaars', en nog minder 'de socialisten' — die verantwoordelijk zijn voor de onderontwikkeling van talloze Vlaamse gewesten. Maar daaruit kan men slechts een logische conclusie trekken: wat het privaat initiatief niet heeft willen of kunnen doen, dat moet nu de gemeenschap ondernemen! Waarom eisen zij niet, met ons, de oprichting van een Nationale Beleggingsmaatschappij, die over miljarden beschikt, en, op basis van een door het Planbureau uitgewerkt ontwikkelingsplan, stelselmatig de industrialisatie van Vlaanderen verwezenlijkt? Zijn zij misschien te zeer opgesloten in de gedachtewereld van het 'privaat initiatief'? Vrezen zij misschien op hun beurt 'de holdings af te schrikken'? Hebben zij er niet aan gedacht dat vijftig jaar Vlaamse politiek geketend aan rechtse partijen, vijftig jaar politiek was ten voordele van diezelfde holdings, die Vlaanderen tot een onderontwikkeld land hebben gemaakt? Beseffen zij niet, dat de heren De Saegher, Van den Daele en C° nog steeds deel uitmaken van de partij ... van dhr. Schot?

---

[1] Zie hierover het artikel "Klasse en regio in België". Raadpleeg ook Pierre JOYE, *Les trusts en Belgique. La concentration capitaliste*, 1956 & 1961, en C.R.I.S.P., *Morphologie des groupes financiers. Structures économiques de la Belgique*, 1962. (H.P.)

De holdings, de structurele werkloosheid in Vlaanderen en de Vlaamse nationalisten (1958)

2   Jozef DE SAEGHER (1911-1998) behoorde tot het ACW, de Vlaamse arbeidersvleugel van de CVP. (H.P.)

3   Gaston EYSKENS (1905-1988), voormalig premier en CVP-politicus. Hij is de vader van de politicus Marc EYSKENS. (H.P.)

4   Frans VAN DER ELST (1920-1997) was een Vlaams-nationalistisch politicus van de VU. (H.P.)

NATIONALITEIT EN KLASSENSTRIJD IN BELGIË

HET ECONOMISCH RAPPORT VAN DE MPW (1961)

Onderstaand kritisch commentaar op de economische visie van de Mouvement Populaire Wallon verscheen onder de schuilnaam Robert Sixte in La Gauche *op 8 november 1961, amper een jaar na de staking 1960-1961. Het vertegenwoordigt min of meer het standpunt van de linkerzijde op het congres van de Waalse volksbeweging gepland voor 18 en 19 november in Namen. Deze kritiek op een aantal illusoire standpunten van de MPW gebeurt niet op de grondslag van een revolutionair, marxistisch standpunt. We mogen niet vergeten dat Mandel nog steeds actief was in de linkervleugel van de BSP en hier niet sprak in naam van de (geheime) trotskistische organisatie. Vandaar de moeilijkheid om in* La Gauche *en elders een revolutionair standpunt te koppelen aan de eisen van de MPW die zowel Waals chauvinistische, reformistische, anarcho-syndicalistische als strijdbare antikapitalisten herbergde. Mandel was zich uiteraard bewust van de ernstige tekortkomingen van de MPW zoals trouwens blijkt in zijn artikel "Marxisme en federalisme" van 1962. Sommigen hebben de kritiek geuit dat Mandel c.s. de BSP onmiddellijk na de staking van 1960-1961 hadden moeten verlaten om een revolutionaire organisatie met open vizier op te richten, in plaats van te wachten op hun uitsluiting in 1964. Tot een balans van de voor- en nadelen van het "entrisme", nl.* de intredepolitiek in de Belgische sociaal-democratische partij, is het in de schoot van de Vierde Internationale (nog) niet gekomen. Het zal de lezer(es) opvallen dat de auteur de splitsing van de sociale zekerheid opvat als een wezenlijk element van een deelstaat.

We hebben onze lezers al gewezen op het gevaar uitsluitend over kanalen, autowegen en staalbedrijven te praten. De houding van de opeenvolgende regeringen in België over deze kwesties is zeker irritant: geen autowegen in Wallonië, de uiterst trage modernisering van de Waalse waterwegen, de zaak Zelzate[1]...

Geloven dat Wallonië zal kunnen worden gered met wegen, kanalen en staalbedrijven is een gevaarlijk standpunt. Het Albertkanaal in de Kempen bestaat al 30 jaar en de streek wordt, ondanks haar hoog geboortecijfer, niet geïndustrialiseerd. De autoweg Brussel-Oostende loopt langs Aalst, Gent en Aalter, gebieden die niettemin een zwakke economische activiteit vertonen, met een hoge werkloosheidsgraad en een onbetekenende groei. Men heeft aan het staal, het typische halfproduct van de Belgische nijverheid (en a fortiori van Wallonië) een veel te grote plaats heeft toegekend in de industriële structuur en export.

We investeren continu twee miljoen per werkplaats in industrietakken die morgen de gevaarlijke concurrentie zullen ondervinden van Derde Wereldlanden die over betere grondstoffen en energiebronnen beschikken dan wij. Kunnen we niet beter 400.000 F per baan investeren in de mechanische industrie en de verfijnde scheikundige producten ? Stoelt het zogenaamde Duitse *Wirtschaftswunder* sinds 1953, net zoals de Franse en Noord-Italiaanse expansie, immers niet op de export van machines en complexe chemische producten in plaats van op ruw gegoten staal? We zullen onze achterstand niet inlopen met meststoffen,

Het economisch rapport van de MPW

betonbuizen en zelfs niet met fijn plaatwerk, maar door ons te richten op moderne activiteiten.

Het is daarom een pijnlijk schouwspel wanneer Vlamingen en Walen ruzie maken over een project (Sidmar) dat, in een realistische economische planning, de prioriteit 3 of 4 opgespeld krijgt! Het is ronduit een schande dat de unitaire staat weigert om een weloverwogen sectorale politiek te voeren, hopen geld van de belastingbetaler naar de staalbaronnen gooit, alles in functie van een grote kapitalistische rendabiliteit waarbij het algemeen belang van geen tel is.

Is het bovendien geen koren op de antifederalistische molen wanneer men, zoals men dat in Wallonië nog te veel doet, de nadruk legt op wegen, kanalen en het staalbedrijf Sidmar? De grote infrastructuur zal immers ressorteren onder de federale overheid, en als de Vlamingen Zelzate willen dan zal het federalisme dat zeker niet verhinderen! Men beweert dat Wallonië makkelijker haar rechtmatig aandeel in de infrastructuur zal krijgen van een hervormde dan wel van de huidige centrale overheid. Dat valt te bezien. Maar als dat de doelstelling is dan volstaat een hervorming van de zogeheten "geografische senaat", vermits die het gewicht van de Vlaamse meerderheid tijdens het vastleggen van de begroting zou neutraliseren. Waarom zouden we dan wel een gefedereerde Waalse staat eisen? En met welk doel moeten we het land in drie bestuurlijke eenheden verdelen?

Het congres [van de MPW] zou beter discussiëren over wat een Waalse regering zou moeten doen. De echte betekenis van het federalisme ligt niet in het feit dat men de regering in Brussel oplegt wat ze voor Wallonië moet doen, maar wat de regering in Namen kan doen om Wallonië te redden van de ondergang.

Openbaar industrieel initiatief

De industriële politiek van de Waalse regering, we hebben het al gezegd, zou moeten stoelen op research, weloverwogen sectorale oriëntaties en openbaar industrieel initiatief. Een federatieve staat, ten minste in het zuiden des lands, biedt de mogelijkheid om een waarachtige, openbare en zuiver Waalse investeringsmaatschappij op te richten. Een maatschappij die zelf bepaalt wanneer en waar ze investeert, geholpen door haar technologisch et economisch researchinstituut maar die, om haar rol te vervullen, niet schatplichtig is aan de meer of minder geldige en min of meer eerlijke projecten van de financiële wereld.

Wijzelf zien de noodzaak niet in om een dergelijke maatschappij ondergeschikt te maken aan een nationale Belgische investeringsmaatschappij, afhankelijk van de federale overheid, zoals het rapport doet uitschijnen. Het openbaar industrieel initiatief en het krediet aan de nijverheid zijn bevoegdheden die volledig ressorteren onder de gefedereerde staten. Het zou bovendien absurd zijn om gelijkaardige bevoegdheden te verdelen tussen de twee echelons van de overheid. Een dergelijke slechte organisatie heerst vandaag tussen de staat, de provincies et de gemeenten, en het zou een slechte en een dure zaak zijn om het federaal systeem in te luiden met zulke nefaste administratieve structuren. Het moet duidelijk zijn dat wat onder de bevoegdheid van de deelstaten valt onmiddellijk ophoudt onder de bevoegdheid van de federale staat te vallen: deze laatste mag niet beschikken over een tekst, een bureau, een parastatale of een ambtenaar om zich met de gefedereerde bevoegdheden te moeien.

Uiteraard blijft een coördinatie tussen de drie delen van het land noodzakelijk, zoals die bestaat voor de Benelux of voor de zes

Het economisch rapport van de MPW

landen van de Gemeenschappelijke Markt. Naarmate de Europese integratie sterker wordt zullen de coördinatieproblemen trouwens steeds meer op Europees vlak voelbaar worden. Laten we dus elke structuur die de departementen en de parastatale economische instellingen aan de federale overheid binden afwijzen, behalve de drie gebieden die ressorteren onder de federale overheid: de munt, de buitenlandse handel en de grote verkeersnetten. Al de rest valt onder de bevoegdheid van de gefedereerde staten: industrie, zorgsector, onderwijs, sociale zekerheid, landbouw, distributie, huisvesting, lokale bouwprojecten. Hierin toegeven is de federalistische idee van zijn inhoud beroven.

De sociaal-economische ruimtelijke ordening

Naast het openbaar industrieel initiatief is het misschien op het vlak van de ruimtelijke ordening dat de onmacht van het unitaire België de grootste bedreiging vormt voor de neergang in Wallonië. Hoe kunnen we de emigratie van de jeugd tegenhouden en arbeiders van elders aantrekken, als we de krotten aanbieden die tachtig jaar geleden, onder het bewind van Leopold II, werden gebouwd voor de proletariërs? Die krotten liggen verspreid in een onbeschrijfelijke chaos waarin rokende fabrieken met hun lawaai en vuiligheid, woeste en braakliggende gronden, depots van oud ijzer, weidegronden, boerderijen, kruidenierszaken, bioscopen, garages en scholen elkaar gezelschap houden. Dit zootje is toegankelijk (als ik me zo mag uitdrukken) langs een warnet van slecht bestrate wegen, waar palen en reclameborden de plaats innemen van bomen en bloemperken en de trottoirs meestal onder water staan. Alleen een lange gewenning aan en de vriendschap die men heeft voor welvertrouwde dingen, maakt het mogelijk dat de bewoners van onze industriële gewesten wat levensvreugde kennen in hun wanhoopswijken. Maar het economisch ongemak van deze wanorde en lelijkheid beperkt zich niet tot de vlucht van de jongeren, de kaders et de buitenlanders. De industrie vindt er geen plaats om uit te breiden. Het openbaar vervoer van de werkkracht is niet georganiseerd zoals het moet: trage, weinig frequente en dure bussen. De distributie die zich enkel heeft kunnen concentreren rond een paar handelscentra, blijft ouderwets en duur, zoals alles in hun omgeving. Het culturele leven tenslotte, kwijnt weg in zijn versnippering.

De Belgische staat kan deze stedelijke chaos niet aan omdat hij weigert te raken aan het heilige recht van de eigenaar-speculant: je doet maar wat en waar je maar wil, zeker als 't winst opbrengt. De overheid is evenmin in staat om aanzienlijke bedragen te investeren in de noodzakelijke systematische en graduele heropbouw van de hele Waalse huisvesting. Een Waalse staat zal die bedragen wel durven investeren omdat hij vindt dat zijn volk moet gered worden, dat er een diepgaande culturele revolutie nodig is en dat het leven van de plaatselijke gemeenschappen op eigentijdse en meer humane grondslagen moet worden gereorganiseerd.

Het weinige dat de unitaire staat qua huisvesting, stedelijke en sociale uitrusting verricht, gebeurt op versnipperde wijze en aan een zeer hoge prijs. België veroorlooft zich de luxe van tienduizenden kleine bouwwerven die gebruik maken van niet genormaliseerde materialen.

Voor wat betreft het werk aan de wegen, scholen, ziekenhuizen en speelpleinen, worden initiatief en uitgaven verpulverd tussen 2500 autonome gemeenten. De begrotingskredieten worden in dusdanige fijne reepjes gesneden dat hun enig voordeel er in bestaat veel mensen tegelijk tevreden te willen stellen. De globale enorme koopkracht van de openbare sector wordt dus niet gebruikt om de kosten te drukken met een verhoogde productiviteit, en nog minder om betere prijzen af te dingen van industriëlen en ondernemers.

Het economisch rapport van de MPW

Men houdt vast aan het systeem van aanbesteding uit 1846 (en al zijn mogelijk gesjoemel) om de openbare koper overmatige prijzen op te leggen. Men houdt vast aan het systeem van het verspreide initiatief, maar tegelijk verlamt men dit initiatief in een netwerk van reglementen, voorafgaande toelatingsvoorwaarden, goedkeuringen en controles allerhande. Die belemmeringen stapelen zich zodanig op dat de administratieve procedure een onontwarbaar kluwen wordt. In Vlaanderen en Brussel zijn de huizen, fabrieken, scholen en straten betrekkelijk nieuw. Men stelt zich tevreden met af en toe aan het bestaande een verbetering aan te brengen, waarbij een ieder (gemeente, woonmaatschappij, industrieel, particulier persoon) hoopt het geluk aan zijn kant te hebben in de jungle van de administratieve procedures en de grondspeculatie.

Waar er weinig problemen zijn volstaan oude middelen.

Nemen we een verouderde streek in Wallonië als voorbeeld. Het industrieterrein moet worden aangepast, bedrijven opgericht of verplaatst, wegen, watervoorzieningen, vormingscentra voor de arbeidskracht gebouwd, woonwijken aangelegd voor de arbeiders van de nieuwe bedrijven, scholen en winkelcentra opgericht. Daarbij moet aandacht worden besteed aan de culturele en sanitaire uitrusting van de nieuwe woonwijken en tenslotte moet het openbaar vervoer worden georganiseerd dat al deze polen van het dagelijkse leven met elkaar verbindt. Dit alles kan niet worden verwezenlijkt met de methodes waarmee Vlaanderen zich tevreden stelt en die ze niet wil opgeven voor de mooie ogen van Wallonië.

De hervorming van de ruimtelijke ordening begint met het eigendomsrecht van de grond. Zij moet alle echelons van de openbare en particuliere sector omvatten die te maken hebben met huisvesting, straten en wegen, industrieterreinen, toeleveringsbedrijven voor water en energie, gemeentelijk en regionaal vervoer en de hele sociaal-culturele infrastructuur van de lokale besturen. Om te midden van die warboel van besturen en ondernemingen hieraan tegemoet te komen, zijn op moderne technieken gebaseerde planning en productiegericht industrieel management nodig. Dit veronderstelt een radicale vereenvoudiging van de structuren.

Wallonië zal, geconfronteerd met het feit dat het veel moet doen met weinig middelen, gedwongen zijn om efficiënt te werk te gaan. De Waalse federatieve staat zal, als hij er komt, zich niet spontaan verder ontwikkelen. In dit moeilijke avontuur zal het volk zijn koelbloedigheid en zijn standvastigheid moeten bewaren. Wankele structuren kosten veel geld, evenals "verzoenende oplossingen" die worden afgesloten met de keikoppen van de speculatie en van de routine. De Belgische staat heeft zich dikwijls de luxe kunnen permitteren om de problemen uit de weg te gaan door een beroep te doen op wankele manke structuren of op compromissen (het is zelfs een favoriet procédé van onze bestuurders geworden), maar de krappe financiële middelen van de Waalse staat zullen zulke laksheid niet toelaten. Gezien zijn grootse intenties en zijn schrale middelen zal hij zich een andere levensstijl moeten aanmeten. Maar die moeilijke, harde, rationele, onverzoenlijke en oprechte route kan de geestdrift stimuleren. Is men niet trots als Joegoslaaf of Israëli[2] Wie durft trots te zijn als Belg? Maar misschien kunnen we op een dag trots zijn als Walen. Dat hangt allemaal van onszelf af.

---

1 Terwijl de verouderde staalbedrijven in Wallonië aan hun lot werden overgelaten kwam er in 1962 een modern staalbedrijf in Zelzate, ten noorden van Gent: de NV Sidérurgie Maritime, afgekort Sidmar. Tussen 1963 en 1993 trokken de Waalse en Franse staalgroepen hun kapitalen terug uit de Belgische staalindustrie die werd geherstructureerd. De Belgische staat

Het economisch rapport van de MPW

nam een minderheidparticipatie in Sidmar dat, sinds de regionalisering van de staalsector eind jaren '80, gecontroleerd wordt door de Vlaamse holdingmaatschappij Gimvindus. De meerderheid van de aandelen was in handen van de Luxemburgse groep Arbed. Tegenwoordig wordt Sidmar gecontroleerd door ArcelorMittal. (H.P.)

2 Mandel doelt hier op het toenmalige zelfbeheer in Joegoslavië en op de sociale verwezenlijkingen in Israël. Hij veroordeelde daarentegen de onderdrukking van het Palestijnse volk. (H.P.)

NATIONALITEIT EN KLASSENSTRIJD IN BELGIË

MARXISME EN FEDERALISME (1962)

Onderstaande beschouwing over het federalisme verscheen in 1962 in Lutte de Classe *n°2, het tijdschrift van de Belgische sectie van de Vierde Internationale. Het artikel is niet ondertekend maar het lijdt geen twijfel dat Ernest Mandel er de auteur van is, of althans aan de basis ervan ligt. Het heeft een pedagogisch karakter. De kwestie van het federalisme botste immers in eigen rangen op twijfels. De opkomst van de Waalse volksbeweging MPW en de houding die men er tegenover moest aannemen, vroeg eveneens om opheldering. De marxistische aanpak is essentieel die van Lenin in zijn artikels uit de periode 1913-1916, meer bepaald "Het zelfbeschikkingsrecht der Volkeren" en "Balans van een discussie over het recht der Naties" (*Collected Works, *delen 20 en 22). Opmerkelijk is het antisektarische standpunt van Mandel, wars van linksistische woordenkramerij, zoals blijkt uit zijn houding tegenover de MPW. Uiteraard komt ook zijn onverwoestbaar optimisme tot uiting en zijn geloof in het mogelijke revolutionaire potentieel van de Belgische arbeidersklasse.*

Een jaar geleden publiceerden wij een studie over de kwestie van het federalisme. De principiële en tactische argumenten ter staving van onze federalistische opvatting zijn aan verduidelijking toe en de tegenargumenten moeten worden weerlegd.

Leninisme en federalisme

Het antwoord op de vraag of de eis voor federalisme compatibel is met de revolutionaire marxistische principes luidt ongetwijfeld ja. Het gaat om een typische democratische eis die beantwoordt aan de co-ëxistentie van twee verschillende volkeren in een enkel land. Vanuit marxistisch standpunt is het federalisme de ideale staatsvorm voor een multinationaal land. De U.S.S.R., Joegoslavië, Tsjecho-Slovakije zijn federaties. Sovjet-Rusland was vanaf zijn oprichting in november 1917 een federale republiek. Vooraleer de Belgische Communistische Partij wegzonk in het opportunisme verdedigde zij het federalisme[1]. Voor de oorlog stond de omvorming van België in een "federatie van een Vlaamse en een Waalse socialistische sovjetrepubliek" in het programma van de RSP.

Een van de argumenten tegen het federalisme stelt dat de revolutionaire opvatting afscheiding inhoudt, terwijl de reformisten zich beperken tot federalisme met autonomie. Hier worden twee dingen door elkaar gegooid. In de eerste plaats erkennen revolutionaire marxisten het zelfbeschikkingsrecht der volkeren, afscheiding inbegrepen. Maar zelfbeschikking houdt juist in dat de nationaliteit hierover beslist. Erkent men het recht op afscheiding van een nationaliteit, dan erkent men noodzakelijkerwijze ook haar recht op autonomie als zij zich daartoe wenst te beperken. Bovendien zijn autonomie en federalisme een leerschool voor de afscheiding. Het is dus absurd in naam van de afscheiding autonomie te weigeren, zoals Lenin schrijft :

"Autonomie, opgevat als hervorming, verschilt principieel van de als revolutionaire maatregel opgevatte vrijheid om zich af te scheiden. Dit staat buiten kijf. Maar zoals iedereen weet is een hervorming in de praktijk dikwijls gewoon een stap naar de

Marxisme en federalisme (1962)

revolutie. Het is precies de autonomie die toelaat dat een natie die dwangmatig binnen de grenzen van een staat gekneld zit, zich volledig kan ontplooien, krachten verzamelen, deze inschatten en organiseren en het geschikte moment af wachten voor een verklaring op zijn 'Noors': "Wij, het autonome parlement van deze of gene natie, of van dit of dat gebied, verklaren dat de tsaar aller Russen geen koning meer is van Polen, etc."[2]

We hebben hier niet te maken met abstracte principes maar met de belangen van de klassenstrijd. Die belangen kunnen maken dat we de voorkeur geven aan federalisme (autonomie) boven afscheiding, zoals Trotski schreef in verband met Catalonië en het Baskenland:

"De separatistische tendensen geven de revolutie de democratische opdracht om zich in te zetten voor het zelfbeschikkingsrecht. Deze tendensen nemen scherpere vormen aan en komen sterker tot uiting in een periode van dictatuur. Het 'separatisme' van de Cataloonse bourgeoisie heeft te maken met het spel dat ze speelt met de regering in Madrid en is een wapen gericht tegen het Cataloonse en Spaanse volk, terwijl het separatisme van de arbeiders en boeren een uitdrukking is van hun sociale verontwaardiging. Men moet deze twee soorten van separatisme scherp onderscheiden. Om de onderdrukte arbeiders en boeren te ontrukken aan hun bourgeoisie, moet de proletarische voorhoede m.b.t. het zelfbeschikkingsrecht van een volk een zeer stoutmoedige en eerlijke houding aannemen. De arbeiders zullen tot het bittere einde het bestaansrecht van de Catalanen en de Basken als onafhankelijke natie verdedigen indien deze volkeren zich uitspreken voor een volledige scheiding. Maar dat betekent niet dat wij de geavanceerde arbeiders aansporen tot onafhankelijkheid. Integendeel, de economische eenheid van het land met een ruime autonomie voor de nationale regio's zal vanuit economisch en cultureel oogpunt grote voordelen bieden aan de arbeiders en boeren."[3]

NATIONALITEIT EN KLASSENSTRIJD IN BELGIË

In Wallonië pleiten de klassenbelangen voor een federalisme met antikapitalistische inhoud. Men kan zich afvragen of de realisatie van het zelfbeschikkingsrecht van het Vlaamse en het Waalse volk pas mogelijk is na de overwinning van de socialistische revolutie. Dat is het argument dat Rosa Luxemburg voor en tijdens de Eerste Wereldoorlog aanvoerde tegen Lenin die zich inzette voor een socialistische programma waarin het onmiddellijk en onvoorwaardelijk zelfbeschikkingsrecht der volkeren was opgenomen. Wij geloven dat Lenin gelijk had. Hij reageerde[4] tegen Luxemburg als volgt:

1) Het is de plicht van de marxistische partij om elke oprechte democratische eis van de massa's te steunen, ongeacht of deze eis op korte termijn al dan niet kan worden gerealiseerd. Wie zich verzet tegen de strijd van een nationaliteit voor het zelfbeschikkingsrecht met als voorwendsel dat deze strijd "utopisch" is in het raam van het kapitalisme, is een objectieve bondgenoot van de nationale en annexionistische onderdrukking.

2) Men vergist zich wanneer men stelt dat de gedeeltelijke realisatie van een willekeurige democratische eis niet mogelijk is in het kader van het kapitalistisch stelsel (zie de onafhankelijkheid van Noorwegen in 1905 en sindsdien van de landen die hun formele politieke onafhankelijkheid hebben verworven). De marxistische theorie en meer bepaald de theorie van de permanente revolutie beweert enkel dat in het imperialistische tijdperk noch de democratische eisen, noch de historische taken van de burgerlijke revolutie in hun totaliteit kunnen worden verwezenlijkt, iets wat alleen mogelijk is met de omverwerping van het kapitalisme. Maar de mobilisatie van de massa's voor belangrijke democratische doelstellingen kan juist het voorspel worden voor de omverwerping van het kapitalisme, terwijl het niet deelnemen aan deze strijd met

Marxisme en federalisme (1962)

'linksistische' woordenkramerij als argument, enkel het isolement van de revolutionairen en een verlenging van de kapitalistische levensloop voor gevolg heeft (en vandaag bovendien een verlenging van de controle van de reformisten en van de centristen op de arbeidersbeweging)[5].

3) Zelfs indien een bepaalde democratische eis inderdaad onverwezenlijkbaar is binnen het kapitalistische stelsel, dan rechtvaardigt dit geenszins die af te wijzen of er zich niet voor in te zetten. Men moet samen met de massa's de ervaring van die onmogelijke verwezenlijking opdoen, zodat die ervaring de massa's ervan bewust maakt dat alleen de strijd hem aan het kapitalistische keurslijf kan ontrukken. Lenin weerlegde bovendien in diezelfde polemiek met Luxemburg het argument dat democratische eisen enkel progressief zijn in de koloniale landen, maar niet in de kleine Europese nationaliteiten.

We moeten dus de wil tot zelfbeschikking van de Waalse massa's ondersteunen. Het enige geldige argument hiertegen is de eventuele wil van de grote meerderheid Waalse volk om binnen het raamwerk van de unitaire Belgische staat voort te bestaan. Het feit dat de MPW, de PSB en de PCB zich hebben uitgesproken voor het federalisme en dat zelfs de christen-democraten daar toe neigen, weerlegt echter deze veronderstelling. Indien de revolutionaire marxisten niet gedoodverfd willen worden als objectieve verdedigers van de unitaire burgerlijke Belgische staat, dan mogen zij zich niet verzetten tegen de eis voor federalisme.

Het federalisme en de machtsovername

Er is grote verwarring ontstaan rond het tamelijk complexe probleem van de verhouding tussen federalisme en de strijd voor het socialisme in België. Laten we eerst onderstrepen dat volgens Lenin de strijd voor democratische eisen, zoals het federalisme er een is, nooit schade toebrengt aan de strijd voor het socialisme, tenminste als de marxisten hun plicht vervullen. Stellen dat men er beter aan doet de nationale eis niet te stellen, komt uiteindelijk neer op de bewering dat we beter af zijn zonder natie. We mogen niet vergeten dat in Vlaanderen de kwestie van het "separatisme", van de "autonomie" of van het "federalisme" reeds een halve eeuw geleden gesteld werd en dat een van de fundamentele oorzaken waarom de arbeidersbeweging in dit deel van het land stagneert, te maken heeft met haar onvermogen om het voortouw te nemen in de strijd voor de rechtmatige democratische eisen van het Vlaamse volk. Kan men de Waalse arbeidersbeweging verwijten dat zij met haar eis voor federalisme het gras heeft weggemaaid onder de voeten van de reactionaire demagogen?

Wij hebben Renard[6] verweten dat hij de kwestie van het federalisme heeft opgeworpen midden in een staking waarin de Vlaamse en Waalse arbeiders zij aan zij streden. Die houding was niet bevorderlijk voor een strijdbare eenheid. Onze kritiek was terecht. Maar het zou totaal onjuist geweest zijn om de kwestie niet aan te roeren na de staking. Renard heeft de kwestie van het federalisme opgeworpen om de kwestie van de macht niet te moeten te stellen. Jarenlang heeft hij de vorming van een linkse kern in Vlaanderen verwaarloosd. Hij aanvaardde de verdeling van de Belgische vakbeweging in 'invloedszones': Vlaanderen voor Louis Major[7] en Wallonië voor hemzelf. Maar in de staking werd hij op bruuske wijze geconfronteerd met de noodzaak om het zuiver economisch aspect van de actie te overstijgen. Zijn anarcho-syndicalistische vooroordelen (de weigering om "aan politiek te doen") gekoppeld aan zijn centrisme (de weigering om de antikapitalistische strijd te beslechten) verhinderden dat hij zich vragen moest stellen over

Marxisme en federalisme (1962)

de nodige regeringsvorm en over de machtsovername, een kwestie die vanuit logisch standpunt de gezamenlijke actie van de arbeiders had moeten bekronen. De federalistische leuze stelde die kwestie langs een omweg, zonder zich openlijk uit te spreken over de politieke structuren.

Maar juist omdat de kwestie van het federalisme in feite de kwestie van de macht stelt, heeft de voorhoede van de Waalse arbeiders na de staking zich die kwestie resoluut eigen gemaakt, wat wijst op het klassenkarakter ervan. Federalisme is in hun ogen een indirecte manier om er voor te zorgen dat de volgende staking niet in een impasse zou geraken. Ofwel wachten zij op de bewustwording als klasse van de Vlaamse arbeiders, en dat kan nog een tijd duren, ofwel zetten zij door en veroveren zij de macht in Wallonië alleen. Wij zouden wel heel slechte revolutionairen zijn als wij de Waalse arbeiders zouden voorstellen om daarmee te wachten met als argument dat revolutionaire actie onmogelijk is wanneer die zich voornamelijk beperkt tot Wallonië. Een bijzonder ondeugdelijk argument is de centristische bewering als zou de koppeling van de "antikapitalistische structuurhervormingen" aan het federalisme, de "hersenschim van het socialisme in een enkele provincie" propageren. Eigenlijk berust deze bewering op de oude stalinistische verwarring tussen de mogelijkheid om de macht te verwerven in een enkel land en de mogelijkheid om er de opbouw van een socialistische samenleving te voltooien. De revolutionaire marxisten verwerpen deze tweede mogelijkheid, maar verklaren even beslist dat de proletariërs gebruik moeten maken van elke gunstige omstandigheid, van elke gunstige krachtsverhouding, om de strijd aan te binden voor de macht, onafhankelijk van de geografische dimensies van het land. Een weigering om de strijd voor een socialistisch Wallonië in overweging te nemen met als voorwendsel dat het om een klein land gaat, dat de revolutie al snel door het "buitenlandse kapitaal zou worden opgeslokt", enz., is niets meer dan een beroep doen op de argumenten waarmee de reformisten en centristen zich tot op de dag van vandaag hebben verzet tegen elke machtsovername door het proletariaat, en dit in gelijk welk land.

De kapitalisten en het federalisme

Zal de verwezenlijking van het federalisme samenvallen met de machtsovername? Zal zij haar begunstigen? Zal zij haar bemoeilijken? We namen de principes als vertrekpunt. Laten we nu de precieze feiten onder ogen zien.

De reformistische rechterzijde beweert dat het federalisme de arbeidersbeweging zal verzwakken en zo denken ook bepaalde ultralinksen erover. Deze verzwakking zou voortkomen uit de kapitalistische sabotage die in het raam van het federalisme scherpere vormen zou aannemen: kapitaalsvlucht, versnelde afbouw van de Waalse industrie, enz. In de mond van een marxist is dit een onwaardig, defaitistisch argument. De historische ervaring – inclusief de recente Cubaanse ervaring – toont daarentegen aan dat wanneer het kapitalisme op cynische wijze een regering ondermijnt die is voortgekomen uit de wil en de strijd van de volksmassa's, zij de massa's voortstuwt in de strijd voor het socialisme. Het is mogelijk dat juist onder de zweepslagen van de "kapitalistische sabotage" een sociaaldemocratische Waalse regering de plaats zal moeten ruimen voor een centristische regering[8] en dat de massa's, aangezweept door de sabotage, zich helemaal niet ontmoedigd voelen maar de weg inslaan van de revolutie.

Al het overige is natuurlijk afhankelijk van de krachtsverhoudingen in Wallonië, in België, in Europa en in de wereld. Niemand kan een overwinning of een nederlaag voorspellen. Maar zelfs een nederlaag kan, na onder deze omstandigheden te hebben gestreden, een grote

Marxisme en federalisme (1962)

opvoedende betekenis krijgen voor het Europese proletariaat in zijn geheel.

Deze veronderstelling houdt in dat de Belgische bourgeoisie, onder druk van de massa's, instemt met het federalisme en onder druk van de massa's het risico loopt om te worden geconfronteerd met een Waalse homogeen sociaaldemocratische regering. De beslissende slag zou dan plaats grijpen na en niet vóór de invoering van het federalisme. We mogen deze hypothese niet uitsluiten, ook al is ze de minst waarschijnlijke. Het is veel waarschijnlijker dat het federalisme zal worden afgedwongen in het raam van een veralgemeende strijd tegen het grootkapitaal waarbij een periode van dubbele macht ontstaat. Ook is het mogelijk dat de verovering van het federalisme samenvalt met de verovering van de macht.

Voor de laatste twee hypothesen pleit het feit dat, onder de huidige omstandigheden, voor de bourgeoisie de verwezenlijking van het federalisme betekent dat haar zware industrie en haar essentiële winstmakers onder de controle komen te staan van een sociaal-democratische regering die zelf onder zware druk van de massa's staat. Zoiets zal zich slechts voordoen in een ernstige voorrevolutionaire crisis waarbij de bourgeoisie het federalisme als het kleinste kwaad opvat. Maar juist in zo'n periode zal het federalisme in de ogen van de massa's een overwinning blijken te zijn die zij hardhandig heeft ontrukt aan de bourgeoisie, wat op haar beurt hun strijdbaarheid zal stimuleren, zodat men zich op korte termijn kan verwachten aan een situatie van dubbele macht.

Voor de Waalse proletarische voorhoede, waarvan reeds enkele tienduizenden activisten zich voor de eerste keer in de geschiedenis van de Belgische arbeidersbeweging hebben losgerukt van de reformistische invloed, is de strijd voor het federalisme de uitdrukking van een duidelijke bewustwording, namelijk van het bankroet van de reformistische en parlementaire weg naar het socialisme in België. Zij gelooft niet dat het mogelijk is om in het stemhokje het socialisme te verwezenlijken. We moeten deze vooruitgang hooglijk appreciëren.

Het is duidelijk dat deze arbeiders die afstand beginnen te nemen van het reformisme nog geen duidelijk revolutionair bewustzijn hebben ontwikkeld. Hun bewustzijn is in beweging, evolueert, heeft nog geen vaste vorm aangenomen en die evolutie zal nog een hele tijd in beslag nemen, tot op het ogenblik dat de revolutionaire gebeurtenissen haar doen versnellen. Hun huidige bewustwording is trouwens essentieel het product van de grote staking. Zij willen breken met de BSP maar willen niet verder gaan dan de MPW, de Waalse volksbeweging[9]. Zij geloven niet meer in de reformistische weg naar het socialisme in België, maar zij geloven het nog half voor Wallonië!

Het is de plicht van de revolutionaire marxisten om uitgaande van dit gegeven bewustzijn, samen met deze arbeiders ervaringen op te doen, zonder daarbij ultimatums te stellen of preken te houden die ze niet begrijpen. We moeten hen pedagogisch op weg helpen naar de praktische conclusie dat een socialistisch Wallonië enkel het resultaat kan zijn van hun revolutionaire strijd. Maar het zou een ernstige sektarische vergissing zijn nu al te stellen dat een Waalse regering die voortkomt uit het algemeen stemrecht, machteloos is. We moeten integendeel de gepaste subjectieve voorwaarden scheppen opdat zij van bij de aanvang zo'n regering het mes op de keel zetten, haar radicaliseren of haar vervangen telkens zij "machteloos" blijkt: we moeten de logica volgen van de vooruitgang en niet die van de steeds als "onvermijdelijk" aangekondigde nederlaag.

Marxisme en federalisme (1962)

Kritische steun aan de MPW

De renardisten en centristen hebben reeds in hun bladen *Combat* en *La Gauche* het schijnfederalisme waarbij alle economische bevoegdheden behouden blijven in de handen van de centrale macht genoegzaam aangeklaagd. De arbeidersklasse begint zich deze kritiek op ruime schaal eigen te maken. Dit in wezen correcte argument kreeg zijn beslag op het congres van de Waalse socialisten in Charleroi in april laatstleden, ondanks de zwakke tegenkanting van de sociaal-democratische rechterzijde.

Wij staan klaar en duidelijk en zonder enige reserve achter het federalisme als rechtvaardige democratische eis en dit in het raam van een programma van overgangseisen. Maar wij kunnen de MPW slechts kritische steun verlenen omdat we de militanten willen behoeden voor enkele zeer gevaarlijke afwijkingen, te weten:

a) Voor elke chauvinistische afwijking, elke nationalistische anti-Vlaamse propaganda. We constateren dat dergelijke afwijkingen afkomstig van de linkse centristen een grote weerklank hebben gekregen bij de arbeiders, zodat de leiders van de MPW verplicht waren om hun koers bij te sturen, ook al was dit maar gedeeltelijk.

b) Voor het geloof dat het federalisme als zodanig, of zelfs gekoppeld aan vage "structuurhervormingen", het middel zou zijn om de economische en sociale problemen op te lossen. Zo'n oplossing vereist de omverwerping van het kapitalisme. Voor sommige renardisten betekent de formule "federalisme en structuurhervormingen" in feite een Waals neokapitalisme in dat de plaats inneemt van het huidige experimentele Belgisch neokapitalisme. Zo verspreidt men gevaarlijke en verwerpelijke illusies in de arbeidersrangen. Maar deze strijd mag geen wezenlijk negatief karakter dragen, zich beperken tot een aanklacht, maar moet constructief zijn, d.w.z. concrete voorstellen doen die in de praktijk de strijd voor het federalisme doen samenvloeien met de strijd voor antikapitalistische overgangseisen.

c) Voor de beoogde middelen om de doelstellingen van de MPW te realiseren. De door de renardisten beoogde middelen zijn zuiver parlementair en zijn niet van aard om massamobilisaties te stimuleren. Er heerst dubbelzinnigheid over de aard van de algemene staking, over het referendum, enz. Wij moeten de systematische verdedigers zijn van de directe actie voor de objectieven van de MPW, van de revolutionaire weg naar het federalisme, waarbij we beseffen dat zulks niet betekent dat we te pas en te onpas de opstand prediken. Elke provocerend woordgebruik in het openbaar met politie onder de toehoorders is uit den boze.

Hoe wij de MPW beoordelen wordt uiteindelijk bepaald door het globale oordeel dat wij vellen over de huidige situatie van de Belgische arbeidersbeweging. Wij beschouwen de renardistische vleugel die het gros van de troepen vormt in de MPW, de enige stroming met massakarakter die de reformistische bonzen ter linkerzijde heeft gepasseerd. De kans om in de onmiddellijke toekomst een even sterke autonome massale revolutionaire stroming op de bouwen niet realistisch. De enige mogelijke politiek met betrekking tot de massa's is het geven van kritische steun aan de renardistische vleugel. Vandaag bestaat de meest efficiënte tactiek erin dat we de activistische vleugel vormen van de renardistische stroming, op voorwaarde dat we steeds een linkse stap voor staan, niet meer maar ook niet minder.

Marxisme en federalisme (1962)

Elke andere politiek is nefast: zich isoleren van de meest geavanceerde vleugel van de massa's is een dienst verlenen aan de reformistische rechterzijde. Want in de reële strijd tussen de renardisten en de reformisten komt elke politiek die beide stromingen op gelijke wijze en met dezelfde heftigheid aanvalt, in de praktijk neer op hulpverlening aan de ergste opportunisten van de reformistische rechterzijde. Voor de Vlaamse arbeiders is het van essentieel belang dat zij de reële meningsverschillen tussen de reformistische rechterzijde en de renardistische centristische stroming kunnen onderscheiden. Terwijl wij elke eventuele nationalistische afwijking van de renardisten aan de kaak moeten stellen, moeten we alles in het werk stellen om de eenheid van actie te realiseren tussen de Vlaamse en de Waalse voorhoede, dit aan de hand van relatief geavanceerde stellingen en niet van defaitistische stellingen.

Vooruitzichten op korte en lange termijn

Na de betoging van 1 april 1962 kunnen we des te beter enkele vooruitzichten op korte termijn preciseren. Deze betoging was een succes voor de MPW, in de mate dat zij 20 à 25.000 arbeiders mobiliseerde, dit tegen de expliciete richtlijnen van de BSP in. Maar zij was een mislukking omdat het cijfer van de 35 à 40.000 verwachte deelnemers niet gehaald werd. De BSP heeft bewezen dat zij nog steeds een aanzienlijke controle uitoefent op de brede massa's [in Wallonië], maar constateert tegelijkertijd dat de voorhoede die zij niet volledig controleert, veel breder is geworden dan ooit. Onder deze voorwaarden bestaat op korte termijn zeer waarschijnlijk de mogelijkheid van een compromis tussen de rechterzijde en de renardisten, dit met het oog op een nieuwe samenstelling van het secretariaat van het ABVV op het congres in december eerstvolgend.

Op langere termijn hangt de ontwikkeling in de schoot van de arbeidersbeweging meer dan ooit af van de ontwikkeling van de krachtsverhoudingen tussen de klassen, op landelijk en op internationaal vlak. Het einde van de hoogconjunctuur, een nieuw offensief tegen de levens- en arbeidsvoorwaarden van de werkers en de gebeurtenissen in de rest van West-Europa, bereiden een nieuwe krachtproef voor die zich binnen enkele jaren zal voordoen. We moeten alles in het werk stellen om er voor te zorgen dat de arbeidersklasse dit gevecht aan kan gaan zonder dat een demoralisatie haar krachten wezenlijk heeft aangetast. Zij moet de hechtheid van haar front kunnen veilig stellen tegen een scheuring in de vakbeweging en zij moet kunnen beschikken over een duidelijker en linkser actieprogramma dan dat van december 1960. Al de problemen die het federalisme vandaag in het leven heeft geroepen zullen uiteindelijk beslecht worden door de strijd.

---

1   Bij haar oprichting in 1921 erkende de KPB de Vlaamse kwestie, maar stelde de oplossing ervan uit tot de vorming van de proletarische staat; ondertussen riep zij op tot klasse-eenheid met de Waalse werkende bevolking. Het 7[de] congres van de Komintern waar de lijn van het "volksfront" werd bepaald sprak zich uit voor een proletarisch strijd met "nationale" wortels. Daarop besliste de KPB op haar 6de congres in 1936 om in haar schoot een *Vlaamse Kommunistische Partij* te vormen, met een eigen bestuur. In 1938 riep de KPB op tot een breed front in Wallonië om te strijden voor Vlaamse en Waalse autonomie. Een splitsing van België werd echter afgewezen als voordelig voor Nazi-Duitsland. Dit gevaar veroorzaakte op zijn beurt een nieuwe politieke draai: op aandringen van Moskou veroordeelde men het misbruik van het Vlaams nationalisme door het fascisme maar ook de Waalse separatisten en 'rattachisten', d.w.z. de voorstanders van de aanhechting bij Frankrijk. Zie José GOTOVITCH, *The Communist Party of Belgium*, s.d. (H.P.)

2   V. LENIN, "The Discussion on Self-determination Summed Up", in *Collected Works*, Volume 22, Moskou/Londen 1977, pp. 344-345. (H.P.)

3   L. TROTSKY, *Œuvres Choisies*, III, Parijs, s.d., pp. 423-424. (H.P.)

4   Zie o.a. « La révolution socialiste et le droit des nations » in *Œuvres* 22, pp. 155-170 en « À propos de la brochure de Junius », ibidem, pp. 328-343. (H.P.)

Marxisme en federalisme (1962)

5 Lenin hekelde in 1916 de revolutionaire puristen als volgt : « Wie gelooft dat de sociale revolutie *denkbaar* is zonder opstanden van de kleine naties in de kolonies en in Europa, zonder revolutionaire uitbarstingen van een deel de kleinburgerij *met al haar vooroordelen*, zonder de beweging van de politiek onbewuste proletarische en halfproletarische massa's tegen het landsheerlijke, klerikale, monarchistische, nationale, enz., juk, – v*erloochent de sociale revolutie*. Hij beeldt zich in dat een leger op een bepaalde plaats stelling neemt en zegt: 'Wij zijn voor het socialisme', en dat een ander leger op een andere plaats zegt: 'Wij zijn voor het imperialisme' en dat we dan te maken hebben met de sociale revolutie! Enkel vanuit zo'n pedant en belachelijk gezichtspunt kon men de Ierse opstand op beledigende wijze een 'putsch' noemen." *Œuvres*, Vol. 22, Parijs/Moskou 1960, p.38. (H.P.)

6 Over de Waalse vakbondsleider André Renard en de staking 1960-1961 zie het artikel "Klasse en regio in België" en Annex 3. (H.P.)

7 De Vlaming Louis MAJOR (1902-1985) was algemeen secretaris van het ABVV van 1952 tot 1968. (H.P.)

8 In het jargon van de Communistische Internationale: een regering links van de reformistische sociaal-democratie die schommelt tussen hervorming en revolutie, die de mogelijkheid van een revolutionaire machtsovername betwijfelt. (H.P.)

9 Zie hierover eveneens "Klasse en regio in België". (H.P.)

NATIONALITEIT EN KLASSENSTRIJD IN BELGIË

DE PROEF OP DE SOM IN CANADA
(1962)

Dit artikel verscheen op 8 december 1962 in Links, *twee jaar na de grote staking. Het was bestemd om de vakbondsmilitanten en de linkerzijde in de BSP ervan te overtuigen dat het federalisme noodzakelijk was en dat zij zich moesten verenigen met hun Waalse makkers die wel voor dit alternatief hadden gekozen. We willen hier opmerken dat men de Canadese structuurhervormingen waarvan hier sprake is, moeilijk een antikapitalistische cachet kan geven. Het artikel heeft blijkbaar de bedoeling in socialistische rangen de idee van de structuurhervormingen in het algemeen te versterken, met de hoop dat men er een antikapitalistische dynamiek aan kan geven.*

Onlangs zijn in de Canadese provincie Quebec de conservatieven bij de verkiezingen voor het provinciaal parlement verpletterd. Het bewind zal worden uitgeoefend door een ruime liberale meerderheid. Het zal onmiddellijk duidelijk worden waarom dit voor ons interessant is: Canada is een federale staat waarin de provincies over uitgebreide bevoegdheden beschikken en de inzet van de strijd in Quebec was de nationalisatie van de elektriciteitsnijverheid. De liberalen hebben eindelijk een definitief overwicht gekregen ten koste van de conservatieven, omdat zij deze nationalisatie hebben bepleit. (...) Deze merkwaardige stap vooruit was mogelijk omdat Quebec met zijn aartsreactionaire regering steeds verder achterop raakte en de industrie grotendeels in Amerikaanse en Engelse handen was. De liberale oppositie zag haar kans en heeft niet geaarzeld. Men moet wel onverbeterlijk zijn om niet te begrijpen dat wij hieruit iets kunnen leren, maar laat ons ten overvloede herinneren aan een andere merkwaardigheid: kort voor Quebec heeft de katholieke regering van Italië besloten de elektriciteitsnijverheid te nationaliseren, en al gaat de rechtervleugel geweldig te keer, het is een feit dat deze burgerlijke regering sedert dit moment sterker staat dan in lange jaren het geval is geweest. Als men dit nu vergelijkt met de aftakeling van de socialistische posities in diverse West-Europese landen (SFIO in Frankrijk, enz.) dan verdient dit toch wel de meeste aandacht. De West-Duitse SPD heeft maar één hoop: dat Adenauer[1] of zijn opvolger zo vriendelijk zal zijn haar in de regering te willen opnemen – doch katholieken en liberalen weigeren, want de SPD is geen gevaar als oppositie: zij verdedigt geen enkele eis van structuurhervormingen, van alternatieve koers. In Engeland regeren de conservatieven zonder onderbreking sedert ruim elf jaar en ze zijn nooit zo onpopulair geweest – maar Labour profiteert hier weinig of niet van, want het handelt nagenoeg zoals de SPD-leiding. In Nederland staat het er ongeveer net zo voor.

Overal blijkt dat een rechtse koers van socialisten in de oppositie geen winst oplevert, integendeel. Maar nu blijkt bovendien uit Canada en Italië, dat structuurhervormingen wel degelijk bijzonder populair zijn, zozeer zelfs dat burgerlijke partijen winst zonder voorgaande boeken als ze nationaliseren. Moeten we er nog aan herinneren dat de BSP een nog veel indrukwekkender programma van structuurhervormingen heeft? Dat ons land het voordelige beeld biedt van een bevolking die voor 70 % uit loon- en weddentrekkers bestaat? Maar dat de leiding van de partij nog de allereerste stap moet doen om de werkers in te lichten over, laat staan te mobiliseren voor de structuurhervormingen. Dit is echter niet alles. De nationalisatie in Quebec is mogelijk ondanks het bestaan van een conservatieve bondsregering: men hoeft daar niet aan te twijfelen, want in de provincie Ontario is de elektriciteit reeds lang

De proef op de som in Canada

genationaliseerd. Wat Quebec betreft, hebben de liberalen reeds duidelijk gezegd dat zij het eventueel niet bij de energie zullen laten, de kredietsector komt vermoedelijk ook aan de beurt. Welnu, men hoort bij ons zo dikwijls beweren dat het federalisme niet deugt als middel om het doorvoeren van structuurhervormingen te vergemakkelijken. Deze opvatting is nimmer op bewijzen gebaseerd, doch veeleer op vreesachtige vermoedens. Mag men nu niet hopen dat deze vrees uit de weg is geruimd door het voorbeeld van Canada? Is het niet duidelijk, dat wat liberalen in een Canadese provincie doen, niet buiten het bereik ligt van Wallonië, waar de socialisten zich eenparig hebben uitgesproken voor federalisme met een nauwkeurig programma voor structuurhervormingen? Als wij onze Waalse kameraden daarin steunen zal zulks ons trouwens in Vlaanderen zeer belangrijke diensten bewijzen bij het openen van socialistische perspectieven, die nu eenvoudig niet aan de orde komen. Slechts één voorbeeld nog om dit te illustreren. Ook Zwitserland is een bondsstaat en alhoewel zeer overwegend burgerlijk zijn de verschillen naargelang de kantons belangrijk. Dit federalisme heeft de kantons van de spits toegelaten de achterblijvende mee te trekken zoals het tijdschrift Socialisme van maart jl. terecht opmerkte, 'en daardoor voordelen gebracht aan bevolkingen door de weldaden van sociale wetten, waar zij anders achter zouden gebleven zijn'.

---

1 Konrad ADENAUIER (1876-1967), voorzitter van de Duitse christendemocratische partij CDU, kanselier van de pas opgerichte Bondsrepubliek in 1949. (H.P.)

Massademonstratie tegen de Eenheidswet, winter 1960-61

KLASSE EN REGIO IN BELGIË
IN DIALECTISCH VERBAND (1963)

Het volgende artikel, eigenlijk een klein essay, verscheen oorspronkelijk in het Engels[1]. Na een kort historisch overzicht van de sociaal-economische ontwikkeling van België ontwikkelt de schrijver zijn visie op de nationaliteitenkwestie uitgaande van de grote staking in de winter 1960-1961. Mandels opvatting van het federalisme neemt als vertrekpunt de ongelijke ontwikkeling van beide landsdelen en de tanende industrie in Wallonië, dit alles in een socialistisch perspectief. Hij verbindt daarom de eis voor federalisme aan antikapitalistische structuurhervormingen, hervormingen die moeten worden afgedwongen door de arbeidersbeweging. Uit het artikel blijkt dat Mandel die structuurhervormingen niet opvatte als een reformistische weg naar een socialistische oplossing. Zijn inzet in de grote staking was voorbeeldig. Hij werd door bepaalde trotskistische sekten[2] die de staking verkeerd hebben beoordeeld, van "verraad" en "bankroet" beschuldigd. Onlangs nog heeft een Waalse militant[3] Mandel persoonlijk verantwoordelijk gesteld voor het mislukken van de socialistische revolutie in de grote staking in de winter 1960-1961! Men kan Mandel vele kwaliteiten toeschrijven maar niet dat hij als individu besliste over de revolutie. Men mag niet vergeten dat de groep rond de bladen **La Gauche** *en* **Links** *waarvan Mandel redacteur was, geen organen waren van de*

NATIONALITEIT EN KLASSENSTRIJD IN BELGIË

Vierde Internationale, maar een soort "centristische" groepering in de linkervleugel van de BSP. Zich afsnijden van deze linkse socialisten en vakbondsmilitanten en, na de staking, van de Waalse volksbeweging die daaruit was voortgekomen, bestempelde Mandel als onvruchtbaar en sektarisch: zij waren het enige reële houvast voor een verdere ontwikkeling van het antikapitalistisch bewustzijn. De grote staking heeft geen opstandige, revolutionaire, toestand teweeggebracht. Men kan zich wel vragen stellen bij de entristische tactiek van de IVde Internationale en Mandels legendarisch optimisme, zeker in verband met de verwachtingen die hij koesterde over de mogelijke revolutionaire rol van de Waalse arbeidersklasse. Het zal de lezer duidelijk zijn dat België vandaag anders in elkaar steekt dan vijftig jaar geleden. Het federalisme is er gekomen, de antikapitalistische structuurhervormingen niet. Maar de methode die Mandel gebruikt om de Belgische situatie te analyseren en antikapitalistische oplossing voor te stellen, is nog steeds geldig.

De Belgische samenleving is een levend voorbeeld van de wet van de ongelijkmatige ontwikkeling, een wet die de hele geschiedenis van het kapitalisme heeft gedomineerd. De huidige structurele crisis van de Belgische economie is een direct gevolg van het feit dat België het eerste industriële land van continentaal Europa was. De crisis is het zwaarst in het zuiden, in Wallonië, ooit het grootste industriële bekken van het land en nu het slachtoffer van de onderontwikkeling waaronder het noorden van het land, Vlaanderen, meer dan een eeuw lang geleden heeft, maar waaraan het zich nu op zijn beurt begint te ontworstelen.

Industriële revolutie en financieringskapitaal

Deze ongelijkmatige ontwikkeling heeft diepe historische wortels. In de middeleeuwen waren de grote Vlaamse steden, samen

Klasse en regio in België in dialectisch verband (1963)

met de Italiaanse steden in de Lombardische vlakte, de meest geavanceerde centra van de stedelijke industrie in Europa. In de 15de en de 16de eeuw kende deze artisanale industrie een begin van neergang; twee Vlaamse[4] steden echter, Brugge en Antwerpen, werden achtereenvolgens de belangrijkste handelshavens van de Noordzee, en misschien wel van de wereld. Toen de Lage Landen in opstand kwamen tegen Philips II van Spanje – het ging om de eerste grote burgerlijke revolutie van de moderne tijden[5], meer dan twee eeuwen voor de Franse en Amerikaanse revoluties – waren de Vlaamse steden, meer bepaald Gent en Antwerpen, de eerste en meest radicale centra van de opstand. Het meer agrarische en maatschappelijk minder ontwikkelde Wallonië[6] werd tamelijk gemakkelijk terug veroverd door de contrarevolutie onder Alexander Farnèse, maar Antwerpen werd pas ingenomen na een bloedige belegering. De heftige weerstand in Vlaanderen maakte de overwinning mogelijk van de revolutie in het noorden, gesterkt door de toevloed van duizenden emigranten uit het zuiden. Zo kwam het onafhankelijke Nederland tot stand.[7]

De zuidelijke provincies – het toekomstige België – betaalden de Spaanse verovering en de Nederlandse onafhankelijkheid met anderhalve eeuw ononderbroken economische neergang. Achtereenvolgens bezet door Spanje en Oostenrijk waren zij het slagveld van alle dynastieke oorlogen in de 17de en 18de eeuw en werden zij voortdurend geruïneerd en verwoest. De sluiting van de Schelde verstikte Antwerpen. Nederland erfde de commerciële rijkdom van België: Amsterdam verving Brugge en Antwerpen. Maar deze handelsnatie zou op haar beurt haar gouden eeuw betalen met anderhalve eeuw stagnatie en een serieuze industriële achterstand, want al haar beschikbaar kapitaal werd opgeslorpt door de handel en de koloniale onderneming. Maar in de tweede helft van de 18de eeuw herleefde België met de opeenvolgende industriële revoluties in de wolnijverheid (Verviers), de steenkoolontginning (Henegouwen en Luik[8]), katoen en linnen (Gent). Met uitzondering van een gedeelte van de textielindustrie gebeurde deze industriële revolutie in Wallonië en niet in Vlaanderen, dat onder het Ancien Régime economisch, maatschappelijk en politiek in verval verkeerde gedurende de industrialiseringsperiode. Een tweede burgerlijke revolutie brak uit in 1789 in Luik en in Brabant, gelijktijdig met de Franse revolutie. De maatschappelijke en economische omstandigheden verschilden nu diepgaand van die in 1560, en de overwinning van de revolutie was compleet[9].

Aanvankelijk gedomineerd door individuele ondernemers en familieconcerns, kende de industriële revolutie de vorming van een waaier van maatschappijen op aandeel in de periode 1825-35. Hun groei werd krachtig ondersteund, ja gestimuleerd, door de eerste moderne bank die in België werd opgericht, de Société Générale. Zij was van bij haar oprichting een gemengde bank, d.w.z. zowel een deposito- als investeringsbank, eigenares van belangrijke houdstermaatschappijen (holdings) in ontelbare industriële, financiële, commerciële en transportondernemingen. België is dus de geboorteplek van het financieringskapitaal in zijn marxistische betekenis: bankkapitaal dat naar de industrie vloeit, het krediet vervangt door aandelen en een nauwgezette controle uitoefent op het beheer van de ondernemingen. Het Belgische financieringskapitaal verwierf een dominante positie in het land een halve eeuw voor hetzelfde verschijnsel zich voordeed in Duitsland, Frankrijk, de V.S.A., Italië en elders.

Het is dus niet verwonderlijk dat België als eerste op het Europese vasteland spoorwegen begon aan te leggen. De snelle groei van de Belgische metaalindustrie was nauw verbonden met de ontwikkeling van het spoorwegverkeer. Toen België zelf het

Klasse en regio in België in dialectisch verband (1963)

meest dichte spoorwegnet van de wereld had aangelegd, moest de metaalindustrie en de nieuwe belangrijke fabricage van rollend materieel elders naar bestellingen uitkijken. Zo kwam het dat België zeer vroeg op massale schaal kapitaal begon te exporteren.

Belgische maatschappijen financierden en bouwden spoorwegen in Polen, Rusland, Spanje, Egypte, Mexico en Zuid-Amerika. Ze bouwden er zelfs in China en, uiteraard, ook in Kongo. Tramlijnen, waterleidingen en krachtcentrales volgden. De Belgische metallurgie creëerde de Russische en Braziliaanse metaalindustrie. Terwijl de Engelse en Franse overzeese investeringen hoofdzakelijk te maken hadden met staatsfondsen en openbare diensten, waren de meer gevarieerde Belgische investeringen eerder gericht op het creëren van buitenlandse industrieën. De verovering van de Kongo, oorspronkelijk als een particuliere onderneming van koning Leopold II, maar later overgenomen door België – of juister door de Société Générale de Belgique, die nog steeds 75% van het geïnvesteerde kapitaal ervan controleert[10] –, completeerde de traditionele structuur van het Belgische kapitalisme. De rubberwinning was maar korte tijd de hoofdbrok van de koloniale exploitatie. Men schakelde snel over naar mijnbouw en de Kongolese economie werd volledig bepaald door de productie van koper, tin en later uranium (Union Minière), diamant (Forminière, Beceka) en goud (Kilo-Moto). Spoorwegen en krachtcentrales werden gebouwd als infrastructuren voor de export van deze mineralen. Ondertussen leidde de valorisatie van de Kongo in België zelf tot de ontwikkeling van een zeer welvarende industrie gericht op de verwerking van grondstoffen (non-ferro metalen en diamant).

Dit alles gaf aan de Belgische economie haar definitief – en distinctief – image waarmee zij de 20ste eeuw inging. Haar essentiële gelaatstrekken zijn tot vandaag nog steeds dezelfde. Zij stoelt op een industrie gespecialiseerd in de verwerking van grondstoffen tot halffabricaten. Haar voornaamste exportproducten zijn staal, cement, glas, katoen, wollen kleren, non-ferro metalen, chemische meststoffen en diamanten (op een zeker ogenblik waren ook steenkool en linnen belangrijk).

Deze industrie was rechtstreeks gericht op de wereldmarkt. Zij exporteerde 60 tot 70% van haar output en beet de spits af in talrijke industriële hoofdproducten. De Belgisch-Luxemburgse Economische Unie is nog steeds de grootste staalexporteur in de wereld, en is een van de grootste exporteurs van cement en glas.[11] De concurrentiekracht van de Belgische industrie stoelde op een combinatie van geavanceerde technologie en achtergebleven lonen. Het zeer lage loonpeil had diverse oorzaken. België was enkel half geïndustrialiseerd, want Vlaanderen bleef in wezen een landbouwgebied. De kosten van levensonderhoud bleven dus laag en er stond steeds een industrieel reserveleger ter beschikking om het loonpeil minimaal te houden. Om dezelfde reden kende de betalingsbalans geen moeilijkheden, want het land kon nagenoeg in zijn voedselbehoeften voorzien en importeerde slechts grondstoffen om ze als afgewerkte producten weer te exporteren. De hoge inkomsten van de "onzichtbare export" bezorgde de middelen voor een continue export van kapitaal.

De economische vooruitgang van België in de periode van vrede die 85 jaar duurde (van 1830 tot 1914) verbaasde de wereld. De Belgische bourgeoisie en kleine burgerij behoorden tot de rijkste van de wereld. Maar deze welstand was pas mogelijk door de grote ellende van het gewone volk. De ravages van het analfabetisme en van het alcoholisme waren schrikwekkend. Aan de vooravond van de Eerste Wereldoorlog werd gemiddeld 60 uur per week gewerkt en de lonen waren de laagste van West-Europa[12].

Klasse en regio in België in dialectisch verband (1963)

De klassieke Europese burgerlijke staat

Niet voor niets noemde Karl Marx het negentiende-eeuwse België het paradijs van het kapitalisme. Tot voor de Eerste wereldoorlog was het de meest burgerlijke staat in Europa in de klassieke betekenis van het woord. Meer dan een halve eeuw lang had alleen de bourgeoisie stemrecht. De middenklassen konden hun verplichte legerdienst afkopen, maar vormden een "burgerwacht" die de arme bevolking uit haar rangen weerde en openlijk verklaarde dat zij instond voor de "bescherming van de eigendom". Twee grote partijen vochten voor de stemmen van deze bourgeoisie: de katholieke en de liberale partij. De katholieke partij bestond aanvankelijk uit adel, rijke grondbezitters en conservatieve notabelen; de liberale partij uit de industriële en de commerciële bourgeoisie. De katholieke partij was grondig reactionair en maakte deel uit van de integristische vleugel van het international katholicisme; zij was fanatiek loyaal aan het Vaticaan en veroordeelde een eeuw na de Franse revolutie deze gebeurtenis nog steeds als een werk van de duivel[12].

Anderzijds bestond er geen sterke nationale of culturele traditie in de jonge staat (die in 1830 zijn onafhankelijkheid verworven had) waaruit de liberale partij aan kracht had kunnen winnen. In Vlaanderen had zij zich in de 16de eeuw met enig succes verbonden met de geuzen[13] in haar revolutionaire en antiklerikale strijd. Hierdoor kon ze zich een verleden aanmeten zoals dat tot uiting kwam in het meest opmerkelijke negentiende-eeuwse literaire werk in België, Charles De Costers *Tyl Uylenspiegel*[14]. Maar een waarachtige "Belgische traditie" of "Belgische cultuur" moest uit het niets geschapen worden en hoewel een groot historicus zoals Henri Pirenne[15] daartoe een blijvende bijdrage leverde, was de liberale bourgeoisie in het algemeen te weinig gecultiveerd, te veel door onmiddellijk winstbejag geobsedeerd en teveel door het zakenleven in beslag genomen, om enige betekenisvolle bijdrage te leveren aan de cultuur.

De ideologie van de Belgische liberale partij bleef hoofdzakelijk beperkt tot geloof in de vrijhandel en antiklerikalisme. De strijd rond het onderwijs, de zogeheten schoolstrijd, een Belgische variant van Bismarcks Kulturkampf tegen de Katholieke Kerk, werd het centrale politieke twistpunt. Alleen de liberale linkerzijde vertegenwoordigde een meer democratische traditie die te vergelijken valt met die van de Britse radicals; zij alleen verleende steun aan de strijd van de arbeidersbeweging voor het algemeen stemrecht. Maar deze liberale linkerzijde fungeerde ook als de brug die het kleinburgerlijke antiklerikalisme toegang verleende tot de arbeidersbeweging en dit met de rampspoedige gevolgen die waarop we terugkomen.

Toen België onafhankelijk werd was er geen openbaar onderwijs van enige betekenis. De lagere scholen vielen onder het gezag van de Kerk. Na 1830 zetten de liberale regeringen zich in voor de oprichting van [Franstalige] middelbare scholen (in België voor de jongeren tussen 12 en 18 jaar), en daarna voor de uitbreiding van de staatscontrole tot het lager onderwijs. De Kerk was bang haar voornaamste wervingsterrein te verliezen en pleegde fel verzet. Het kwam tot bittere botsingen met een opeenvolging van demonstraties en tegenmaatregelen wanneer de politieke meerderheid veranderde. De katholieken mobiliseerden de jeugd op het platteland en in de steden mobiliseerden liberalen de kinderen van de bourgeoisie. Dit gesloten politieke systeem was op lange termijn niet bestand tegen de druk van de arbeidersklasse die politiek bewust werd. De eerste arbeidersverenigingen, opgericht als secties van de Eerste Internationale, begonnen vrij snel het algemeen stemrecht op te eisen. Alfred Defuisseaux' Volkscatechismus[16] was een groot succes.

Klasse en regio in België in dialectisch verband (1963)

De gewelddadige stakingen in 1866-67 en de algemene staking van 1893 dwongen de bourgeoisie tot toegevingen. Het algemeen stemrecht kwam er, maar het was een meervoudig stemrecht (bepaalde stemgerechtigden beschikten over meer dan één stem in overeenstemming met het aantal kinderen, de omvang van hun eigendommen, enz.). Dit systeem bleef bestaan tot in 1919 toen het algemeen enkelvoudig stemrecht eindelijk werd verleend[17].

De eerste verkiezingen waren een succes voor de socialisten: de Belgische Werklieden Partij behaalde meteen 27 zetels. De liberale partij stortte in elkaar en is er sindsdien nooit meer in geslaagd een dominante positie te verwerven in de politieke arena. De absolute meerderheid van de Katholieke Partij werd er evenwel groter van – een meerderheid die zij tot in 1919 zou behouden.

Maar hoe verklaart men dat in een dusdanig geïndustrialiseerd land als België de bourgeoisie en de kleine burgerij, na het verlenen van het algemeen stemrecht aan de arbeidersklasse, driekwart eeuw lang hun politieke macht op vreedzame wijze konden uitoefenen? Het meervoudig stemrecht droeg daar tussen 1893 en 1914 wel toe bij, maar volstaat niet als verklaring. Die moet gezocht worden in de splitsing van de arbeidersklasse in een socialistische en in een christelijke beweging.

Toen het algemeen stemrecht onafwendbaar bleek mobiliseerde de Katholieke Partij de energieke en toegewijde lagere geestelijkheid voor de oprichting van twee organisaties die sindsdien een diep stempel op het Belgische politieke leven hebben gedrukt. Er werd een christelijke vakbeweging en een christelijke boerenvereniging[18] opgericht. De twee bewegingen, zo werd openlijk verklaard, dienden om de groeiende invloed van het socialisme te bestrijden. De eerste, in Gent uitgegeven krant van de katholieke vakbeweging in Vlaanderen, *Het Volk*, droeg als ondertitel "Anti-Socialistisch Dagblad". Later echter werden beide bewegingen in groeiende mate ertoe gedwongen om hun energie te besteden aan de verdediging van de beroepsbelangen, zodat hun aard onmerkbaar veranderde. Zij werden organisaties die gematigd maar reëel deelnamen aan de klassenstrijd, ondanks hun programmatische verklaringen ten gunste van de klassensamenwerking. Deze verandering in de katholieke vakbeweging was van groot belang voor de toekomst van de Belgische arbeidersbeweging, maar kon niet verhinderen dat de Katholieke partij voortaan beschikte over een georganiseerde electorale basis, zowel in de steden als op het platteland.

De invoering van het enkelvoudig stemrecht na de Eerste Wereldoorlog hield dus een belangrijke verandering in van het karakter van de Katholieke Partij. Zij hield op te bestaan als zuiver reactionaire partij om de dominante partij van de bourgeoisie te worden, beschikkend over dochterorganisaties waarmee zij een belangrijk deel van het electoraat kon mobiliseren voor de belangen van de bourgeoisie. Dit alles gaf aan het Belgische politieke systeem een drieledige vorm met een katholieke, een liberale en een socialistische partij, terwijl de vakbeweging zich opsplitste in een socialistische en een christelijke vleugel van ongeveer gelijke sterkte. De gedeelde politieke loyaliteit van de Belgische arbeidersbeweging was een directe afspiegeling van de gedeelde vakbeweging.

Dit politieke raamwerk maakt dat elke regering gedomineerd wordt door de bourgeoisie, die aan elke coalitie deelneemt als waakhond van de wezenlijke belangen van het kapitalisme. Dit is het geval met katholiek-liberale én met katholieke meerderheidskabinetten (wat sinds 1919 maar een keer het geval was, van 1950 tot 1954), want de Katholieke Partij zelf bundelt verschillende krachten zoals een strijdbare burgerlijke sectie die de regering controleert. Maar dit is

Klasse en regio in België in dialectisch verband (1963)

ook het geval met socialistisch-liberale kabinetten, zoals de regering Van Acker (1954-58) waarin de liberalen als vertegenwoordigers van het grootkapitaal de economische portefeuilles controleren; en het is zelfs het geval in katholiek-socialistische kabinetten (zoals de huidige regering Lefèvre-Spaak) waarin de conservatieve vleugel van de Katholieke Partij op haar beurt elke echt radicale hervorming verhindert.

Tot slot moeten we er op wijzen dat als gevolg van de gedeelde loyaliteit van de werkende klasse die socialistische partij er nooit in geslaagd is (zelfs als men de communistische stemmen meetelt) meer dan 40% van de stemmen te vergaren in de wetgevende verkiezingen. In feite bleef dit percentage sinds 1919, dus sinds de invoering van het enkelvoudig algemeen stemrecht, min of meer stabiel.

De opkomst van de christelijke arbeidersbeweging

Het was dus dankzij de macht van de christelijke arbeidersbeweging dat de Katholieke partij – die vandaag Christelijke Volkspartij heet[19] – haar positie als belangrijkste politieke partij van de Belgische bourgeoisie kon handhaven. Maar hoe was deze toenemende expansie van de christelijke arbeidersbeweging mogelijk in een tijd waarin de socialistische beweging het ene succes naar het andere scheen te boeken?

Hier moeten we een voorafgaandelijk onderscheid maken tussen Vlaanderen en Wallonië, de twee grote gewesten die samen België vormen maar niet gelijktijdig werden geïndustrialiseerd. Het Belgische proletariaat bestaat uit twee delen die in leeftijd verschillen:

– een "oud", hoofdzakelijk Waals proletariaat, maar met enkele geledingen in de Vlaamse steden Antwerpen en Gent. Dit proletariaat ontstond in de eerste industriële revolutie, is sinds drie of vier generaties grotendeels verstedelijkt en werkt hoofdzakelijk in de grote ondernemingen en in de zware industrie. In de periode 1865-1885 bekeerde het zich tot het socialisme, werkte mee aan de oprichting van de Belgische Werklieden Partij in 1885, stemde socialist sinds 1893 en is tot vandaag trouw gebleven aan haar partij;

– een "jong", hoofdzakelijk Vlaams proletariaat, maar met enkele Franstalige geledingen, meer bepaald in Brussel, in Luik en in de provincie Henegouwen. Het gaat om arbeiders die vanaf het begin van de 20ste eeuw in opeenvolgende fases naar de industrie werden gezogen: de eerste golf tussen 1910 en 1914 met de opening van het Limburgse kolenbekken; een tweede in de periode tussen de twee oorlogen, voornamelijk in Antwerpen; een derde golf na de Tweede Wereldoorlog. Zij wonen soms nog op het platteland of hebben als stedelingen van de eerste generatie hun banden ermee behouden; zij werken meestal voor kleine of middelgrote ondernemingen en geven de voorkeur aan de lichte boven de zware industrie. Aan dit proletariaat moet men minstens de helft van de Vlaamse kantoorbedienden toevoegen die zichzelf nog niet hebben kunnen bevrijden van de dominante invloed van de Kerk en van hun kleinburgerlijk milieu.

Het was de ontwikkeling van dit "jonge proletariaat" dat naast het oude, reeds tot het socialisme bekeerde proletariaat, de sociologische grondslag legde voor de groei van de christelijke vakbonden. Maar indien deze groei te begrijpen valt voor zover het gaat om klerken en cultureel minder ontwikkelde groepen, dan blijft men zitten met de vraag waarom de meerderheid van de in de industrie tewerkgestelde Vlaamse arbeiders door de christelijke en niet door de socialistische bonden werden georganiseerd. Dit netelige verschijnsel heeft drie fundamentele oorzaken: ten

Klasse en regio in België in dialectisch verband (1963)

eerste, de weloverwogen politiek van de bourgeoisie; ten tweede, de fouten op politiek en industrieel vlak van de socialistische beweging tussen de twee oorlogen; ten derde, de ontwikkeling van bijzondere banden tussen het Vlaamse nationalisme en de christelijke arbeidersbeweging.

Vanaf het moment dat de Belgische bourgeoisie door de stakingen en opstanden in 1886 de sociale kwestie "ontdekte", hebben haar meer vooruitziende elementen een weloverwogen politiek tegen de vooruitgang van het socialisme ontwikkeld. Deze politiek vertoonde diverse facetten : een sociale wetgeving, het aanmoedigen van de christelijke vakbonden, "paternalistische" relaties in de grote ondernemingen, enz. Deze algemene oriëntatie van het Belgische kapitalisme hield logisch in dat met de aanvang van de industrialisatie in Vlaanderen de bourgeoisie systematisch de reproductie moest verhinderen van een op Waalse leest geschoeid, d.w.z. strijdbaar atheïstisch en socialistisch proletariaat ten noorden van de taalgrens. Naast andere trends was een verandering in de houding van de ondernemers zelf zeer significant. Hoewel zij zeer lang gekant waren tegen elke vorm van vakbeweging, een gematigd christelijke incluis, lieten zij uiteindelijk hun vijandschap tegen de christelijke vakbonden varen en begonnen zij die zelfs te beschouwen als een noodzakelijke dam tegen de socialistische vloedgolf. Zij gingen zich inzetten voor de christelijke bonden, waarbij zij dikwijls het lidmaatschap ervan als voorwaarde stelden wilde men een baan krijgen; zij werkten samen met de clerus om te zorgen dat de kinderen van de katholieke scholen automatisch tewerkgesteld werden in bedrijven met een katholieke vakbond. In een hoofdzakelijk agrarisch gebied met zijn endemische werkloosheid is een baan in de industrie op zich een geschenk. Het bondgenootschap tussen een nog steeds almachtige clerus met zijn eigen onderwijssysteem en een klasse van ondernemers die op alle manieren de christelijke vakbonden promoveert, vormde een onoverkomelijke hindernis voor de inplanting van socialistische bonden. Een frappant voorbeeld hiervan is het Limburgse kolenbekken dat geopend werd op de vooravond van de Eerste Wereldoorlog en van bij het begin gecontroleerd werd door de christelijke bonden en dit tot de dag van heden.

De Belgische katholieke clerus heeft bovendien op merkwaardige wijze de organisatorische lessen van de Duitse sociaal-democratie begrepen en toegepast. Nergens in Europa, misschien met Italië als uitzondering, vindt men een netwerk van tegelijk soepele en ondoordringbare organisaties waarmee de Belgische Kerk in een halve eeuw de meerderheid van de Vlamingen heeft kunnen omsluiten. Vanaf hun prille jaren en nog voor zij op school worden geïndoctrineerd, nemen de kinderen deel aan de godsdienstige plechtigheden en worden zij in de padvinderij geprest. Men krijgt een baan op voorwaarde dat men lid wordt van een katholieke vakbond, men wordt aangespoord om te winkelen in een katholieke coöperatie, gebruik te maken van de aan deze coöperaties verbonden bank en een ziekteverzekering af te sluiten in een katholieke verzekeringsmaatschappij, – kortom de Kerk houdt de Vlaamse arbeiders gekneld in een web van subtiele draden waarin religieuze overtuiging en wederzijdse voordeeltjes de vorming van klassenbewustzijn eindeloos uitstellen[20].

De burgerlijke staat zelf (of eigenlijk de homogene katholieke regeringen die elkaar dertig jaar lang, van 1884 tot 1914, ononderbroken opvolgden), heeft de indijking van het Vlaamse proletariaat op bewonderenswaardige wijze voltooid: er kwam een wetgeving gericht op het tegenwerken van proletarische concentraties en het stimuleren van de kleinburgerlijke neigingen die latent aanwezig waren in een werkende klasse die nog maar

Klasse en regio in België in dialectisch verband (1963)

net uit de boerenbevolking was opgerezen. Een systeem van zeer goedkope treinabonnementen verleende de economie een grote arbeidsmobiliteit en maakte tegelijk dat de arbeiders in hun geboortedorp konden blijven wonen. Een wet ter bevordering van de aankoop van land maakte van deze arbeiders de eigenaars van huisjes op het platteland of langs de verkeersaders. Als gevolg van dit alles ontstonden er in Vlaanderen, met uitzondering van Gent en Antwerpen, geen echte stedelijke concentraties van het proletariaat zoals dat gebeurde na de geboorte van de grote industrie in het negentiende-eeuwse Wallonië. De massa van de Vlaamse arbeiders – en die zijn talrijker vandaag dan de Waalse arbeiders – leeft op het platteland en in de provinciesteden.[21]

Deze spreiding versterkte de ideologische greep van de geestelijkheid, beperkte de beschavende invloed van de steden en veroorzaakte een bijkomende vermoeidheid: vele Vlaamse arbeiders besteden 5 à 6 uur per dag aan vervoer naar en van het werk bovenop de achturige werkdag. De combinatie van dit alles verhinderde het ontwaken van een socialistisch bewustzijn.

Hoewel deze toestanden in hun geheel genomen een snelle expansie van de socialistische beweging in Vlaanderen in de weg stonden, was deze op lange termijn niet tegen te houden. Maar de wijze waarop de socialistische beweging zelf evolueerde vormde een laatste hinderpaal. Zij had, in de glorierijke periode waarin zij in conflict kwam met het kapitalistische regime en de strijd aanvatte voor het algemeen enkelvoudig stemrecht, het leiderschap verworven over de Waalse arbeidersklasse. Maar het begin van de industrialisatie in Vlaanderen viel samen met de neergang van deze radicale tradities. Gegrepen door de dode hand van het reformisme begonnen de Belgische socialisten een netwerk van "massaorganisaties" uit te bouwen parallel aan dat van de katholieke beweging. Zij staken al hun energie eerder in coöperaties, verzekeringsmaatschappijen en ziekenhuizen dan in het aankweken van het klassenbewustzijn bij de Vlaamse arbeiders. Gedurende de hele periode tussen de twee oorlogen – een beslissende periode in de organisatie van de Vlaamse arbeiders – stonden de socialistische bonden uitgesproken aan de rechterzijde van de socialistische beweging. Tussen 1923 en 1938 bleef hun ledenaantal gelijk of daalde; alle grote stakingen in België tussen de twee oorlogen waren wilde stakingen die tegen de wil en ondanks het bitter verzet van de vakbondsleiders, losbraken.

Ondertussen evolueerde de katholieke vakbeweging in tegenovergestelde richting. Oorspronkelijk opgericht om de klassenstrijd op een zijspoor te brengen, werden de katholieke bonden er geleidelijk toe gedwongen om de directe eisen van de werkers actief te verdedigen. Er ontstond een openlijke rivaliteit, waarbij elke bond de andere probeerde te overtreffen, wat overigens bijdroeg tot verbeterde levensomstandigheden voor de arbeiders. Maar hoe meer de katholieke bonden opkwamen voor de directe eisen, des te meer lieten de socialistische bonden alle radicale antikapitalistische eisen vallen en hielden zij zich uitsluitend bezig met de dagdagelijkse looneisen. De praktische verschillen tussen de twee groepen verminderden zodanig dat er voor een Vlaamse arbeider geen enkele reden meer was om naar een andere bond over te stappen. Tot slot begingen de socialistische leiders de fatale fout om het monopolie van de Vlaamse nationale verzuchtingen bijna geheel over te laten aan de katholieken, verzuchtingen die een sterke aantrekkingskracht uitoefenden op de Vlaamse jeugd, de arbeidersjeugd inbegrepen. Als gevolg hiervan ontstond er een nauwe band tussen de Vlaams-nationalistische en de christelijke beweging, wat de katholieke bonden sterk ten goede kwam.[22]

Klasse en regio in België in dialectisch verband (1963)

Van de Vlaams-nationalistische naar de Waalse nationale beweging

Toen België onafhankelijk werd was het een land met twee volkeren[23] maar met één enkele bourgeoisie. Sinds de 18de eeuw waren de heersende klassen Franstalig geworden, voornamelijk om duidelijk de kloof te accentueren die hen scheidde van het gewone volk[24]. Een kleine "orangistische" minderheid[25] daargelaten, schaarde de Belgische bourgeoisie zich eensgezind achter de nieuwe staat met het Frans als enige officiële taal.

De hieruit voortvloeiende onderdrukking van het Vlaamse volk duurde zo'n honderd jaar, tot aan de taalwetgeving van 1932[26]. Het sociale leven van de elite was volledig Franstalig. De parlementaire debatten werden uitsluitend in het Frans gevoerd. Alle universiteiten waren Franstalig. De officieren gaven hun bevelen in het Frans aan soldaten die voor het merendeel Vlamingen waren. Twee soldaten werden ter dood veroordeeld omdat zij hun onschuld in het Vlaams verdedigden, een taal die het tribunaal niet begreep.

De nationale onderdrukking maakte, gecombineerd met de sociale uitbuiting, van de "Vlaamse kwestie" een explosief mengsel. Wanneer men de zuiver literaire en artistieke kant van de "Vlaamse heropleving" terzijde laat als onderdeel van de internationale romantische beweging, dan was de Vlaamse beweging eenduidig democratisch, vooruitstrevend en vertoonde ze zelfs socialistische neigingen[27]. Het was een protestbeweging van het gewone volk, geleid door kleinburgerlijke intellectuelen, tegen de ellende veroorzaakt door de dubbele sociale en economische onderdrukking. Aan de andere kant maakte de hogere geestelijkheid gemene zaak met de verfranste bourgeoisie, terwijl de Katholieke Partij in Vlaanderen nog steeds een partij van het verfranste jonkerdom was. Het was dus niet zo dat de beweging onvermijdelijk in de handen van de Kerk zou vallen.

Deze twee aspecten van de Vlaamse beweging convergeerden tussen 1893 en 1914 en dat is zo gebleven tot de dag van vandaag. De oorzaken van dit samenvloeien zijn talrijk: een verandering in de houding van de lagere geestelijkheid die zich aan het hoofd stelde van de Vlaamse nationale beweging in de kleine steden en op het platteland; de omvorming van de Katholieke Partij zelf, die na 1893 haar eigen massaorganisaties vormde en dus de meest dringende verzuchtingen van de katholieke massa's waar moest maken; de berekende beslissing van de meest intelligente elementen van de bourgeoisie die zich bekeerden tot de Vlaamse zaak, enz. Maar eens te meer was de beslissende factor in die samenloop van omstandigheden de fatale strategische vergissing van de socialistische leiders.

De basis van de socialistische partij lag hoofdzakelijk in Wallonië, zodat die partij weinig ruimte had om zich te identificeren met de populaire eisen van de Vlaamse nationale beweging. Bovendien waren de leiders bang om de steun te verliezen van de kleinburgerlijke kiezers in Brussel en Wallonië, die weinig sympathie opbrachten voor de inspanningen van een beweging die ijverde voor de gelijkberechtiging van de "universele Franse taal" met het "patois" van de Vlamingen. Boven alles echter was het de virulente antiklerikale traditie van de meeste socialistische leiders die hen er toe bewoog om een bondgenootschap aan te gaan met de liberale Franstalige bourgeoisie in Vlaanderen tegen de "dertig jaar lange klerikale overheersing", en om daarbij weloverwogen de nationale, taalkundige en culturele verzuchtingen de rug toe te keren met de "prioriteit" van de sociale en politieke eisen als voorwendsel. De ironie van de geschiedenis wil dat precies het

Klasse en regio in België in dialectisch verband (1963)

belang dat de katholieken hebben gehecht aan de nationale en talige eisen van de Vlamingen, hen de kans gaven om op zeer korte tijd in Vlaanderen een vakbeweging uit de grond te stampen die sterker is die van de socialisten.

Na de Eerste Wereldoorlog en meer bepaald nadat de taalwetten van 1932 het Nederlands en het Frans gelijke rechten hadden gegeven, begon het karakter van de Vlaamse beweging te veranderen. Er werd een kleine Vlaams-nationalistische partij opgericht die hoofdzakelijk optrad als drukkingsgroep, campagne voerde tegen het gebrek aan ijver van de Katholieke Partij voor de "Vlaamse rechten", en telkens wanneer deze partij "capituleerde" stemmen afsnoepte van de katholieken. Uit deze kleine nationalistische partij ontstonden twee aparte partijen; een democratische en pacifistische partij die meer begaan was met de economische problemen en uiteindelijk aansloot bij de socialistische partij, en een tweede partij die steeds meer de autoritaire en racistische toer opging om totaal te ontaarden en zich aansloot bij het kamp van het internationale fascisme toen de nazi's in Duitsland aan de macht waren gekomen.

Achter de façade van deze politieke veranderingen gingen belangrijke maatschappelijke veranderingen schuil. De puur talige en culturele eisen waren niet langer een weerspiegeling van de onderdrukking van de meerderheid van de Vlaamse bevolking; zij waren het vaandel waaronder de kleine burgerij ten strijde trok voor een "billijke verdeling" van de meest winstgevende sinecures in het staatsapparaat. Wat onopgelost bleef was de sociaaleconomische dimensie van de Vlaamse emancipatie: de industriële achterstand, de lagere levensstandaard die daaruit voortvloeide (verergerd door de bijzondere structuur van de Vlaamse economie met als hoofdkenmerken een endemische werkloosheid, het overwicht van de middelzware en lichte industrie, loonschalen beneden die van de zware industrie in Wallonië, enz.). Het werd steeds moeilijker om campagne te voeren tegen deze industriële achterstand zonder de Vlaamse kwestie te combineren met een stoutmoedig antikapitalistisch programma voor een geplande economie waarin de openbare sector een groeiende dominante rol zou spelen. Zo'n programma zou de socialistische beweging de kans hebben gegeven om in Vlaanderen door te breken en een nieuw politiek gelaat aan België te geven.

De opkomst van de Waalse nationale beweging

Maar precies op het ogenblik dat de voorwaarden tot rijping waren gekomen voor een vernieuwd bondgenootschap tussen de Vlaamse nationale beweging en de socialistische beweging (een bondgenootschap dat aan het eind van de het eind van de 19de eeuw werd verbroken), beleefde de Waalse bevolking die lange tijd geen nationaal gevoel gekend had, een bewogen opwelling van nationaal bewustzijn.

Meer dan vijftig jaar lang hadden de Waalse arbeiders zich enkel bekommerd over een ding, de sociale kwestie. In de diverse organisaties van de socialistische beweging streden zij voor een socialistische samenleving[28]. Gezien het feit dat zij niet het slachtoffer waren van enige culturele of talige discriminatie bestond er voor hen geen nationaliteitenprobleem. Hun taal, het Frans, was immers de dominante taal van het land.

Maar toen in 1932 de Vlamingen hun strijd voor de gelijkschakeling van de talen hadden gewonnen, verkregen zij hiermee het numerieke overwicht in het politieke leven. Vlaanderen heeft een hoger geboortecijfer. Het algemeen stemrecht zou die meerderheid vroeg of laat tot uitdrukking brengen. Dertig jaar lang fungeerde

Klasse en regio in België in dialectisch verband (1963)

Brussel, een theoretisch tweetalig maar in de praktijk steeds meer verfranst gewest van enige omvang, als tegengewicht. Door zijn geografische uitbreiding in het Vlaamse gebied en de blijvende culturele assimilatie van de Vlaamse immigranten, herstelde Brussel min of meer het evenwicht tussen de twee naties. De Vlaamsnationalistische beweging spande zich in om de groei van het Brusselse gewest tegen te gaan. Bovendien neemt de demografische groei van Vlaanderen zulke proporties aan dat er vandaag meer Vlaamse kiezers zijn dan de Waalse en Brusselse kiezers samen. De Walen vreesden dat zij een hopeloze minderheid zouden worden binnen het raamwerk van de unitaire Belgische staat.

Deze vrees zou geen massabeweging hebben veroorzaakt als hij niet was samengevallen met een begin van economische neergang en met de sociale en politieke gevolgen van de grote algemene staking van 1960-1961. Dit was de context waarin de Waalse nationale beweging in 1960-1961 plotseling in de Belgische politieke arena verscheen.

De structurele crisis van de Belgische economie

Het begin van de economische neergang in Wallonië is pas begrijpelijk wanneer men die neergang opvat als een van de dimensies van de hele Belgische economie. Wij hebben gezien dat deze economie nog voor de Eerste Wereldoorlog haar specifiek karakter verkreeg: specialisatie in halffabricaten voor de export. Deze specialisatie had veel te danken aan een aantal industriebaronnen die tegelijk uitvinders en vernieuwers waren, waaronder Evence Coppée die de eerste cokesoven bouwde, Ernest Solvay die het procédé uitvond voor het maken van ammoniak, Éduard Empain die de Parijse metro bouwde en Lieven Gevaert die de fotografische industrie creëerde.

Na de Eerste Wereldoorlog was deze bron opgedroogd. De financieringsmaatschappijen die vandaag de controle uitoefenen verkiezen in toenemende mate om het oude ondernemersinitiatief te vervangen door louter administratie en kapitaalbehoud. Hun appetijt voor risico's vermindert recht evenredig met de omvang van het kapitaal dat zij beheren. De concentratie van het beschikbaar kapitaal in de banken die zij controleren dwingt de particuliere ondernemers tot zelffinanciering en verhindert hen de toegang tot de kapitaalmarkt, gezien het risico om zo door de grote holdings te worden opgeslorpt. Omdat hun macht deze dubbele behoudsgezinde invloed uitoefent, dragen deze financieringsgroepen de verantwoordelijkheid voor de achterstand die vandaag de Belgische industrie kenmerkt in de ontwikkeling van nieuwe industrietakken (werktuigmachines, elektronica, duurzame consumptiegoederen, farmaceutische nijverheid, synthetische vezels, enz.).

Het gaat om een aanzienlijke achterstand. Terwijl België voor de oorlog veel meer geïndustrialiseerd was dan Nederland of Italië, bedraagt de export van machines en uitrustingsgoederen van de Belgisch-Luxemburgse Economische Unie vandaag slechts 60% vergeleken met de Nederlandse en 45% vergeleken met de Italiaanse export. De gelijkaardige export van de Duitse Bondsrepubliek is tien keer zo groot als de Belgische, hoewel de totale Duitse export maar drie keer zo groot is. Hetzelfde geldt voor de chemische producten. De Belgische export van farmaceutische producten bedraagt 80% van de Nederlandse en de Italiaanse en slechts 22% van de Franse. Het zijn precies deze "nieuwe" industrietakken die een sterke stoot hebben gegeven aan de expansie van kapitalistisch Europa in de afgelopen tien jaar. De achterstand in de ontwikkeling van deze nieuwe industrietakken heeft geleid tot een veel tragere economische groei in België in vergelijking met de andere landen van de Gemeenschappelijke Markt.

Klasse en regio in België in dialectisch verband (1963)

Index van de industriële productie (1953 = 100)

	1954	1955	1956	1957	1958	1959	1960	1961	1962
Italië	109	120	129	140	144	161	186	209	229
BRD	113	131	142	149	154	166	186	199	208
Frankrijk	110	120	133	145	151	157	172	184	195
Nederl.	113	121	127	130	130	145	165	169	174
België	106	117	124	124	115	119	128	135	141

De traagheid van de Belgische economische groei is ook opmerkelijk vergeleken met de vooroorlogse situatie. Neemt men de productie in 1938 als basisindex 100, dan bedraagt de index van de industriële productie in 1962 in Italië 369, in Nederland 283, in Frankrijk 263, in West-Duitsland 258 en in België 196. Achterstand en diversificatie vielen ondertussen samen met een nog grotere industrialisatie in de traditionele Belgische afzetgebieden, met als gevolg dat België een steeds meer marginale positie inneemt op de wereldmarkt, en dat haar export steeds meer gericht is op hooggeïndustrialiseerde landen die alleen Belgische producten kopen als hun eigen productiecapaciteit haar hoogtepunt bereikt heeft. Het was geen toeval dat België als enige land in de Europese Economische Gemeenschap in 1958 door een economische recessie getroffen werd.

In de jaren die volgden op de oorlog was deze structurele zwakheid van de Belgische economie niet onmiddellijk zichtbaar. De Belgische bourgeoisie kon zich zelfs de weelde veroorloven om België om te vormen van een land met (relatief) lage lonen tot een land met (relatief) hoge lonen; zo vermeed zij een diepe sociale crisis van het soort dat in die periode Frankrijk en Italië trof. Dat zij daartoe in staat was heeft te maken met een samenloop van bijzonder gunstige omstandigheden.

De Belgische industrie was minder erg getroffen dan die van alle andere oorlogvoerende landen in Europa. Hierdoor kon België zich snel herstellen en belangrijke nieuwe exportmogelijkheden verwerven. Bovendien was Antwerpen de enige grote haven aan de Noordzee die onbeschadigd in de handen van de geallieerden was gevallen, zodat het een bevoorradingscentrum werd, eerst van de strijdkrachten en later van de West-Europese economie, wat haar de dollars opleverde voor een onmiddellijke vrije import. Het uraniumerts, een monopolie van Belgisch-Kongo in de nadagen van de oorlog hielp de Belgische betalingsbalans in evenwicht houden. Terwijl de Britse, Franse en Nederlandse koloniale imperiums zwaar getroffen waren en zelfs ten onder gingen, kende het Belgische koloniale imperium zijn hoogste ontwikkeling in de periode 1944-1955 toen de winsten uit Kongo een derde van de dividenden van de Belgische ondernemingen vormden.

Maar eens de reconstructie in de rest van West-Europa was voltooid en er in 1953 een einde kwam aan de grote economische opbloei, was het gedaan met de gunstige voorwaarden die het "Belgische mirakel" mogelijk hadden gemaakt, lang voordat men begon te spreken van het Duitse en Italiaanse Wirtschaftswunder. In 1958 klopte het noodlot aan de deur van het Belgische kapitalisme. Het kon zijn ouderwetse structuur niet langer handhaven zonder het risico te lopen van een buitengewoon diepe economische en sociale crisis. De economische crisis begon een herkenbare koers te volgen: de oude industriesectoren stortten de een na de ander in elkaar nadat België zijn buitenlandse afzetgebieden was kwijtgespeeld. Zelfs zijn binnenlandse markt had te lijden onder de felle buitenlandse concurrentie.

Aanvankelijk was dit al gebeurd in de productie van het rijdend materieel (locomotieven, treinrijtuigen, trams enz.), een

Klasse en regio in België in dialectisch verband (1963)

eerbiedwaardige industrietak van de Belgische metaalnijverheid die de Belgische spoorwegen en die van vele landen had uitgerust. In tien jaar tijd was deze industrie, hoofdzakelijk gevestigd in La Louvière, bijna geheel verdwenen. Daarna, vanaf 1958, begon de Waalse steenkoolindustrie aan dezelfde kwaal te lijden. Nadat zij haar buitenlandse afzetgebieden had verloren kon zij zich niet meer verdedigen tegen de goedkopere steenkool afkomstig uit het Ruhrgebied, uit Groot-Brittannië en vooral uit de Verenigde Staten.

Steenkool en staal waren sinds 1953 "geïntegreerd" in een gemeenschappelijke markt. De Europese Gemeenschap voor Kolen en Staal was in zeker opzicht een voorafspiegeling van de Europese Gemeenschap zelf. Het experiment was in het begin zeer gunstig voor België, maar weldra wezen een groeiend aantal kwade voortekens op de zwakke plekken. De E.G.K.S en daarna de E.E.G. waren aanvankelijk ongetwijfeld belangrijke vervangingsmarkten voor wat in Oost-Europa, overzee en in Kongo verloren was gegaan. In die verlengde overgangsperiode had men de structuur van de Belgische economie kunnen moderniseren. Vandaag is België het enige EEG-land dat meer dan 50% van zijn export in de Gemeenschappelijke Markt afzet. In 1958 verkocht België enkel 30% van de totale export van haar metaalindustrie aan E.E.G.-landen; vandaag is ook deze export gestegen tot 50%.

Maar de E.E.G. kan de Belgische industrie enkel een duurzaam substituut voor zijn export garanderen voor zover het land ontsnapt aan zijn marginale positie op die markt. Het land loopt anders het risico om het slachtoffer te worden van een groeiend aantal conjuncturele schommelingen. Op het ogenblik bestaat een reëel gevaar dat zelfs een kleine recessie in de buurlanden België fel zal treffen, want de repercussies worden door de structuur van Belgische economie versterkt en omgekeerd is volledige tewerkstelling pas mogelijk als die verwezenlijkt wordt in de rest van de Gemeenschappelijke Markt.

De dubbelzinnigheid van de structurele hervormingen

Om te overleven moet de Belgische economie, wat er ook gebeurt, een periode doormaken van snelle aanpassing en modernisering. De bourgeoisie is zich daar vandaag evenzeer van bewust als de arbeidersklasse, maar geen van beide tegenstanders wil er de kosten van dragen. Zo is het niet altijd geweest. Een hele tijd lang ontkende de bourgeoisie de behoefte aan een drastische reconversie. Oorspronkelijk was het enkel de arbeidersbeweging die wees op de fundamentele zwakheid van de Belgische economie en structurele hervormingen eiste om ze ongedaan te maken.

De oorlog, de Nazi-bezetting, het Verzet en de korte opflakkering van de strijdbaarheid in de nasleep van de oorlog die, hoewel zwakker dan in Frankrijk en Italië, sterker was dan in andere landen van het vasteland, brachten fundamentele veranderingen teweeg in de Belgische arbeidersbeweging. Voor de Tweede Wereldoorlog vormden de socialistische partij en de vakbonden, zoals in Engeland, een organische eenheid. De BWP had zelfs afgedwongen dat een socialistisch vakbondsleider van geen enkele andere partij dan de socialistische lid kon zijn. Die leiders stonden bovendien in die periode aan de uiterst rechterzijde van de Belgische socialistische beweging.

Tijdens de oorlog verloren deze leiders de controle over de bonden. Een zeer gevarieerde en radicale vakbeweging rees op uit het verzet. De communisten veroverden belangrijke posities, met name bij de mijnwerkers en in de openbare diensten die zij later grotendeels, maar niet helemaal, weer zouden verliezen. De bond

Klasse en regio in België in dialectisch verband (1963)

van de openbare diensten evolueerde gestaag naar links en situeerde zich in de linkerzijde of links van het centrum in de schoot van de Socialistische Partij. De linkerzijde verwierf eveneens de controle over de meerderheid van de Waalse secties van de metaalbond, met die van Luik voorop.

De heropbouw van de vakbeweging met de vorming van het Algemeen Belgisch Vakverbond (ABVV) was niet langer verenigbaar met het behoud van de organische verbinding tussen partij en bonden. De onafhankelijkheid van de vakbeweging werd erkend, waarbij het ABVV een pact afsloot met BSP, een bondgenootschap dat de naam "Gemeenschappelijke Actie" kreeg. Als gevolg van dit pact stelde het hele ABVV zich op ter linkerzijde van de partij, dit in tegenstelling tot de vooroorlogse periode: het ABVV werd de meest strijdbare vleugel van de hele Belgische arbeidersbeweging. Het karakter van deze linkerzijde werd bepaald door de sterke persoonlijkheid van André Renard. De dynamische leider van de metaalarbeiders van Luik was zijn anarcho-syndicalistische sympathieën niet vergeten en had weinig vertrouwen in de klassieke reformistische politiek, zowel op parlementair vlak als in de loononderhandelingen met de werkgevers. Als belichaming van de agressieve strijdbaarheid van de meest gevorderde elementen van de Waalse arbeidersklasse, kon hij de Luikse bonden omsmeden tot een uiterst machtig wapen. In vier afzonderlijke gevallen, in 1946, 1948, 1950 en 1957 dwongen stakingen onder zijn leiderschap belangrijke toegevingen af van de werkgevers en van de opeenvolgende regeringen, waaronder regeringen met socialistische deelname.

Renard begreep al snel dat een vakbeweging die zich beperkt tot de strijd voor een billijke verdeling van het nationaal inkomen in een impasse geraakt. Hij eiste een meer dynamische en meer radicale politiek tegen het kapitalistische systeem als zodanig. Op het buitengewone ABVV-congres van oktober 1954 en nog eens op dat van oktober 1956 analyseerde hij met diep inzicht de economie en haar tekortkomingen. Die analyses resulteerden in een "programma voor structuurhervormingen" met economische planning, de naasting van de energiesector, de uitschakeling van de macht van de holdings over de Belgische economie en de oprichting van een nationale gezondheidsdienst.

Het leek erop dat dit programma een reëel alternatief bood dat niet alleen contrasteerde met de blinde zelfvoldaanheid van de magnaten die op de Brusselse Wereldtentoonstelling [in 1958] de loftrompet staken over de voortvarende Belgische economie, en wel op de vooravond van haar eerste debacle, maar dat ook contrasteerde met de politiek van de socialistische leiders, een politiek voorgedragen door socialistische partijvoorzitter Max Buset. Hij had een strategie op lange termijn uitgewerkt met de verzwakking van de invloed van het katholieke onderwijs op de Vlaamse jeugd als centrale doelstelling. Buset stelde daarom een permanent bondgenootschap voor tussen de socialistische en de liberale partijen en hij was bereid om daarvoor de prijs te betalen, namelijk het beheer van de economie overlaten aan liberale ministers, wat neerkwam op een klassieke liberale of neoliberale economische politiek. Een dergelijke strategie was tot mislukken gedoemd. Het gevaar bestond dat de christelijke vakbeweging zich eventueel links van de socialistische bonden zouden opstellen in de strijd voor de onmiddellijke eisen, wat op zijn beurt de kloof tussen de socialistische en de christelijke arbeiders zou verdiepen en dus de greep van de katholieke vakbeweging op de Vlaamse arbeidersklasse nog groter zou maken.

Na de socialistische verkiezingsnederlaag in april lanceerde de

Klasse en regio in België in dialectisch verband (1963)

socialistische linkerzijde een actieve en succesvolle campagne om de partij ertoe te dwingen het door het ABVV uitgewerkte programma voor structuurhervormingen over te nemen. Het partijcongres in december 1958 schaarde zich achter de structuurhervormingen en in 1959 aanvaardde het buitengewoon congres van de BSP een programma dat nagenoeg identiek was aan dat van het ABVV.

Maar de goedkeuring van dit programma betekende in geen enkel opzicht dat de meerderheid van de Belgische socialistische beweging, en zeker haar leiders niet, bereid was actie te voeren tegen de greep van het grootkapitaal op het gros van de industrie en de economie. Alleen de voorhoede van de werkende klasse sprak zich daar voor uit, in hoofdzaak de renardistische vleugel van het ABVV en de socialistische linkerzijde.

De communistische partij, die oorspronkelijk de nadruk had gelegd op de "de strijd voor de vrede" en economische eisen op korte termijn, aanvaardde pas na vele aarzelingen het programma van structuurhervormingen, maar in een meer gematigde, neokapitalistische versie dan die van de socialistische linkerzijde. De overname van het programma door de BSP had te maken met de angst voor de gevolgen van structurele tekortkomingen van de economie voor de arbeidersklasse. De partij maakte zich ook bezorgd over mogelijke rampspoedige verkiezingsresultaten als gevolg van een daling van levenspeil van de werkers en van een langdurige economische neergang.

Maar de socialistische partij had nog maar pas het programma voor structuurhervorming aangenomen, of de Christelijke Volkspartij begon zich eveneens vragen te stellen over de structurele zwakte van de Belgische economie. De recessie 1958-59 had bovendien de bourgeoisie op dit probleem gewezen. In bepaalde uitlatingen van de toenmalige katholieke en reactionaire premier Eyskens – meer bepaald in februari 1959 in verband met de algemene staking in de Borinage tegen de dreigende sluiting van de steenkoolmijnen – hoorde men de echo van de ABVV-rapporten van oktober 1954 en oktober 1956. Het nieuwe bestuur van de BSP begon daarom aan te sturen op een regeringscoalitie met de CVP, terwijl een team jonge technocraten (waarvan sommigen hadden meegewerkt aan de rapporten van het ABVV en het programma van de BSP) een platform voorbereidden voor een dergelijke coalitie, samen met hun christen-democratische collega's.

Vanaf dat moment begon het dubbelzinnige karakter van de structuurhervormingen duidelijk te worden voor de voorhoede van de Belgische arbeidersbeweging. Geen enkele maatschappelijke klasse kon de ogen sluiten voor de fundamentele zwakheden van de Belgische economie. Maar de remedies voor die zwakheden konden zich niet beperken tot technische ingrepen; die zwakheden hadden onvermijdelijk een sociale dimensie. Het was duidelijk dat de oplossing voorgesteld door de ene regeringspartner haaks stond op die van de andere.

De noodzakelijke industriële reconversie impliceerde vanuit technisch oogpunt meer investeringen. Maar een dergelijke interventie kan twee verschillende wegen inslaan : ofwel die van de kapitalistische logica (een stijging van de winstvoet) of, in tegenstelling daarmee, een socialistische logica die radicale slagen toebrengt aan de particuliere eigendom (naasting; een discriminatoire fiscale politiek, imperatieve planning, etc.).

De ontwikkeling van "nieuwe" industrieën vereiste op haar beurt verhoogde investeringen en ook hier kon men twee tegengestelde wegen inslaan: ofwel selectieve staatshulp aan de privésector

Klasse en regio in België in dialectisch verband (1963)

(naasting van de verliesposten en risicowaarborgen) ofwel de ontwikkeling van het staatsinitiatief, gefinancierd met het kapitaal dat men heeft overgeheveld van de privésector, namelijk de naasting van de winsten in de privésector in het voordeel van de openbare sector. Op analoge wijze kan planning "imperatief" zijn (het bepalen van de prioriteiten in het voordeel van de sociale behoeften), ofwel "indicatief" zijn (het coördineren van de vooruitzichten van de dominerende kapitaalgroepen en van de ondernemersbonden).

Kortom, achter de technische formules die op het eerste gezicht identiek lijken, heeft men ofwel te maken met neokapitalistische hervormingen die dienen om de functionering van de kapitalistische economie te verbeteren en de kosten ervan af te wentelen op de massa's, ofwel met antikapitalistische hervormingen waarmee men de macht van de holdings over 's lands economie wil breken en het grootkapitaal dwingt om de kosten van de economische en sociale vernieuwing te betalen. In het eerste geval zal de modernisering in conflict komen met de onmiddellijke belangen van de werkende klasse en zal een krachtproef beslissen of deze bereid is de kosten van de operatie al of niet te dragen. In het tweede geval zal men snel te maken krijgen met een sabotage van het staatsapparaat en met een felle weerstand van de bourgeoisie: een krachtproef zal dan beslissen over de natuur van de staatsmacht, want alleen een nieuwe staatsstructuur kan de macht van het kapitaal over de economie en de natie breken.

De algemene staking van 1960-1961 en de geboorte van de Mouvement Populaire Wallon

De grote algemene staking van december 1960 - januari 1961 was precies zo'n krachtproef, of juister, zij begon als een tamelijk succesvolle verzetsbeweging tegen de poging van de regering Eyskens om de lasten van de zogeheten Eenheidswet, gericht op een eerste renovatie van het Belgische kapitalisme, op te leggen aan de werkende klasse. In haar verloop was de staking een eerste, globaal mislukte, aanval van de meest bewuste krachten van de werkende klasse om de neokapitalistische "oplossing" voor de structurele crisis van de economie te vervangen door een echte antikapitalistische aanpak.

De Eenheidwet bestond uit twee luiken: enerzijds een reeks maatregelen om de investeringen te stimuleren (vooral in bepaalde sectoren en in bepaalde regio's), maatregelen die uiteindelijk neerkwamen op subsidies aan de binnen- en buitenlandse kapitalistische ondernemers; anderzijds een reeks budgettaire besparingen en nieuwe belastingen (opheffing of inkrimping van de sociale subsidies) die ten laste kwamen van de werkende bevolking. Bovendien betekenden hogere belastingen een verhoging van de indirecte belastingen.

De toenmalige regeringspartijen (CVP en Liberalen) hoopten dat ze de onmiddellijke reacties tegen dit project binnen bepaalde perken zouden kunnen houden, mede omdat alleen de werkers in openbare dienst een directe verlaging van hun levens- en werkomstandigheden zouden ondervinden. De socialistische leiders hoopten de ontevredenheid te kanaliseren naar een louter parlementaire oppositie tegen de Eenheidswet met het oog op een verkiezingsoverwinning. Maar de druk van de linkerzijde in de vakbond besliste daar anders over. André Renard legde op het uitgebreid Nationaal Comité van het ABVV een motie voor die zich uitsprak voor de voorbereiding van een algemene staking. Die motie werd met een zeer kleine meerderheid verworpen, maar het spontaan uitbreken van de staking in de metaalnijverheid in Luik

Klasse en regio in België in dialectisch verband (1963)

en Charleroi uit solidariteit met de openbare diensten die op 28 december 1960 het werk hadden neergelegd, dacht er anders over. Het uur van de krachtproef was aangebroken.

We kennen het vervolg van het verhaal. In de eerste week breidde de staking zich uit over het hele land en werd zij algemeen in Wallonië. Maar het nationaal bestuur van het ABVV aarzelde om de algemene staking in het hele land af te kondigen. Toen ze hun verbijstering te boven waren gekomen, profiteerden de leiders van de CVP van deze aarzeling om Kardinaal Van Roey, het hoofd van de katholieke Kerk in België, ervan te overtuigen in een herderlijke brief de christelijke arbeiders, waarvan een groeiend aantal ook in actie was gekomen, op te roepen niet aan de staking deel te nemen. De aarzelingen van de Vlaamse leiders van het ABVV gaven de kerkelijke hiërarchie de kans om te interveniëren: de herderlijke brief verhinderde de uitbreiding van de staking bij de niet-socialistische werkers in Vlaanderen. De staking breidde zich nog enkel dagen uit en het bestuur van het ABVV kondigde de algemene staking af in Gent en Antwerpen, wat niet helemaal lukte. Toen kwam er einde aan de uitbreiding en twee weken lang stagneerde de staking. Er werden grote betogingen gehouden maar de stakingleiders weigerden om tot radicalere actievormen over te gaan (zoals het organiseren van een "mars op Brussel" voorgesteld door de socialistische linkerzijde). Dit gaf aan de gemobiliseerde repressiekrachten de gelegenheid om zich te concentreren op de zwakste punten van de staking in Wallonië, door de stakingsposten met massale arrestaties te ontmantelen en zo de belangrijkste bolwerken die het uithielden tot eind januari te isoleren.

De staking was geen mislukking. Zij dwong de regering Eyskens om het parlement te ontbinden en nieuwe verkiezingen uit te schrijven die de regerende partijen zouden verliezen. Belangrijke onderdelen van de Eenheidswet werden nooit toegepast. De reële lonen gingen niet omlaag. De staking bespaarde de Belgische arbeidersklasse het lot dat de Franse arbeidersklasse had getroffen na de devaluatie van Piney-Rueff eind 1958 en de Engelse arbeidersklasse gedeeltelijk had getroffen met de loonstop van Selwyn Lloyd.

Verspeelde kansen...

Maar de staking was ook geen overwinning. Zij spoorde een meerderheid van de Waalse arbeiders en een niet te verwaarlozen minderheid in Vlaanderen aan om structuurhervormingen te eisen, ook al bleek dit ijdel. Erger nog, de teleurstelling was groot. De verkiezingen brachten immers een regeringscoalitie van christendemocraten en socialisten op de been die een schijnoplossing bracht voor de verwachte structuurhervormingen. Er kwam geen naasting van de energiesector maar een vaag "Kolendirectorium" dat zelfs niet in staat bleek om de prijzen vast te leggen en te zorgen voor de kapitaalconcentraties nodig voor het redden van de Vlaamse steenkoolnijverheid, een sector die na de ondergang van de Waalse steenkoolnijverheid op zijn beurt bedreigd werd. In de plaats van een reële planning kregen we een "indicatieve programmering" die tegemoet kwam aan de wensen van de werkgevers. In plaats van een openbare industriële sector op te richten, werden op nooit geziene schaal openbare subsidies verleend aan particuliere industriëlen. Van enige inkrimping van de overheersende macht van de houdstermaatschappijen over de economie van het land was geen sprake meer.

Waarom federalisme?

De afloop van de staking 1960-1961 en de teleurstelling die volgde op het programma van de regering Lefèvre-Spaak in 1961 vormen de

Klasse en regio in België in dialectisch verband (1963)

achtergrond van de opkomst van de MPW, de Waalse Volksbeweging. De vakbondsmilitanten en de voorhoede-arbeiders maakten een vergelijking tussen de succesvolle staking in Wallonië en haar gedeeltelijke mislukking in Vlaanderen. Zij trokken een parallel tussen dit contrast en de respectievelijke houding van de vakbondsleiders in Wallonië en in Vlaanderen: een brede en langdurige campagne voor structuurhervormingen in Wallonië; het ontbreken van een vergelijkbare campagne in Vlaanderen; strijdwil in Wallonië; een aarzelende houding en een neiging om te plooien voor de christelijke vakbonden in Vlaanderen. Zij kwamen tot de conclusie dat de arbeidersbeweging veroordeeld was tot een jarenlange stagnatie als zij vast bleef zitten in het keurslijf van de Belgische eenheidsstaat.

Zij zagen maar twee mogelijkheden: ofwel die eenheidsstaat respecteren – met als gevolg te moeten wachten op het moment dat de meerderheid van de Vlaamse arbeiders zich zou losmaken van de christelijke vakbeweging; ofwel ageren binnen een nieuw raamwerk, het Waalse, waarin de actie van de werkende massa's beslissend kon zijn om op korte termijn structuurhervormingen af te dwingen. Wachten betekende de onvermijdelijke economische neergang van Wallonië en de ontbinding van de vakbonds- en de sociale krachten. Die weg was dus uit den boze en bijgevolg moest men zich uitspreken voor federalisme, het enige middel om snel structuurhervormingen af te dwingen, ook al bleef dit beperkt tot Wallonië. Het Waalse voorbeeld zou helpen in de bewustwording van de Vlaamse arbeiders. Met ander woorden: de leiders van de MPW beseften dat het niet mogelijk was om een socialistische transformatie van België in gang te steken langs puur electorale weg, maar zij waren nog niet bereid om de weg van de revolutionaire actie in te slaan. Het federalisme bleek voor hen de enige manier om de socialistische omvorming van Wallonië aan te vatten, en wel met hoofdzakelijk legale middelen.

De vorming van de MPW houdt bepaalde risico's in. Met haar romantische en soms chauvinistische fraseologie trekt zij een franje kleinburgerlijke en ideologisch verwarde elementen aan. Er heerst dubbelzinnigheid over de actiemiddelen om het federalisme te verwezenlijken: een referendum, verkiezingen, algemene staking? Niet minder dubbelzinnig is de inhoud van de structuurhervormingen die een Waalse homogeen socialistische regering zou moeten realiseren. Over al deze cruciale kwesties ontstaan er nieuwe meningsverschillen en nieuwe standpunten in de rangen van de MPW. Het bewustzijn van de Waalse arbeidersvoorhoede dat in driekwart eeuw gefixeerd was op een geëxalteerde maar vage opvatting van het socialisme, gaat er op vooruit.

Maar het is niet zozeer het niveau waarop het bewustzijn zich op een bepaald ogenblik bevindt waarmee we een beweging correct kunnen inschatten, maar wel de algemene historische richting waarin zij zich beweegt en die richting wordt in laatste instantie bepaald door de maatschappelijke krachten die tegenover elkaar staan.

Marx merkte op dat we de mensen en de partijen niet moeten beoordelen naar wat ze over zichzelf zeggen, maar naar hun objectieve rol in de geschiedenis. Ondanks alle gevaren en dubbelzinnigheden moeten we toegeven dat de MPW vandaag de "collectieve organisatie" is van de socialistische linkerzijde in Wallonië. Als zodanig is ze dus de weerspiegeling van een enorme vooruitgang, een vertrekpunt en geen eindpunt. Een ware socialist moet partij kiezen in de felle strijd van de "ordelievende krachten" tegen de MPW, net zoals hij partij moet kiezen in de niet minder harde strijd tussen enerzijds de traditionele reformisten, de leiding van de socialistische partij en de ministers van Zijne Majesteit, en anderzijds de leiders van de MPW en hun massale achterban. Doorheen de huidige en komende klassenstrijd ontstaat

Klasse en regio in België in dialectisch verband (1963)

er in Wallonië, en wellicht morgen in heel België, een kracht zoals de Europese arbeidersbeweging (met Italië als gedeeltelijke uitzondering) nooit heeft gekend: een links-socialistische kracht die in staat is om de overgrote meerderheid van de arbeiders in een land te mobiliseren voor het globale gevecht tegen het kapitalistische stelsel.

De Belgische arbeidersbeweging en de neokapitalistische uitdaging

Kort na de Tweede Wereldoorlog doorbrak het verzet van de bonden de loonstop die de regering van nationale eenheid (waaraan de communisten deelnamen) net zoals in vele andere West-Europese staten wilde opleggen aan de werkende klasse. Tegelijkertijd herstelde de regering het vooroorlogse systeem van de koppeling van de lonen aan de index van de kleinhandelsprijzen, een systeem dat in de praktijk neerkomt op een "glijdende loonschaal". Verschillende overeenkomsten per industrietak regelen deze automatische koppeling van de lonen aan de stijgende levensduurte. Grofweg bepaalt het systeem dat het nominale loon moet stijgen telkens de prijzen in twee opeenvolgende maanden 2,5% boven een gegeven drempel stijgen, die van de laatste aanpassing, spilindex geheten. Dit systeem verhinderde dat de Belgische arbeiders de grote slachtoffers werden van de inflatie die het merendeel van de oorlogvoerende landen na 1944 teisterde.

Dit systeem is zeker niet ideaal. De index van de kleinhandelsprijzen is geen echte meter van de levensduurte. Alle verbruiksgoederen zijn er niet in opgenomen. De dienstverlening bijvoorbeeld is onvoldoende vertegenwoordigd (er wordt geen rekening gehouden met de huurprijzen), en het zijn juist die kosten die de laatste tijd het meest zijn gestegen. De regering kan ook een zogenaamde "indexpolitiek" voeren, d.w.z. de prijs van een enkel product verlagen om zo te verhinderen dat de spilindex overschreden wordt en de lonen moeten worden aangepast. Daarbij komt nog dat de progressieve structuur van de belasting op het inkomen een verlies aan koopkracht kan teweegbrengen bij een nominale loonsverhoging. Dit alles neemt niet weg dat het systeem van de glijdende loonschaal veel beter is gebleken dan elk ander loonsysteem in West-Europa; het heeft er voor gezorgd dat de Belgische arbeiders vijftien jaar lang de hoogste lonen in de voormalige oorlogvoerende landen hebben gekend.

Maar de vertraagde groei van de economische expansie in België heeft die betrekkelijke voorsprong van de lonen op de andere Europese landen aangetast. Vanaf 1958 en vooral vanaf 1960 stegen de lonen in België veel trager dan in Engeland, Duitsland en Nederland, zonder Italië te vergeten. De recessie van 1959, de crisis in de steenkoolsector, de strijd tegen de Eenheidswet, hebben een stijging van de lonen afgeremd. Hoewel de regering Eyskens er niet in slaagde om levensstandaard te verlagen, heeft zij toch een stijging kunnen afremmen.

De valstrik van de "programmering"

Bovendien was de neokapitalistische "soepele planning" of "economische programmering" een enorme valstrik voor de arbeidersklasse. Jarenlang hadden de vakbonden een economische planning geëist, waarop de burgerlijke regering in haar functie van raad van beheer van de hele bourgeoisie als volgt reageerde: "Akkoord! Maar dan moet de economische programmering een soort van contract zijn tussen de sociale partners, die zich daaraan strikt moeten houden. Wij van onze kant zullen een aantal investeringen doen en een jaarlijkse verhoging van de

Klasse en regio in België in dialectisch verband (1963)

productie nastreven (de befaamde 4% die Kennedy en Maudling[29] zo nauw aan het hart liggen). Jullie verbinden jullie er toe geen loonsverhogingen te eisen boven wat we zijn overeengekomen en dit twee jaar lang. Dit om te beginnen. Later maken we daar drie dan vier jaar van, enz.)."

In 1960 liepen de vakbonden in de val. Zij aanvaardden de "sociale programmering" voor een periode van twee jaar. Toen het akkoord werd gesloten was de recessie nauwelijks achter de rug; 2% reële loonsverhoging per jaar leek goed. Maar binnen de kortste tijd was het weer hoogconjunctuur en toen bleek dat men zijn eerstgeboorterecht verkocht had voor een bord linzen en dat alleen de bazen de vruchten plukten van de hoogconjunctuur.

Elk akkoord dat een loonsverhoging koppelt aan een stijging van de productiviteit (een stijging waar de loonsverhoging altijd op achterblijft) is boerenbedrog. De enige mogelijke vergelijking is een vergelijking tussen de lonen enerzijds, en de winsten én de productiviteit anderzijds, waarbij het doel van de vergelijking er niet in bestaat de verdeling van het nationaal inkomen te bevriezen op een vooraf bepaald peil (door de lonen enkel in verhouding met de productiviteit te verhogen), maar om een vanuit sociaal oogpunt billijke verdeling te realiseren.

Tussen 1948 en 1960 bleef het aandeel van de arbeiders en de employés in het nationaal inkomen van België stabiel, d.w.z. dat het precies evenredig steeg met het aandeel van deze bevolkingsgroep in de totale actieve bevolking. Maar een vergelijking met de vooroorlogse situatie spreekt boekdelen: in 1938 vormde dezelfde groep 68% van de actieve bevolking en kregen zij 56,9% van het nationaal inkomen; in 1960 vormden zij 78% van de actieve bevolking en kregen ze slechts 56,7% van het nationaal inkomen.

Hun aandeel in het nationaal inkomen is dus aanzienlijk gekrompen. Er is sprake van "relatieve verarming".

Hoe verklaren we dit verschijnsel wanneer we te maken hebben met de glijdende loonschaal? De productiviteit is namelijk zeer sterk gestegen, vooral in de periode 1955-1962. De Belgische bourgeoisie heeft geen nieuwe industrietakken in het leven geroepen maar wel haar traditionele sectoren grondig gemoderniseerd. België heeft de grootste cementoven en de grootste machine voor het maken van papier van de hele wereld. De staalnijverheid, de glas- en spiegelindustrie, de bouw van textielmachines zijn sterk vernieuwd. De hoge winsten afkomstig van de stijging van de productiviteit werden bovendien gedeeltelijk geïnvesteerd in het buitenland (eerst in Kongo, daarna in Canada).

De handelssector en de kleine burgerij hebben er als tussenpersonen ook flink aan verdiend. Een recente studie toont aan dat de winstmarges van de economische tussenpersonen in België de hoogste zijn van de zes EEG-landen. Het verschil tussen de prijs die de boer ontvangt en de prijs die de consument er voor betaalt is groter[30] dan in Frankrijk, terwijl de transportkosten merkelijk lager zijn.

Ondanks dit alles houden de Belgische bazen zich strikt aan de formule die stelt dat loonsverhogingen binnen de "door het plan bepaalde grenzen" moeten blijven. Begin 1963 gebruikten ze dit argument om een door de metaalvakbond geëiste loonsverhoging van 3,5% af te wijzen. Na hun teleurstellende ervaring in 1960-1961 waren de vakbonden echter minder geneigd om zich door deze drogredenen om de tuin te laten leiden en de arbeiders wonnen het pleit na een aantal harde stakingen.

Klasse en regio in België in dialectisch verband (1963)

Men ging nu een ander liedje zingen. "Het doel vraagt om de middelen. Jullie willen een versnelde expansie. Maar in het kapitalisme is een versnelde expansie afhankelijk van hogere winsten. Als jullie je verzetten tegen hogere winsten dan ondermijnen jullie het gebouw dat jullie willen optrekken….."

Dit liedje werd niet gezongen door een kapitalist maar door een socialistisch voorman, een adviseur van de socialistische minister van economische zaken[31]. De groeipolitiek die dergelijke lieden aanhangen lijkt als twee druppels water op die van hun liberale voorgangers in de regering Eyskens: het subsidiëren van ondernemers die bereid zijn om zich te vestigen in verwaarloosde gebieden; buitenlandse industriëlen aantrekken met de belofte van kostenloze terreinen en belastingvrijstelling; investeringen stimuleren in ruil voor verzekerde winstmarges, enz. Uiteraard leidt een dergelijke politiek tot grotere particuliere rijkdom voor de kapitalisten – de investeringen worden immers omgezet in privébezit – en tot een kleiner aandeel van het nationaal inkomen voor de werkers, dus tot hun relatieve verarming. Wie zich verbeeldt dat men op die manier het socialisme stapje voor stapje verwezenlijkt hoort thuis in een instelling.

Een socialistische uitweg

Ten einde raad spelen sommige sociaaldemocraten met de idee van het aandeelhouderschap van de arbeiders. Hogere investeringen zouden geput worden uit het "verplicht sparen" van de arbeiders; zij blijven echter de eigenaars van deze "spaargelden" door middel van een gemeenschappelijke spaarbank waarin het aandeel van het nationaal inkomen bestemd voor hogere investeringen wordt gestort. Deze instelling moet dit geld op normale wijze, langs de financiële markt, investeren. Dit lijkt veel op het op de kapitaalmarkt opererend Zweedse pensioenfonds.

Dit systeem kan in België, waar de financiële markt angstvallig gecontroleerd wordt door een klein aantal holdings, niet functioneren. Het zou hun controle op de grote industriële trusts niet reduceren en evenmin verhinderen dat, door het spel van de verzekerde winstmarges, het privébezit zich verrijkt en zich concentreert in steeds minder handen. Men schat op dit ogenblik dat in België 4,5% van de bevolking meer dan de helft van de particuliere rijkdom bezit. Deze ongelijkheid zou, in het beste geval, met het "Zweeds" systeem zijn hoog niveau handhaven.

Een echte oplossing ligt natuurlijk in een uitbreiding van de openbare sector, waarbij de staat de winsten belast en herinvesteert in openbare industriële ondernemingen wier prioriteit door het plan is vastgelegd. Alleen onder die voorwaarde kan men werkelijk spreken van "planning" en van het feit dat zij niet dient om de kapitalisten te verrijken. Hiertoe moet echter de macht van de holdings over de nationale economie worden gebroken. Maar de staat die ijvert voor het opleggen van antikapitalistische structuurhervormingen kan niet langer meer een burgerlijke staat zijn in de gangbare betekenis van het woord.

Antikapitalistische structuurhervormingen vereisen daarom, naast de planmatige ontwikkeling van een overheersende openbare industriële sector, de algemene toepassing van de "arbeiderscontrole". Alleen op die manier kan men verhinderen dat de openbare sector een opgeblazen orgaan wordt dat zorgt voor indirecte subsidies aan de particuliere sector, zoals dit vandaag het geval is in Frankrijk, in Groot-Brittannië en in Italië. Het is ook de enige weg om de arbeiders in te schakelen in de planning, om hun interesse voor het beheer van de bedrijven te stimuleren en een

Klasse en regio in België in dialectisch verband (1963)

begin te maken met het afbouwen van de toestand van vijandschap tussen zij die moeten gehoorzamen en zij die de bevelen geven zoals het kapitalistische stelsel die universeel in het leven roept.

Zijn de arbeiders van een moderne "welvaartstaat" bereid om een dergelijk programma in overweging te nemen? Worden ze niet geconditioneerd en wordt hun klassenbewustzijn niet ondermijnd door de almachtige goden van het neokapitalisme: door het "materiële welzijn" (met zijn symbolen als Auto, Koelkast en T.V.), door de arglistige publiciteit die beweert dat ons comfort nooit totaal is, dat er altijd behoeften zijn die niet worden bevredigd, en door de individuele wedloop naar het succes (met zijn typische verschijnselen als overuren, verkoop op krediet en groeiende schuldenlast). We mogen deze hindernissen niet onderschatten, maar zij zijn, denken wij, niet onoverkomelijk. Het onvergetelijke elan van de staking 1960-1961 waarin een miljoen werkers, de best betaalde in Europa en in België zelf de best betaalde, vier weken lang het werk neerlegden, geeft ons goede hoop.

Het kapitalisme van de 19de eeuw was één grote leerschool van de klassenstrijd op het terrein van de fabriek. Het kapitalisme van de 20ste eeuw was één grote leerschool op het terrein van de nationale en internationale economie. Maar hoe sterk de strijdwil voor hogere lonen ook mag zijn, het is verloren moeite als de economische mechaniek niet in zijn geheel onder controle wordt gebracht. Dat begrijpen honderdduizenden arbeiders instinctmatig. Zij voelen ook min of meer aan dat de fundamentele onrechtvaardigheid die zij ondergaan te maken heeft met de productie en niet met de consumptie, met het feit dat zij veroordeeld zijn om te werken voor het profijt van een ander, dat zij moeten gehoorzamen aan bazen die dikwijls veel minder competent zijn en minder competent blijken in het gebruik van de machines dan zijzelf. Hieraan kan slechts een einde komen als de werkers meester willen worden over hun lot. Wie kan zeggen welk een enthousiasme en strijdwil die doelstelling kan teweegbrengen wanneer de arbeidersbeweging voor die weg kiest en de hele klasse in die zin opvoedt?

Dit systeem, zijn vele tekortkomingen niet te na gesproken[32], werkt in Joegoslavië waar de aanvankelijke omstandigheden om het te realiseren gunstig waren. Waarom zou het niet veel beter functioneren met de gelukkige erfgenamen van een eeuw socialistische opvoeding, de geschoolde arbeiders in West-Europa?

---

1 "The Dialectic of Class and Region in Belgium", *New Left Review* #20, zomer 1963. Een Franse versie verscheen een jaar later in *La Gauche*. (H.P.)

2 Bijvoorbeeld Peter ARNOLD in een brochure gewijd aan België: *A New Party. Some lessons for Belgian Labour* (Socialist Labour League, april 1965). (H.P.)

3 Gustave DACHE, *La grève révolutionnaire et insurrectionnelle de 1960-1961*, éd. marxisme.be. Voor een reactie op deze beschuldiging verwijzen wij naar Annex 3. (H.P.)

4 De auteur gebruikt hier de benaming Vlaanderen als *pars pro toto* voor het gebied begrepen tussen de grote rivieren en de taalgrens. Antwerpen bijv. behoorde historisch niet tot het toenmalige Vlaanderen, maar tot het hertogdom Brabant. (H.P.)

5 Over het burgerlijk revolutionaire karakter van de opstand die uitmondde in de oprichting van de Republiek der Verenigde Provinciën, verwijzen wij o.a. naar Pepijn BRANDON, "The Dutch Revolt: a social analysis", in *International Socialism*, nr. 16 , oct. 2007 en "Marxism and the 'Dutch Miracle': The Dutch Republic and the Transition Debate", in *Historical Materialism* 19 (3), 2011, pp. 106-146. (H.P.) Raadpleeg ook Jan DE VRIES & Ad VAN DER WOUDE, *Nederland 1500-1815. De eerste ronde van de moderne economische groei*, Amsterdam 2005, hoofdstuk 13. (H.P.)

6 In feite gaat het om de toenmalige landsheerlijkheden Henegouwen en Artois. (H.P.)

7 Namelijk de Republiek der Verenigde Provinciën met Holland en Zeeland als dominerende gebieden. (H.P.)

8 Het prinsbisdom Luik behoorde niet tot de Zuidelijke Nederlanden, maar vanuit feodaal oogpunt tot voor de Franse bezetting in 1794 tot het Duitse

Klasse en regio in België in dialectisch verband (1963)

Rijk. (H.P.)

9 Blijkbaar bedoelt de auteur met deze "complete overwinning" de industriële revolutie; de Brabantse revolutie werd immers door de Oostenrijkse troepen neergeslagen. Het was de Franse annexatie in 1792 die het *Ancien Régime* in de Zuidelijke Nederlanden definitief omverwierp. (H.P.)

10 Deze houdstermaatschappij opgericht in 1822 door Willem I, kreeg later de Nederlandse benaming Generale Maatschappij van België toegevoegd. In 1988 werd zij een filiaal van de Franse groep Suez om tien jaar later volledig te worden opgeslorpt. Zie ook in deze bundel Proloog, noot 35. (H.P.)

11 Dit is vandaag uiteraard niet meer het geval. (H.P.)

12 De Britse socioloog Seebohm Rowntree (*Land and Labour, Lessons from Belgium*, 1910) stelt dat in 1894 meer dan de helft van de Belgische bevolking beroep moest doen op de bijstand of op het pandjeshuis. (E.M.)

13 Deze benaming voor de 16[de]-eeuwse rebellen werd in de 19[de] eeuw overgenomen door de liberalen. (H.P.)

14 DE COSTERs roman werd verguisd door de katholieke kerk en verminkt door de reactionaire vleugel van de Vlaamse beweging. Zie Marnix BEYEN, *Held voor alle werk. Tijl Uilenspiegel*, Antwerpen/Baarn 1998.(H.P.)

15 Over de verheerlijking van deze grote maar 'belgicistische' historicus door het Belgische establishment raadplege men Jan DHONDT, "Henri Pirenne: historien des institutions urbaines", in *Machten en Mensen*, Gent 1976, pp. 63-119. (H.P.)

16 De oorspronkelijke Franse tekst van de radicale socialist Alfred DEFUISSEAUX (1843-1901) verscheen in 1886 en kende een enorme oplage. Hij was voorstander van de republiek en van de algemene staking. De BWP sloot hem uit de partij waarop hij in 1887 de *Parti Socialiste Républicain* oprichtte, om in zich in 1894 weer te verzoenen met de BWP. Yves QUAIRIAUX beschouwt de PSR als een Waalse dissidentie in de sociaal-democratie uit reactie tegen de overschatting van de Vlaamse arbeiders in Wallonië op het congres van Dampéry (*L'image du Flamand en Wallonie*, Brussel 2006). (H.P.)

17 Weliswaar enkel voor mannen, de vrouwen verkregen dit recht pas in 1948 en stemden voor het eerst in 1949. (H.P.)

18 De Boerenbond is een katholieke vereniging voor landbouwers en plattelandsbewoners in Vlaanderen en in de Duitstalige Oostkantons. Hij werd opgericht in 1890 als de "Belgische Boerenbond". Zie ook in deze bundel Proloog, noot 33. (H.P.)

19 Dit sinds 1945. In 1968 splitste zij zich, mede als gevolg van de troebelen rond de Leuvense universiteit, in twee aparte partijen: de Franstalige Parti Social

NATIONALITEIT EN KLASSENSTRIJD IN BELGIË

Chrétien en de Vlaamse Christelijke Volkspartij. Sinds 1999 hebben zij veel aan invloed verloren. (H.P.)

20 De ontkerkelijking in Vlaanderen is ondertussen een feit, maar de Kerk beschikt nog steeds over goed georganiseerde netwerken, waaronder in Vlaanderen de christelijke vakbeweging, het vrij onderwijs en de ziekenzorg. (H.P.)

21 Het platteland in Vlaanderen is vandaag sterk verstedelijkt. (H.P)

22 Marcel LIEBMAN, *Les socialistes belges 1885-1914*, Brussel 1979 (hoofdstuk 9). (H.P.)

23 Men kan in de toenmalige Belgische context de termen "volk" en "natie" betwisten; zie hierover Marc REYNEBEAU, *Het Klauwen van de leeuw. De Vlaamse identiteit van de 12de tot de 21ste eeuw*, Leuven 1995. (H.P.)

24 Dit snobisme werd reeds in 1788 aangestipt door Jan Baptist VERLOOY in zijn essay *Verhandeling op d'Onacht der moederlyke Tael in de Nederlanden*. De advocaat Verlooy behoorde tot de revolutionair-democratische vleugel in de Brabantse revolutie (1789-1790). (H.P.)

25 De orangisten waren aanhangers van het Verenigd Koninkrijk der Nederlanden onder het Huis van Oranje. (H.P.)

26 Het ging om de taalwet betreffende het gebruik van de talen in de administratie. Hoewel beperkt opende hij de weg voor diepgaandere aanpassingen. (H.P.)

27 De democratische republikein Lucien JOTTRAND (1804-1877), een in woord en schrift tweetalige Waal die had deelgenomen aan de revolutie van 1830, was samen met Karl MARX actief in de Association Démocratique, opgericht in 1847. Hij verdedigde als "cultuurflamingant" de Vlaamse verzuchtingen. In 1856 zat hij de door de regering opgerichte Vlaamse "Grievencommissie" voor en publiceerde in datzelfde jaar zijn boek *La Question Flamande*. Zie ook in deze bundel Proloog, noot 52.(H.P.)

28 Zie hierover Marcel LIEBMAN, op. cit. (H.P.)

29 John F. KENNEDY (1917-1963), president van de Verenigde Staten 1961-1963; Reginald MAUDLING (1917-1979), Brits conservatief politicus.

30 Een veeboer krijgt gemiddeld 3 shilling voor een kilo rundsvlees; de consument betaalt er soms 17 shilling voor. (E.M.)

31 De socialist Antoon SPINOY (1906-1967) was bij de publicatie van Mandels essay minister van economie en energie in de CVP-BSP regering van Theo LEFÈVRE. (H.P)

32 Voor een kritische kijk op het Joegoslavische arbeiderszelfbeheer verwijzen ij naar Catherine SAMARY: "Le rêve Yougoslave et l'autogestion", in *Le Monde Diplomatique* 8/2009; *Le marché contre l'autogestion*, Paris 1988; *Plan, Marché et démocratie*, Cahier d'Études et de Recerce n° 7/8, IIRE. (H.P.)

BRUSSEL, VLAANDEREN EN HET FEDERALISME (1963)

Deze beschouwing over de plaats van Brussel in een federaal België verscheen onder de schuilnaam Robert Sixte in La Gauche, *6 december 1963. Het is een reactie op een artikel in* De Maand *waarin enkele Vlaams-nationalistische mythes de grond werden ingeboord. Volgens de auteur ervan was het niet een Franstalig complot dat de hoofdstad verfranste, maar de drang naar sociale promotie van de Brusselse bevolking en van de Vlaamse inwijkelingen omdat het Frans de enige taal was om vooruit te komen. Maar Brussel is en blijft een struikelblok in de federalisering van België. Het Vlaamse nationalisme beschouwt het overwegend Franstalige Brussel niet alleen als hoofdstad van Vlaanderen en als de zetel van het Vlaamse parlement, maar ook als een Vlaamse stad. Die houding is onhoudbaar. De specificiteit van de Belgische hoofdstad en haar periferie is het hoofdonderwerp van dit artikel. Mandel, die toen nog steeds actief was in de BSP, wijst op de problemen die in Brussel zullen ontstaan wanneer Vlaanderen een natie is geworden in federaal verband. Het artikel is tevens een kritiek op politiek van de socialisten in Brussel.*

Het tijdschrift *De Maand* publiceert een moedig artikel waarin de Belgische problematiek bekeken wordt vanuit de enige juiste invalshoek, die van de sociologie. De auteur, die schrijft onder de naam Telemachus, wijst er op dat onze taalproblemen niet uniek zijn, dat ze ook voorkomen in een groot aantal landen waar de klassenbarrières samenvallen met de taalbarrières en scherpe conflicten uitlokken.

We moeten deze Vlaamse analist toejuichen wanneer hij de tegenstander 'vrijpleit van schuld': "Het verfransingsproces dat nog steeds voortduurt gebeurt niet met opzet. Het is het gevolg van een hele reeks sociaal-psychologische beweegredenen. Het gehoorzaamt niet uitsluitend en zelfs niet overwegend aan weldoordachte politieke motieven."

Verwijzend naar de huidige politieke geschillen, geeft het artikel ons een indringende kijk op een derde gemeenschap die op het Belgische politieke toneel is verschenen: de Brusselse. Het gaat volgens de auteur om een verschijnsel dat kenmerkend is voor onze eeuw en dat te maken heeft met de opkomst van de massa's. "Deze opgang naar een hoger economisch en cultureel niveau loopt parallel in Vlaanderen en in Brussel, maar met een averechts effect. In Vlaanderen gebeurt ze doorheen een groeiende 'vervlaamsing', terwijl ze in Brussel gepaard gaat aan een steeds diepere verfransing van de agglomeratie en de periferie."

Deze uiteenlopende ontwikkeling heeft een nieuwe volksgemeenschap in het leven geroepen: de Brusselaars, een gemeenschap die voor het eerst reageert tegen een deel van de uit Vlaanderen afkomstige immigratie. "De amerikanisering van de Napolitaanse emigranten die rond 1880 terecht kwamen in de steden aan de Atlantische kust van de V.S., de verengelsing van de rurale bevolking in Franstalig Canada die naar Montréal emigreert, de verfransing van de Vlaamse inwijkelingen die zich sinds een

Brussel, Vlaanderen en het federalisme (1963)

eeuw in Brussel vestigen, zijn vergelijkbare verschijnselen omdat zij deel uitmaken van een algemeen proces van 'sociale' opgang."

De auteur stipt aan dat een groep inwijkelingen afkomstig uit een hogere laag van de maatschappij, vasthoudt aan haar taal en zich verzet tegen assimilatie. "De overheersing van het Franstalig cultureel patroon in de Brusselse samenleving, gekoppeld aan de zwakke sociale positie van de inwijkelingen, maakt dat de sociale mobiliteit van een individu afhankelijk is van zijn cultureel en talig aanpassingsvermogen." "Het ritme van de verfransing in Brussel stemt bijgevolg overeen met de sociale positie van de Vlaamse immigrant; men moet ook rekening houden met een beslissende factor: het feit dat de locale Brusselse volksklasse (nog sneller dan de inwijkelingen) onderworpen is aan hetzelfde verfransingsproces."

"Voor 1940 hadden slechts enkele individuele flamingante intellectuelen weerstand geboden aan de verfransing. Sinds ongeveer 1950 kwam er een nieuwe Vlaamse immigratiegolf op gang, bestaande uit technici, ingenieurs, officieren, ambtenaren, mensen uit de middenklassen en geschoolde arbeiders. Zij ontsnapten quasi spontaan (en niet zozeer uit flamingantisme) aan de verfransing... Ondertussen heerst de dominante cultuur over de vroegere immigratiegolven die zich daaraan hebben aangepast, ook qua taal... De wettelijke en institutionele middelen die werden toegepast om het Vlaamse karakter van de immigrant in Brussel te bewaren worden sindsdien anders beoordeeld. De wettelijke middelen zijn voor de nieuwe stroom inwijkelingen steunpunten waardoor de urbanisatie en de verfransing ophouden synoniemen te zijn... Maar voor het overgrote deel van de Brusselaars van Vlaamse oorsprong, die niet alleen het grootste deel van de bevolking vormen maar ook het best zijn ingeburgerd omdat ze tot de oude immigratie behoren, worden deze institutionele maatregelen

ervaren als zovele pogingen om hun sociale opgang af te remmen".
Bovenstaande aanhalingen wier sociologische sereniteit afsteekt op de doorsnee toon van de politieke commentaren, plaatst het debat op het terrein dat het nooit had mogen verlaten, dat van de sociale en culturele promotie van de werkers. Het traceert daarbij de grenzen van de drie 'gemeenschappen' waarbij het probleem zich telkens anders stelt.

Frans: de taal van de adel en daarna van de bourgeoisie

Toen zo'n vijftien eeuwen geleden de Franken Gallië innamen hield hun volkskolonisatie op waar het land bebouwd werd door de Gallo-Romeinen, d.w.z. ruwweg aan de huidige taalgrens. Zo ontstond de Frankische adel, Vlaams qua taal en volksgemeenschap[1]. Twee eeuwen lang behield de adel zijn taal. Maar toen het hof van de koning romaniseerde volgde de provinciale adel die beweging Toen het graafschap Vlaanderen en het hertogdom Brabant door erfenis gingen behoren tot een zijtak van de Franse dynastie, met name de hertogen van Bourgondië, werden de "franskiljonse" neigingen van de adel nog sterker.

Het "franskiljonisme" maakt deel uit van de oudste traditites in Vlaanderen en was, vanaf het begin, een klassengebonden fenomeen. De verfransing bleef lange tijd beperkt binnen de slotmuren. De stedelijke burgerij in de 15de eeuw sprak en schreef Nederlands. In de daaropvolgende eeuw zouden de godsdienstoorlogen de luisterrijke opgang van de Nederlandse cultuur in de Zuidelijke Nederlanden fnuiken. Niet alleen emigreerden de stedelijke elites massaal naar de Verenigde Provincies, maar de anticalvinistische repressie wierp een smet op de Nederlandse taal waarmee verboden ideeën werden verspreid.

Brussel, Vlaanderen en het federalisme (1963)

De verfransing van de Vlaamse burgerij wordt algemeen in de 17de eeuw. Aan de vooravond van de industrialisatie bracht dit een onaanvaardbare situatie teweeg: de boeren- en arbeidersmassa's werden afgesneden van de cultuur en naast het obstakel van de taal had men te maken met dat van het financiële vermogen. Indien de klassenstrijd de macht van de bourgeoisie had kunnen breken dan zou het Vlaams de taal geworden zijn van heel Vlaanderen, Brussel inbegrepen, want dat was tot in de 19de eeuw een Vlaamse stad.

Een afgewezen revolutie

Maar de katholieke Vlaamse beweging deinsde terug voor een noodzakelijke sociale revolutie. Zij verkoos de strijd tegen de bourgeoisie te scheiden van de strijd tegen de franskiljons. Met deze halfslachtige houding kon zij profijt trekken uit de taalfrustraties van de Vlaamse boer en arbeider.

De flamingante katholieke beweging verving de ware vijand van de Vlaamse massa's, de franskiljonse bourgeois, door een mythische tegenstander, de Waal, die nochtans niets met dit alles had te maken. Maar de gehechtheid van de Walen aan het Frans gaf aan die substitutie een schijn van waarheid.

Het boerenbedrog bereikte zijn doel: de democratische taalstrijd van de Vlaamse christendemocraten is er in geslaagd om, zonder enige economische en sociale betwisting, de macht te geven aan lieden afkomstig uit de niet verfranste kleine burgerij. De wet van 1932 die de eentaligheid in het onderwijs bepaalde, heeft ondertussen een nieuwe generatie Vlaamse intellectuelen geschapen die vandaag dingen naar bestuursfuncties in de ondernemingen, de laatste bastions van de oude bourgeoisie. We citeren opnieuw Telemachus: "Deze derde generatie [van de Vlaamse beweging] is niet of nauwelijks flamingant, om de eenvoudige reden dat zij Vlaams is. Zij beschikt over een eigen Nederlandse culturele achtergrond, onafhankelijk van die van hun Franstalige collega's...".

De vervlaamsing van het bedrijfsleven in Vlaanderen

De laatste etappe van de zegetocht van deze nieuwe bourgeoisie is de verovering van de ondernemingen. Zij is onvermijdelijk en staat voor de deur. Laten we hierover duidelijk zijn. Het is in het belang van de werkers in Vlaanderen dat het bedrijfsleven zich afspeelt in hun taal. Onze voorkeur gaat echter uit naar een economische revolutie die het zelfbeheer in de ondernemingen vestigt en ze integreert in de openbare sector.

Maar vermits de katholieken er in geslaagd zijn om de volkswil af te leiden in neokapitalistische zin[2], moeten we deze vervlaamsing zonder socialisering aanvaarden als een tussenstap. Objectief gezien betekent ze een stap vooruit, gezien haar gunstig gevolg voor de sociale en culturele emancipatie van de werkers in Vlaanderen. Wij staan dus zonder voorbehoud achter de interne vervlaamsing van het bedrijfsleven in Vlaanderen.

Brussel

Als de sociale revolutie zo'n drie generaties eerder was gebeurd dan zou Brussel vandaag een Vlaamse stad zijn. Maar ze heeft, zoals Telemachus ons heeft uitgelegd, een andere ontwikkeling gevolgd, dit ondanks de wet van 1932 m.b.t. het onderwijs, die nooit echt is toegepast en die botste op de eensgezinde oppositie van de Brusselse gemeenschap.

De Brusselse arbeiders zijn vandaag nagenoeg verfranst, en als ze

Brussel, Vlaanderen en het federalisme (1963)

dat niet zijn dan wensen ze dat hun kinderen het zijn. Meer dan 80% van de dienstplichtigen en meer dan 85% van de kinderen in de agglomeratie kiezen voor het Franse taalregime.

Nagenoeg alle bourgeois, handelaars, intellectuelen, technici, kaders en geschoolde arbeiders die geboren zijn in de Brusselse agglomeratie zijn vandaag eentalig Frans. Het gaat om drievierden van de bevolking. De meerderheid van de ongeschoolde arbeiders is tweetalig. Hun enige kans om zich op korte termijn cultureel te verheffen en sociale promotie te maken is een betere kennis van het Frans. Hun objectief belang, een belang dat beantwoordt aan hun streven, is de voltooiing van hun verfransing. Door zich achter deze verzuchting te scharen beantwoorden de electorale reflexen van de Brusselse BSP (voor één keer) aan de belangen van de massa's.

De tweetalige Brusselaars hebben, zoals Telemachus zegt, geen "culturele achtergrond" gemeen met de nieuwe Vlaamse intellectuelen die het product zijn van de wet van 1932 en worden er niet toe aangetrokken. Integendeel, de agressieve houding van die nieuwe intellectuelen die hen soms heftig verwijten geen weerstand te bieden aan de verfransing, ontstemt de tweetalige Brusselaars: zij willen hun dialect behouden zonder zich daarbij af te snijden van de Brusselse gemeenschap door een vreemde cultuurtaal over te nemen.

De dwangmatige taalwetten m.b.t. het onderwijs worden ervaren als een vreemd-Vlaamse agressie tegen het kleine volkje van Brussel. De bijnaam "Gauleiter" die de vice-gouverneur[3] werd opgespeld nog voor hij benoemd was, getuigt van de verzetsgeest in de huidige Brusselse gemeenschap. Het passioneel klimaat heeft zijn intrede gedaan in de stad. Die passies zullen nog hoger oplaaien als de regering het aandurft om in het Brusselse de "jacht op de kinderen" te organiseren, zoals zij

Vlaanderen heeft beloofd in ruil voor de halfslachtige erkenning van een "Brusselse toestand" in zes randgemeenten[4].

Moet Brussel tweetalig zijn om gastvrij te zijn ?

Er wordt gezegd dat Brussel gastvrij moet zijn. Er wordt ook gezegd dat de Vlamingen er zich thuis moeten voelen. Maar dat zijn twee verschillende zaken. Gastvrij moet zij zeker zijn en niet alleen voor de Vlamingen uit Vlaanderen. Zij moet dat ook zijn voor de burgers van de zes EEG-landen waarvan zij de hoofdstad wil worden. Zo moet Bern gastvrij zijn voor de Romaanse Zwitsers of die van Tessino, en Ottawa voor de Franstalige Canadezen. Maar moeten die mensen "er zich thuis voelen"? Een gastvrij Brussel betekent voldoende Europese en Vlaamse scholen, handelaars en stadspersoneel dat zich behulpzaam gedragen tegenover de buitenlander die moeilijkheden heeft met de plaatselijke taal.

Maar een Brussel "waar de Vlamingen zich thuis voelen" dat is andere koek. Dat zou een stad zijn waar twee volkeren tegenover elkaar staan, met elkaar in botsing komen, elkaar benijden, strijden voor invloed en macht, waar twee intellectuele milieus op een blauwe maandag evenveel mensen tellen en "geen culturele achtergrond gemeen hebben". Dit imaginaire Brussel "waar de Vlamingen zich evenzeer thuis zullen voelen als de Franstaligen" is een stad die voor de helft heroverd is op de Franstaligen.

Laten we toegeven dat wie in een Brusselse luxewinkel het personeel in het Vlaams aanspreekt niet precies even vriendelijk wordt ontvangen als een Italiaanse of Duitse klant. Maar dat komt omdat het Vlaams vroeger de taal was van de volksklassen en dat deze onbeleefde en verwerpelijke uiting van de klassentrots per vergissing de Vlaamse immigrant treft[5].

Brussel, Vlaanderen en het federalisme (1963)

Deze beledigende houding is aan het verdwijnen als gevolg van een rijk en gecultiveerd Vlaams cliënteel. Brussel moet zich voortaan hoffelijk gedragen tegenover de Vlaamse ambtenaren zoals zij dat doet tegenover de ambtenaren van de E.E.G. Maar daar stoppen de verplichtingen. Brussel mag van zijn Vlaamse gasten verwachten dat met het verdwijnen van het gemeenschappelijk cultureel schema waarop België in 1830 werd opgericht, zij geen rechten meer kunnen doen gelden op de twee andere delen van het land.

Het verlies van Brussel blijft natuurlijk een pijnlijke zaak voor de jonge Vlaamse natie in wording. Zo koesteren bepaalde Vlaamsnationalistische kringen revanchistische dromen. Wij denken dat de vrede tussen de volkeren in België een erkenning van de objectieve feiten vooronderstelt. Brussel heeft zich verfranst omdat in de schoot van een burgerlijke samenleving de onderdrukte klassen er belang bij hadden om de taal over te nemen van de sociaal dominerende groep, wat hun kinderen heeft geholpen in hun sociale opgang en hun beroepsmatige en culturele promotie. Gezien het feit dat Brussel vlakbij de taalgrens lag en regelmatig een contingent Waalse inwijkelingen ontving, zou de weerstand tegen de verfransing voor de Vlaamse bevolking van Brussel een echte sociale zelfmoord veroorzaakt hebben.

Met haar keuze voor een vervlaamsing los van het sociale aspect en het behoud van de kapitalistische grondslag van de maatschappij, heeft de christendemocratie impliciet de deur opengezet voor de verfransing van Brussel. Brussel is voortaan een praktisch eentalige gemeenschap en ze is zich daar zo sterk van bewust, ook van het blijvende karakter ervan, dat zij de volledige taalvrijheid eist voor al haar inwoners. De dag waarop zij soeverein wordt op haar grondgebied zal zij inzake de talenkwestie een dwangloze, pluralistische politiek voeren.

NATIONALITEIT EN KLASSENSTRIJD IN BELGIË

Deze soevereiniteit wordt haar echter geweigerd, omdat de Vlaamse gemeenschap haar droom van een gedeeltelijke hervervlaamsing van Brussel niet heeft opgegeven, en daarbij gebruik maakt van de macht die uitgaat van België als nationale entiteit.

We moeten toegeven dat Brussel tot op de dag van vandaag niet veel heeft gedaan om haar soevereiniteit op te eisen. Maar dat zal niet blijven duren. De agressieve taalstrijd zal Brussel doen beseffen dat zij haar statuut als stadstaat moet opeisen, een soevereine stad die zich vrij aansluit bij een federatie, zoals het geval is met Genève en Bazel en met Hamburg en Bremen. Die steden zijn best tevreden met een statuut dat hen voorspoed en uitstraling heeft gegeven. Zo'n statuut kan beter dan welk ander de Europese "ambities" van Brussel dienen en haar administratieve problemen oplossen.

Als de Brusselaars zich niet vermannen, zullen het de Vlamingen en de Walen samen zijn die de stad het statuut van het District of Colombia opleggen, een regeling die de inwoners van Washington geen stemrecht geeft en hen amper toestaat hun gemeente te besturen. Want die idee ligt verscholen in de term 'Rijksgebied Brussel' waarvan het arrondissement Brussel-Hoofdstad een bedekte voorspiegeling is.

Tot nu toe heeft de MPW onverpoosd gewezen op het recht van de Brusselse gemeenschap om zichzelf te besturen. Maar wie kan zeggen wat de Vlaamse CVP (die de stellingen van de huidige Volksunie als voorafspiegeling in zich draagt) als het ogenblik van het compromis is aangebroken, zal bereiken in het Vlaams-Waals overleg waaraan Brussel niet deelneemt?

Brussel, Vlaanderen en het federalisme (1963)

De Brusselse rand

De Franstalige bourgeois nestelt zich in de Vlaamse dorpen aan de rand van Brussel met het gerust geweten van wie de tuin van zijn vader komt verzorgen. De plaatselijke bevolking die bestaat uit boeren en arbeiders heeft geen kwaad oog op die vreedzame invasie. Zij weten dat de verfransing onvermijdelijk is, maar velen vinden dat de materiële en sociale voordelen van de urbanisatie die prijs waard zijn.

Het kleinburgerlijke Vlaamse milieu echter, bestaande uit technici en intellectuelen die na 1932 werden opgevoed in de eentalige scholen, reageert er anders op. Zij hebben zopas in het Nederlands een inspanning gedaan die hen een belangrijke culturele promotie heeft bezorgd en zij beschouwen het dominante Brusselse milieu als vreemd gebied. Zij voelen die indringing als een agressie tegen de Vlaamse natie die voortaan hun natie is.

Zij die zo reageren zijn vandaag slechts een minderheid. Maar naarmate de jaren voorbijgaan en nieuwe gemeenten worden getroffen door de Brusselse "olievlek", neemt hun aantal toe. Die anti-Brusselse Vlaamsgezinde minderheid is talrijker en sterker in de gemeenten waar de indringing later begon. Binnen enkele jaren wordt zij een meerderheid en zal de Vlaamse context zich spontaan verzetten tegen de "verbrusseling".

De "verdediging van het Vlaamse grondgebied" wordt tot nog toe georganiseerd door het Belgische parlement en enkele extremistische knokploegen, maar dat loopt op zijn einde. De grenzen van de Brusselse gemeenschap zullen zich weldra stabiliseren.

De nieuwe wettelijke beschermende maatregelen tegen de "verbrusseling" van de periferie zoals die voortvloeien uit de recente schoolwet, zijn moeilijk te verzoenen met de principes die aan de basis liggen van een unitaire staat. Het bodemrecht heeft voortaan het overwicht op het personenrecht in een land dat vanuit juridisch oogpunt een enkel Belgische grondgebied erkent!

Uiteraard zal die toestand anders zijn wanneer Vlaanderen op een dag een zelfstandige natie is geworden. Elke eentalige staat heeft het recht om zijn homogeniteit in het belang van zijn sociale structuur te vrijwaren, en om de vorming te verhinderen van allogene minderheden die in de toekomst mogelijk voor moeilijkheden kunnen zorgen. Het is daarom legitiem om immigrante minderheden te verplichten om zich te integreren in de natie doorheen de nationale onderwijsinstellingen en door het aanleren van de Nederlandse taal. Men kan het recht van de toekomstige Vlaamse natie wanneer zij al haar inwoners verplicht Nederlands onderwijs te volgen, niet betwisten. Wat vanuit de Belgische staat neerkomt op geweld en discriminatie is vanuit het standpunt van de Vlaamse natie gewettigd.

Om die redenen is het vastleggen van de grenzen van het huidige Brussel van groot belang voor de toekomst van deze stad en een billijke oplossing in het algemeen. Wijzelf zijn voorstanders van het principe van het referendum, maar beseffen dat een referendum in de brede periferie van de hoofdstad, gezien de sociologische ontwikkeling, in 1963 gunstiger zal uitvallen voor de Brusselaars dan in 1970. Bijgevolg verdient het Vlaamse standpunt overweging dat zich uitspreekt voor de vastlegging van de grens door onderhandelingen. Maar daar staat dan weer tegenover dat wij de dwangmatige vervlaamsing afwijzen van bepaalde groepen van de Brusselse gemeenschap, van mensen die zich reeds in hart en nieren

Brussel, Vlaanderen en het federalisme (1963)

Brusselaars voelen, ook al gaat het om recente inwijkelingen. Die inwijking gebeurde immers zonder geweld en in overeenstemming met een niet betwiste wetgeving.

De 25 gemeenten[6] zullen waarschijnlijk (zekerheid is er niet) de basis vormen van een definitief akkoord over het grondgebied Brussel. Maar de indringing spreidt zich reeds uit, ten gevolge van de speculatieve verkaveling, over meer dan die 25 gemeenten. Het is redelijk deze speculatie over de grenzen heen van die 25 gemeenten te verbieden: zij is een doorn in het oog van de Vlamingen en verscherpt het Brussels-Vlaams geschil.

Maar hoe kan een regering die gecontroleerd wordt door de bourgeoisie een halt toeroepen aan de grondspeculatie? De nieuwe wet hieromtrent is dan ook schandalig. In plaats van bijv. de grote speculatieve verkaveling in Alsemberg te verbieden, verbiedt men Franstalige ouders die reeds in Alsemberg wonen om hun kinderen naar Franstalige scholen in Sint-Genesius-Rode te sturen. Morgen zal men ze ongetwijfeld verbieden om ze naar scholen in Ukkel en Eigenbrakel te sturen, zodat die ouders hun huizen moeten verkopen. Men straft de slachtoffers van de speculatie, maar de speculanten zelf genieten volop van hun rechten.

Brussel vergrendeld? Brussel socialistisch?

De huidige vergrendeling is onrechtvaardig en onmenselijk. Maar hij is voldoende sterk om de Brusselse "indringers" te intimideren en de grondprijzen in de 25 gemeenten, en nog meer in de 19 gemeenten, de hoogte in te jagen. Plaatsgebrek is dus het eerste probleem waarmee de Brusselse gemeenschap te maken zal hebben. Plaatsgebrek leidt tot grondspeculatie en tot uitzinnige prijzen. De enige gezonde houding voor een socialistische partij is bijgevolg ijveren voor de afschaffing van de grondspeculatie, d.w.z. de 25 gemeenten eigenaar van hun grond te maken, de bodem te "verbrusselen". Zoiets zal een njet uitlokken van de Vlaamse christendemocratische meerderheid, die vasthoudt aan de dorpsspeculatie in de lijn van de wet De Taeye[7], en met haar aanzienlijk stemmenaantal de burgerlijke krachten ter hulp zal snellen. Het unitaire Belgische parlement zal toestaan dat de grondschaarste zich vertaalt in uitzinnige huurprijzen voor de werkende bevolking in Brussel. De BSP beschikt over een virtuele absolute meerderheid in de 25 gemeenten. Een Brussels parlement zal die partij niet alleen de kans geven om zich politiek waar te maken, maar ook om een stuk sociaal urbanisme te verwezenlijken en de economische behoeften van de werkende bevolking efficiënt te lenigen.

Conclusie

De Belgische talenkwestie is een kwestie van sociale strijd. In die strijd staat het socialisme aan de kant van de culturele vooruitgang en de sociale opgang van de massa's. In Vlaanderen betekent dit de Nederlandse taal. De vervlaamsing van Vlaanderen moet worden voortgezet, tot en met in het bedrijfsleven. In Brussel betekent dit de Franse taal[8] en dus het loskoppelen van Brussel van de Vlaamse context waaruit zij is voortgesproten. Brussel vormt een specifieke gemeenschap, die politiek vorm moet krijgen in een autonome stadstaat binnen een federaal België. Brussel is immers een grote stad, een groot industrieel centrum, een gemeenschap van werkers in stadsverband. Daarnaast, en subsidiair, is zij de zetel van de Belgische ministeries en enkele Europese instellingen. Als zodanig moet Brussel de ambtenaren die op haar grondgebied verblijven op fatsoenlijke wijze ontvangen.

Brussel, Vlaanderen en het federalisme (1963)

Maar de hoffelijkheid verplicht Brussel niet om de tweetaligheid te aanvaarden die Vlaanderen in haar eigen gebied verwerpt. Geen enkele gemeenschap kan gelukkig door het leven gaan als twee cultuurgroepen het er constant met elkaar aan de stok hebben. Om aan deze van buitenaf opgelegde geprefabriceerde hel te ontsnappen moet Brussel haar vrijheid opeisen. Zij moet die gebruiken om het dagelijks leven op haar voortaan versmald grondgebied te verbeteren. Dat veronderstelt de socialisering van de grond gekoppeld aan een ernstige huisvesting- en levensduurtepolitiek en een urbanisatie die naam waardig is. Dat zijn de taken van de socialisten in Brussel. Maar die hebben het nog niet begrepen.

---

1 Mandels bewering is historisch onjuist. Het oudste "Nederlands" krijgt van de taalkundigen de benaming Oudnederfrankisch; het werd gesproken in de periode 700-1150. De Frankische adel sprak een Germaanse taal die zich ontdubbelde in Neder- en Hoogduits. Ik heb "race" vertaald door "volksgemeenschap". Die ouderwetse Franse term voor "volk" is vandaag onaanvaardbaar wegens zijn racistische connotatie. (H.P.)

2 Voor de betekenis van de hier gebruikte term "neokapitalisme" verwijzen we naar het artikel "De diepere betekenis van Leuven Vlaams". (H.P.)

3 Het gaat om Léon Cappuyns. Zie Annex 1, noot 6. (H.P.)

4 Namelijk door het toekennen van taalfaciliteiten voor de Franstaligen. Zie noot verderop. (H.P.)

5 Veel Vlamingen zullen het niet eens zijn met deze verklaring. Er steekt meer achter dan "per vergissing". Er is ook bij de lagere klassen sprake van wrevel en minachting voor de Vlamingen als zodanig. (H.P.)

6 De 25 gemeenten bestonden uit de 19 gemeenten die samen het Hoofdstedelijk Gewest Brussel vormen en de zes gemeenten in de periferie met taalfaciliteiten voor de Franstaligen, te weten Drogenbos, Kraainem, Linkebeek, Sint-Genesius-Rode, Wemmel en Wezembeek-Oppem. (H.P.)

7 De wet van 29 mei 1948, goedgekeurd door de CVP en de BSP, verleende staatspremies bij de aankoop van een volkswoning, wat een sterke stimulans was voor het verwerven een eigen woning. (H.P.)

8 Hierover bestonden blijkbaar meningsverschillen in de redactie van *La Gauche*. (H.P.)

De Waalse vakbondsleider André Renared spreekt de stakers toe, Luik winter 1960-61

LEUVEN VLAAMS: DE DIEPERE BETEKENIS VAN EEN REVOLTE (1968)

Volgend lichtjes ingekort artikel was bestemd voor een links Franstalig publiek. Het verscheen onder de titel "Le sens profond de la révolte de Louvain" in La Gauche (10 en 17 februari 1968). De studentenbeweging aan de Katholieke Universiteit Leuven voer in het zog van de algemene jeugdrevolte in de wereld. Haar specifiek karakter had echter te maken met de Vlaamse emancipatiebeweging. Dit werkte verwarrend in de ogen van de Franstaligen. Hoe kon men de eis van de Vlaamse studenten voor een eentalige Vlaamse universiteit goedkeuren, wanneer dit een splitsing in een Franstalige en een Nederlandstalige universiteit inhield? De eentaligheid van Vlaanderen (die van kracht was in Wallonië) was een oude eis van de Vlaamse beweging. Maar zij gold niet voor de KUL. De revolterende studenten kwamen in botsing met de kerkelijke overheid en met de ordestrijdkrachten, maar wonnen uiteindelijk het pleit. Hun strijd heeft de studenten in de andere steden (en niet alleen in Vlaanderen) aangezet tot acties voor een democratisering van het onderwijs. Uit die acties groeiden links-radicale groepen van maoïstische, anarchistische en trotskistische signatuur.

Met "neokapitalisme" wilde Mandel de nieuwe kenmerken van het kapitalisme onderstrepen, zoals de "sociale programmering"[1]. Hij liet die term enkele jaren later varen. Het gebruik ervan (en dat van de term "laatkapitalisme") hield niet in, aldus Mandel, dat het hedendaagse kapitalisme wezenlijk verschilt van de analytische resultaten van Marx en Lenin: "De periode van het laatkapitalisme is geen nieuw tijdperk in de kapitalistische ontwikkeling, maar slechts een verdere ontwikkeling van het imperialistische, monopolie-kapitalistische tijdperk." (Het laatkapitalisme, Amsterdam 1976, p. 7)

De omvang van de studentendemonstraties heeft bijna alle waarnemers sterk verbaasd, ondanks het voorteken van de gebeurtenissen van 1966. De beweging was een reactie op de vaste wil van de kerkelijke overheid om de Franstalige sectie in de Vlaamse stad Leuven te handhaven. Laten we eerst en vooral rekening houden met de omvang van de beweging. Het is onwaardig voor een democraat, om niet te spreken van een socialist of zelfs van een marxist, wanneer hij die dagelijkse optochten die zich uitbreiden over alle Vlaamse steden, hoofdzakelijk verklaart door het gekuip van enkele agitatoren of "occulte orkestleiders". Het gaat duidelijk om een maatschappelijk verschijnsel en het heeft dus een maatschappelijke oorzaak. De radicalisering van de studenten wordt zo langzamerhand een wereldverschijnsel. Denk aan de machtige demonstraties van de Zengakuren in Japan in 1960, de free speech movement in de Californische universiteit Berkeley, de groei van de anti-oorlogsbeweging van de Amerikaanse studenten, de agitatie van de zwarte studenten in datzelfde land voor Black Power, de radicale acties van de West-Duitse studenten, de grote betogingen van de Franse studenten tegen het plan Fouchet, de bezetting van verscheidene universiteiten in Italië waaronder de katholieke universiteit van Milaan, de revolte van de studenten in Madrid en in een aantal Spaanse universiteiten, de provo-beweging in Amsterdam en nog geen twee weken geleden de jongerenopstand in Bremen, enz.

Leuven Vlaams: de diepere betekenis van een revolte (1968)

Het is duidelijk dat de uitbarsting van de Vlaamse studenten geen geïsoleerd verschijnsel is en dat zij, ondanks haar specifieke kenmerken, een tendens reproduceert die zich in bijna alle landen van de wereld voordoet.

De universitaire explosie

We moeten de objectieve oorzaken van deze radicalisering in de industrieel ontwikkelde landen nader bekijken. Eerst en vooral is er de "universitaire explosie" die het aantal hogeschoolstudenten aanzienlijk heeft vergroot, wat trouwens beantwoordt aan de objectieve behoeften van de kapitalistische productiewijze in haar huidige ontwikkelingsfase. Maar in functie van de ongelijke ontwikkeling tussen de "privé consumptie" en de "collectieve consumptie" (m.a.w. de ontoereikende subsidies voor het hoger onderwijs) veroorzaakt de groei van het studentenaantal een quasi permanente crisis in de burgerlijke universiteiten (leslokalen, studentenhuizen en kantines, bibliotheken, laboratoriumuitrusting, enz.). Het onderwijssysteem, de kwalificatie van het universitair personeel en vooral de organisatorische structuren van de universiteit zijn geen van allen mee geëvolueerd in functie van de behoeften die voortvloeien uit de "universitaire explosie". Kortom, de democratisering van de toegang tot het onderwijs gebeurde in het kader van een niet gedemocratiseerde universiteit die fungeert als een machine voor het produceren van diploma's. Nu heeft deze explosie de sociale samenstelling van het studentenbestand diepgaand veranderd. In het verleden was de universiteit bijna uitsluitend voorbehouden aan de zonen van de hoge burgerij en van de hoge ambtenarij. Vandaag vormen de kinderen van de werkende klasse de hoofdmoot van studerende jeugd, alleszins samen met de zonen en dochters van de kleine burgerij, van de kantoorbedienden en van de lagere ambtenarij (maar zij blijven het slachtoffer van een discriminatie die voortvloeit uit de ondemocratische structuur van het globale onderwijssysteem, met de lagere school als beginpunt). Dikwijls gaat het om studenten die, door hun oorsprong, dichter bij de werkende klasse staan dan bij de grootbourgeoisie. Dikwijls ook gaat het om studenten die met materiële problemen te kampen hebben, iets wat uiteraard niet het geval was voor studenten afkomstig uit de rijke milieus. Als gevolg van dit alles leidt de permanente crisis van de universiteit bij een belangrijke gepolitiseerde minderheid van de studenten tot een groeiende betwisting van de universiteit als zodanig en van de burgerlijke samenleving in het algemeen.

De opeenvolgende fasen van de contestatie

Die fasen zijn bekend en "Leuven Vlaams" [de Vlaamse sectie van de KUL], waar het aantal studenten van bescheiden afkomst hoger is dan in alle andere Belgische universiteiten, is er sinds enige jaren een klassieke illustratie van:

1. De geboorte van een studentenvakbeweging met louter materiële doelstellingen (mensa's, wooncoöperaties, stakingen tegen de te hoge maaltijdprijzen).

2. Een betwisting van de autoritaire structuur van de administratie van de universiteit m.b.t. al wat het welzijn van de studenten betreft.

3. De betwisting van deze autoriteit m.b.t. de universitaire politiek (de beslissing om "Leuven Frans" te handhaven werd genomen tegen de wil van de meerderheid van de studenten en zelfs zonder ze te raadplegen).

Leuven Vlaams: de diepere betekenis van een revolte (1968)

4. De geboorte van een opstandig gevoel tegen de autoritaire structuren in het algemeen (die van de universiteit, van het episcopaat, van de burgerlijke staat, van het grootkapitaal). In de loop van 1967 wordt de SVB opgericht, de Studenten Vakbeweging.

5. Een verruiming van het bewustzijn veroorzaakt door een scherpe gevoeligheid voor de grote internationale problemen (Vietnam, Cuba, de guerilla in Latijns-Amerika). We merken hierbij op dat de studenten in de sociale wetenschappen zich makkelijker een globale visie van de maatschappelijke ontwikkeling kunnen eigen maken dan handarbeiders en wetenschappers; deze laatsten zijn namelijk het slachtoffer van de arbeidsdeling en vastgeketend aan versnipperde taken die een globale kijk op het wereldgebeuren moeilijker maken. Het is niet toevallig dat de meetings rond Vietnam en Che Guevara aan de universiteit van Leuven groter en strijdbaarder waren dan in alle andere steden van België. De heroïsche dood van de Colombiaanse guerillaleider priester Camilo Torres, een oudstudent van de KUL, heeft daar eveneens toe bijgedragen.

6. Een doelbewuste poging om deze revolte tegen de autoritaire structuren en tegen de hypocrisie en het cynisme van de burgerlijke maatschappij en van de traditionele partijen, te koppelen aan een globale kritiek van de neokapitalistische samenleving.

7. Inspanningen om deze antikapitalistische visie om te zetten in de praktijk (daartoe sterk aangezet door de incidenten in Zwartberg[2]) en om contacten te leggen met de voorhoedearbeiders. Zo hielpen de studenten de arbeiders die het A.B.R. bedrijf in Leuven hadden bezet toen de Société Générale zijn sluiting aankondigde.

De specifiek kenmerken

Deze evolutie in België die een reproductie is van wat zich elders heeft voorgedaan, heeft natuurlijk specifieke kenmerken, namelijk het Belgische nationaliteitenconflict en de politieke en ideologische antecedenten van de studentenbeweging in Leuven. De Vlaamse beweging is traditioneel kleinburgerlijk. Zij was oorspronkelijk overwegend democratisch van inslag en vertoonde socialistische neigingen, maar werd in de jaren 1930-1944 sterk beïnvloed en zelfs ingepalmd door het fascisme[3]. Hierop volgde na de nederlaag van Nazi-Duitsland een gewetensonderzoek en een algemene herschikking, een proces dat nog niet is voltooid. Men mag de gepolitiseerde massa van de studenten in Leuven zeker niet doodverven als "racisten", "vreemdelingenhaters" of "halve fascisten", maar men moet wel rekening houden met de reactionaire invloeden waaraan ze blootstaan.

Ontkerkelijking

In feite kan men de evolutie waarvan de Leuvense studenten een uiting waren samenvatten onder de term ontkerkelijking: een emotionele reactie die volgde op de reactie van het episcopaat. Het episcopaat gaf geen gehoor aan de eis van de meeste Vlamingen die een eentalig onderwijs in Vlaanderen willen. De invloed van de CVP en van de hoge clerus bij de studenten smolt als sneeuw voor de zon. Er is een grote leegte ontstaan waar twee krachten op dit ogenblik tegen elkaar vechten voor de ideologische hegemonie:

– enerzijds de Volksunie die vasthoudt aan een in wezen cultureel en talig nationalisme samengevat in de kreet "Walen buiten", die een bondgenootschap probeert te smeden dat zich beperkt tot de Vlaamse klein- en middelgrote burgerij. Zij vormt de achterhoede van de beweging, belast met het verleden;

Leuven Vlaams: de diepere betekenis van een revolte (1968)

– anderzijds de studentenvakbeweging die de revolte probeert te kanaliseren naar een antikapitalistisch bewustzijn zoals zijzelf dat in de voorbije jaren verworven heeft. Zij stelt tegenover de kreet "Walen buiten" de kreet "bourgeois buiten" en zij zoekt contact met de vakbonden en de voorhoede van de arbeiders, zowel in Vlaanderen als in Wallonië en Brussel. Zij vormt de voorhoede van de beweging en ze is een voorteken van wat komen zal.

Wanneer men inziet dat het gaat om een strijd in de schoot van de studentenbevolking, een groep die de Vlaamse massaorganisaties morgen diepgaand zal beïnvloeden, dan weet men dat de arbeidersbeweging deze kwestie niet mag ontwijken of op een ander spoor rangeren, maar dat zij haar volle steun moet geven aan de vooruitstrevende krachten die de Vlaamse Beweging willen losrukken uit de rechtse krachten

We mogen stellen dat wij een historisch moment beleven, want het is voornamelijk de breuk tussen de arbeidersbeweging en de Vlaamse beweging, een beweging die oorspronkelijk democratisch en sociaal gericht was, die een halve eeuw lang de doorbraak van uiterst-links en van het socialisme heeft verhinderd. Vandaag bestaat de mogelijkheid om deze breuk te helen. Zij die dit van de hand wijzen of verhinderen dragen de verantwoordelijkheid voor een nieuwe verlamming van de linkse krachten.

Leuven en het zelfbeschikkingsrecht der volkeren

De vraag om de Franstalige sectie van de KUL te verplaatsen naar Wallonië is conform het democratisch zelfbeschikkingsrecht der volkeren. Het weerspiegelt het noodzakelijke federalisme dat zowel door het Vlaamse als door het Waalse volk wordt gewenst.

Het beantwoordt dus aan onze eigen principes. Of nog juister: een afwijzing van deze overplaatsing zou [bij de Vlamingen] twijfels zaaien over de federalistische geloofsbelijdenis [van de Walen] en het vermoeden versterken dat de Franstaligen in dit land federalisme eisen om te ontsnappen aan hun minderheidspositie in de unitaire staat, terwijl ze tegelijk het recht opeisen om te blijven knabbelen aan het cultureel en talig homogeen karakter van Vlaanderen, d.w.z. dat ze zelfbestuur eisen in Wallonië maar zelfbestuur in Vlaanderen afwijzen.

Het spreekt vanzelf dat wanneer de Waalse beweging ongelukkigerwijze zo'n standpunt zou innemen, de strijd voor het federalisme onherroepelijk tot mislukking is gedoemd. Maar als zij integendeel het nut ervan zou inzien om de bressen in de unitaire Belgische staatsstructuur te verbreden, dan helpt zij de voorbereiding van de noodzakelijke en onvermijdelijke convergentie van de Vlaamse en Waalse volkse krachten die de unitaire staat en het kapitalisme moeten omverwerpen. De meerderheid van de huidige hogeschoolstudenten zijn afkomstig uit de kleine burgerij en zij voelen, in meer dan een opzicht en misschien zelfs meer dan elke andere sociale categorie, de specifieke onderdrukking van het in de universitaire structuren werkzame neokapitalisme. Om meer inzicht te krijgen in de Leuvense studentenrevolte moeten we de emancipatiebeweging van het Vlaamse volk dat tot nog toe gevangen zat in een steriel nationaliteitenconflict als vertrekpunt nemen.

De oorspronkelijk democratische Vlaamse beweging wordt vandaag geconfronteerd met de ontkerkelijking en kent een begin van antikapitalistisch bewustzijn. De gehele werkende bevolking in dit land, zowel Vlamingen als Walen, moet met haar volle gewicht de Vlaamse vooruitstrevende krachten helpen om de leiding van de Vlaamse beweging te ontrukken aan de rechtse krachten. Deze

Leuven Vlaams: de diepere betekenis van een revolte (1968)

oriëntatie beantwoordt volledig aan het politieke opvattingen van de S.A.K.[4] De eis om de Franstalige sectie van de KUL over te plaatsen naar Wallonië is een beslissende stap in de richting van het federalisme waarmee een einde zal worden gemaakt aan de unitaire Belgische staat en het kapitalisme.

De hele kwestie is een test voor de waarachtige karakter van de federalistische overtuigingen: alle Vlaamse politieke groeperingen hebben zich uitgesproken voor de overdracht van "Leuven Frans" naar Wallonië, met inbegrip van de Vlaamse socialisten op hun recent congres in Klemskerke en het nochtans zeer gematigd Liberaal Vlaams Verbond. Men kan dus moeilijk betwisten dat het gaat om een eis van het hele Vlaamse volk en men treedt het zelfbeschikkingsrecht met de voeten als men deze eis verwerpt.

Drie aangehaalde tegenargumenten

Het eerste tegenargument, afkomstig van de Waalse federalistische bewegingen, neemt als vertrekpunt een veronderstelde Vlaams-Waalse twistappel. Wanneer men, zo wordt beweerd, in dit geschil een element isoleert, bijvoorbeeld door toe te geven aan de Vlamingen inzake Leuven, dan ondermijnt men de positie van de Waalse onderhandelaars m.b.t. tot het globale geschil. Dit standpunt is er een van geven en nemen en keert dus de principes bewust de rug toe. Maar hoe kunnen de Waalse bewegingen de toepassing van het nationaliteitsprincipe en het zelfbeschikkingsrecht opeisen in de Voerstreek[5], of hoe kunnen de Brusselaars het zelfbeschikkingsrecht van de Brusselse agglomeratie opeisen, als zij tegelijk het zelfbeschikkingsrecht van de Vlamingen en de beweging van de Leuvense studenten afwijzen? In zo'n geval hebben we weer te maken met gemarchandeer en doelloos politiek gesjoemel: het roept een monsterverbond in het leven tussen de traditioneel progressieve Waalse bewegingen en de meest reactionaire en klerikale groepen, een situatie die de eenheid in de actie van de Vlaamse en Waalse werkers in de toekomst onmogelijk maakt.

Het tweede argument wordt aangevoerd door de verdedigers van het rijksonderwijs die vrezen dat de overdracht van "Leuven Frans", gedeeltelijk in Wallonië en gedeeltelijk in Brussel (er is sprake van de oprichting van een medische faculteit in Woluwe) een versterking zou betekenen van het katholieke onderwijsnet ten koste van dat van het rijk. Sommigen zien zelfs achter de "zaak Leuven" een duivels plan van het episcopaat om subsidies af te dwingen voor een nieuwe katholieke universiteit, wat op lange termijn de ideologische en politieke krachtsverhoudingen in Wallonië zou kunnen wijzigen. Zo'n redenering hoor je vaak in de Vlaamse rangen van de BSP die, omdat ze geen stelling willen nemen, Leuven voorstellen als een "afleidingsmanoeuvre", als een nieuwe schoolstrijd. Men kan hierop niet anders reageren dan met de uitspraak, het federalisme een mis waard is, net zoals Parijs dat ooit was[6]. Niemand minder dan André Renard[7] had immers een katholieke universiteit beloofd aan de Waalse gelovigen in het kader van een federaal België. De Kerk van 1968 is niet de Kerk van 1848 of van 1893 en zeker niet meer de hoofdvijand van de arbeidersbeweging in dit land. Het zijn de Franstaligen zelf die het karakter van een universiteit van Namen[8] moeten bediscussiëren. Zij zou heel goed kunnen uitgroeien tot een nieuwe pluralistische universiteit als tegengift voor de oprichting van de Antwerpse universiteit. In ieder geval is het zo dat men een onvergeeflijke politiek blunder maakt als men de voorrang geeft aan dit soort van conflict ten koste van een mogelijke verlinksing van de Vlaamse intelligentsia.

Het is bovendien zeer duidelijk geworden dat er sterke redenen

Leuven Vlaams: de diepere betekenis van een revolte (1968)

zijn waarom de geestelijkheid en de bourgeoisie systematisch de draagwijdte van de Vlaamse studentenbeweging proberen te vervormen. De inplanting van een Franstalige universiteit in Wallonië zou deze dieper integreren in de bevolking en ook democratiseringsproces van de katholieke universiteit versnellen. Die inplanting zou bovendien een breuk in de unitaire structuren betekenen en de verwezenlijking van het federalisme erg vergemakkelijken.

Tolerantie of gelijkheid?

Het derde argument, afkomstige uit de liberaal en sociaaldemocratisch ingestelde Brusselse milieus, verwijst naar de verdediging van de individuele vrijheid en ziet in de eis voor een homogeen Vlaamse universiteit een overblijfsel van het reactionaire racisme waarvoor men onmogelijk kan zwichten. Diezelfde milieus hadden zich veertig jaar geleden uitgesproken tegen de vervlaamsing van de Gentse universiteit. Men hoeft deze heren enkel te vragen of zij voor een Vlaamse universiteit zijn in Luik of Charleroi en men merkt meteen waar het ware nationalisme schuilt. Het is duidelijk dat zij halsstarrig rechten opeisen die zij obstinaat ontzeggen aan anderen, dit in naam van de zuiver racistische opvatting dat de Franse cultuur op een hoger niveau staat dan de Nederlandse. In werkelijkheid staat niet het principe van de tolerantie op het spel, net zo min als in elk ander land waar een voorheen onderdrukte nationaliteit haar volle rechten opeist, maar wel het principe van de gelijkheid. Tolerantie is enkel mogelijk tussen gelijken. In de kolonialistische periode was de eis voor een uitbreiding van het Franstalige onderwijs in Algerije geen vorm van tolerantie, maar een verdediging van onbillijke en ongelijke structuren. Na de onafhankelijkheid kon worden onderhandeld over de tolerantie (en zelfs de uitbreiding) van het Franstalige onderwijs (wat nog geen volwaardige onderhandeling inhoudt gezien de neokoloniale banden die Algerije vandaag binden aan Frankrijk). De plicht van de linkse krachten is dus duidelijk. Zij moeten de progressieve voorhoede van de Leuvense studenten ondersteunen, hen helpen bij het inslaan van een strijdbare antikapitalistische federalistische weg, ertoe bijdragen om een duurzame alliantie tussen hen en de voorhoede van de arbeidersbeweging te smeden, terwijl ze stelling nemen voor "Leuven Frans" in Wallonië. Vervolgens moeten zij de democratische, antiautoritaire en antikapitalistische bewustwording van de Leuvense studenten verhogen door een coherente eisenbundel m.b.t. de universiteit op te stellen, namelijk een programma dat zich niet beperkt tot de idee van een studentenloon, maar ook het rechtstreekse medebeheer van de universiteit, met vetorecht en verkozen studentenvertegenwoordigers.

---

1   De term "neokapitalisme" kwam het eerst voor in Mandels artikel « L'Apogée du néo-capitalisme et ses lendemains" in *Les Temps Modernes* # 219-220, août-sept. 1964, pp. 193-210. Een Engelse versie verscheen in *The Socialist Register* 1964 onder de titel "The Economics of Neocapitalism". (H.P.)

2   In 1966 werd de steenkoolmijn van Zwartberg (een wijk in het Limburgse Genk) gesloten. Het verzet van de stakende mijnwerkers werd hardhandig neergeslagen. Er vielen twee doden. (H.P.)

3   Hugo CLAUS' roman *Het verdriet van België* hangt een kritisch en ironisch beeld op van de Vlaamse beweging in die periode. (H.P.)

4   De Socialistische Arbeiders Konfederatie werd opgericht na de uitsluiting van *La Gauche* uit de BSP in 1964. Ze bestond uit een Vlaamse, een Brusselse en een Waalse partij. Een lang leven was haar niet beschoren. (H.P.)

5   Na de talentelling van 1963 werd de Voerstreek van de Waalse provincie Luik overgeheveld naar de Vlaamse provincie Limburg, gehoor gevend aan het principe dat de plaatselijke traditionele dialecten behoorden tot het Nederlands. De kleine Franstalige meerderheid verzet zich daartegen. (H.P.)

6   Een verwijzing naar Hendrik IV, die zijn protestants geloof opgaf om katholiek Parijs in handen te krijgen met de legendarische uitspraak "Paris vaut bien une messe". (H.P.

FEDERALISME EN RUIMTELIJKE ORDENING (1968)

Dit curieuze artikel, een mengeling van optimisme, naïef vertrouwen in de technologie en de droom van een megalopolis, dat we vandaag uit ecologisch oogpunt moeten afwijzen, verscheen in La Gauche *op 26 oktober 1968. Uitgaande van enkele studies van architecten en stedenbouwkundigen die in het zog van de internationale contestatiebeweging in 1968 waren gaan twijfelen aan de traditionele kapitalistische opvattingen in hun beroep, legt Mandel een verband tussen ruimtelijke ordening met zijn woon- en leefwijze en de nationaliteitenkwestie in België. Dit alles voor er echt sprake was van ecologische bekommernissen in de linkse rangen. We willen hiermee niet beweren dat Mandel toen een scherp ecologisch doorzicht aan de dag legde.Hij is hier bijvoorbeeld nog steeds voorstander van kernenergie[1].*

Maar wanneer de auteur opmerkt dat de Belgische bourgeoisie haar macht verbergt achter culturele en territoriale tegenstellingen, dan legt hij de vinger op de zere plek: zolang België geen waarachtig, antikapitalistisch federalisme kent, kan de bourgeoisie deze tegenstellingen gebruiken om Vlamingen en Walen tegen elkaar op te zetten. De echte federalistische oplossing vereist bijgevolg op zijn minst een doorgedreven antikapitalistische strijd. We hebben reeds opgemerkt dat België vandaag een federale staat is,maar dat het kapitalisme er nog steeds onverdeeld de baas is. Het artikel richt zich tot wat Mandel de "natuurlijke voorhoede" van de Waalse arbeidersklasse noemt. Maar laten we ons de volgende vraag stellen: als het Communistisch Manifest zegt dat de bourgeoisie de wereld naar haar eigen beeld schept, van welk regime en van welke klasse is Mandels stedebouwkundig project dan,het beeld?

In de kapitalistische landen zijn het openbaar vervoer, de huisvesting, het vervoersysteem en de urbanisatie van de steden en hun aanpassing aan de nieuwe behoeften van de bevolking, onderworpen aan de heersende economische belangen van de maatschappij.

Urbanisme, architectuur en ruimtelijke ordening stellen problemen die niet zozeer van technische als wel van politieke aard zijn. Ook op die gebieden staan de problemen van het dagelijks leven van miljoenen mensen in functie van de directe belangen van de trusts en van de grondspeculanten. De beslissingen van de "openbare besturen" (wanneer zij bijv. beslissen om een spoorlijn af te schaffen, een snelweg aan te leggen of een woonwijk te bouwen, enz.) blijven schatplichtig aan machten die boven hen staan. Ook hier komt de ware aard van de burgerlijke staat als instrument van de heersende klassen tot uiting.

De zogeheten "contestatiebeweging" heeft ook architecten en stedenbouwkundigen aangegrepen en de meest lucide onder hen hebben hun enge corporatistische eisen (hun beroepsorganisatie) de rug toegekeerd en kiezen voor een aanval op het kapitalistische stelsel.

Het tijdschrift Synthèse heeft zijn mei-juni nummer gewijd aan de

Federalisme en ruimtelijke ordening (1968)

problemen van het urbanisme. In de bijdragen van J. Remy, J.-P. Blonde, P. Laconte en P. Puttemans in het bijzonder vindt de socialistische militant stof tot nadenken.

Politieke keuzen

"We moeten het urbanisme 'herpolitiseren' " schrijft Blondel. Zeer juist, maar het politieke debat over de keuzen inzake stedenbouw mag geen verward strijdgewoel worden waaruit enkele financiële belangen toch nog als overwinnaars uit de bus komen. Wil men zo'n debat op een vooruitstrevende manier voeren, dan is er nood aan burgers die zich een algemeen idee kunnen vormen van de ontwikkeling van de samenleving, niet alleen m.b.t. de productie- en de krachtsverhoudingen tussen de sociale klassen, maar ook over de inrichting van de ruimte waarbinnen de mensen actief zijn.

J. Remy stelt het volgende probleem: "Men moet zich afvragen of de toekomst behoort aan de grote stedelijke concentraties, of integendeel aan een grote spreiding van de bevolking". Dat is een belangrijke kwestie in een land waar de activiteit van twee volkeren zich steeds meer concentreert in een grote stad. De auteur geeft eigenlijk geen antwoord op zijn vraag, maar stelt eerder een inventaris op van de voor- en nadelen tussen stad en dorp voor de werkgever en de werknemer. In een grote stad heeft de ondernemer een betere keuze om geschikte werkkrachten aan te werven, gezien hun aantal. De werkkrachten hebben er meer vrijheid, niet alleen qua werkgelegenheid, maar ook qua ontspanning en persoonlijke relaties.

Aldus de voordelen, maar hoe zit het met de objectieve tendens? Volgens J.-P. Blondel ligt die in de spreiding van de woonplaats, in het zoeken naar natuur en afzondering, een spreiding die begunstigd wordt door de alomtegenwoordigheid van een stuk culturele ontspanning, de televisie. Een groeiende mobiliteit heeft deze spreiding mogelijk gemaakt: de tram heeft de buitenwijken mogelijk gemaakt, de auto heeft het platteland naderbij gebracht. Maar de tewerkstelling blijft zich concentreren in het centrum van de stad gezien de mechanisering van de landbouw, de automatisering in de industrie, de 'tertiaire sector', en het amalgaam van die functies waarin de communicatie een belangrijke rol speelt. De mensen die in het centrum van de stad blijven wonen zijn hoofdzakelijk de armste proletariërs die geen auto kunnen kopen en die, daartoe gedwongen door hun fragiele tewerkstelling, in de buurt blijven van de verkeersknooppunten waar ze een nieuwe baan kunnen vinden zonder te moeten verhuizen. We hebben hier te maken met de ontwikkeling van de Spaanse en Marokkaanse "kolonies" nabij de grote Brusselse stations.

De algemene tendens is dus als volgt: spreiding van de woonwijze en concentratie van de tewerkstelling, alles binnen de door de transportmiddelen bepaalde grenzen.

Particuliere wagen of openbaar vervoer?

De auto is het soepelste verkeersmiddel, maar ook het meest hinderlijke: P. Laconte toont aan dat een automobilist gemiddeld 60 à 100 keer meer plaats in beslag neemt dan een gebruiker van het openbaar vervoer. De veralgemening van de particuliere wagen veroorzaakt de verstikking van het stadscentrum: tijdverlies door filevorming en het zoeken naar een parkeerplaats. Dure werken maken het historische centrum kapot. De stad als leefruimte wordt opgeofferd aan de stad als rijweg.

Maar in de spitsuren zijn de nieuwe verkeersaders vlug verzadigd

Federalisme en ruimtelijke ordening (1968)

omdat zij tot rijden uitnodigen. Iedereen heeft nog geen auto en het aantal kan nog dubbel zo groot worden. Het aantal particuliere wagens verhoogt des te vlugger naarmate tram en bus voor de verbruiker nog meer ongemakken meebrengen: zij worden gehinderd door het autoverkeer en doordat hun gebruikeraantal vermindert, gebiedt de rendabiliteit dat de prijzen stijgen en de diensten verminderen.

Onmiddellijke oplossingen zijn mogelijk: aparte rijstroken voor de bussen, gratis tram en bus, betaalparkings daar waar er verzadiging is; de controle van de parkeermeters maakt banen vrij die de afschaffing van de tramconducteurs compenseren en de opbrengst van de parkeermeters zou de kosten van het gemeenschappelijk vervoer kunnen dekken. Maar die oplossingen gaan in tegen het individualisme en het fetisjisme van de wagen als "sociale promotie", twee zaken die elkaar wederzijds versterken.

De verstikking van het stadscentrum – die met de uitlaatgassen ook letterlijk de stadsbewoner treft – en de prijsstijging van de grond tasten op hun beurt de oorspronkelijke voordelen aan van het stedelijk arbeidsreservoir en verkeersknooppunt. De verstikking leidt tot de desintegratie van de stad, d.w.z. tot "een bepaalde migratie van de handel, de kantoren en zelfs van de cultuur- en ontspanningscentra naar de periferie, met het afsterven van het stadscentrum als gevolg". Deze decentralisatie van de tewerkstelling treft echter niet alle bedrijfssectoren op gelijke wijze.

De halfgeautomatiseerde bedrijven die vooral geschoolde arbeiders tewerkstellen kunnen zich gemakkelijk inplanten op het platteland en daar werkkrachten vinden; de lagere lonen compenseren dan de hogere lonen die de baas moet betalen aan de kaders en technici om ze uit de grootstad te lokken. Daar staat tegenover dat de bedrijven die hoofdzakelijk geschoolde arbeiders en technici gebruiken, m.n. de studiebureaus, de handelshuizen en de administratie hun werkkrachten moeten kiezen in de stad zelf waar zij bovendien goedkoper zijn.

Gaat het hier om een voorlopige beperking en evolueren we naar een eenvormige spreiding van de woonwijze en van de tewerkstelling? Men kan zich indenken dat de ontwikkeling van de elektronische communicatiemiddelen het mogelijk zal maken om collectief te werken ook al is men als individu op een andere plek, dus zonder kantoorruimten op te vullen. Dit zou een terugkeer naar de huisnijverheid betekenen, gekoppeld aan een grotere vrijheid in de keuze van het domicilie. Maar niets zegt dat deze vrijheid zal leiden tot een steeds grotere spreiding in een tijdperk waarin het onderscheid tussen de werkplek en de rustplaats samen met het onderscheid tussen arbeid en ontspanning vervaagt, namelijk in het tijdperk van het ontwikkelde socialisme.

Wanneer vandaag vele mensen zich afzonderen in de buitenwijken of op het platteland (of ervan dromen) dan doen ze dat om te ontsnappen aan het geweld van de fabriek en het geraas van de straat. En de behoefte om in gemeenschap te leven zal de overhand nemen als die hinder eenmaal verdwenen is.

Maar het is riskant om te voorspellen hoe onze afstammelingen zullen leven als zij zich eenmaal bevrijd hebben van de dwang waardoor onze oordelen sterk bepaald worden. We moeten dus de trends in de industrieel meest ontwikkelde landen als vertrekpunt nemen. Daar constateren we dat in bepaalde zeer dicht bewoonde gebieden de steden uitbreiding nemen en op grotere schaal agglomeraties vormen. Men spreekt van conurbaties of spiraalnevels: de "megapolis" in het noordoosten van de Verenigde

Federalisme en ruimtelijke ordening (1968)

Staten die zich uitstrekt van Washington tot Boston, of de Randstad Holland die Rotterdam, Den Haag en Amsterdam omvat.

Men constateert ook dat men daar vraagt naar nieuwe collectieve vervoermiddelen en dat er "superwoonblokken"ontstaan, echte steden in de stad, geïntegreerde eenheden met winkels, kantoren en flats waar de voetganger koning is, maar gebouwd boven op de spoorwegstations en de metro. Een eerste voorbeeld hiervan in België is het Rogiercentrum.

De megapolis in het noordoosten van de V.S. lijdt niet alleen aan verstopping van de autowegen maar ook van de luchthavens. Deze superstad heeft een supermetro nodig die de snelheid van het vliegtuig benadert. Er worden nieuwe technieken uitgedacht m.b.t. het oppervlakteverkeer, vooral in Frankrijk en de V.S. waar de openbare besturen al belangrijke contracten hebben toegewezen aan de grootste industriële ondernemingen. De lineaire elektrische motor, het luchtkussen, de "hangende trein", de "lege" tunnel, een combinatie van enkele van deze technieken kunnen in de nabije toekomst een spoortrein leveren die gemiddeld zo'n 300 km/u haalt.

De urbanisatie van Wallonië

De installatie van zo'n trein zal meer kosten dan de klassieke spoortrein, gezien de technische kant ervan en het feit dat hij de stadscentra moet bereiken om voordelen te bieden. Hij kan slechts rendabel zijn als hij met hoog debiet de centra van de conurbaties bedient.

Omgekeerd, als de openbare besturen bereid zijn zo'n transportmiddel te introduceren in een regio waar de bevolking talrijk is, maar verspreid woont, zoals in het Waalse industriebekken, dan kan die regio uitgroeien tot een echte stad. Maar een hogere snelheid van het openbaar vervoer is niet het enige onderwerp van het lopende onderzoek. Ook het individueel vervoer kan evolueren. De elektrische wagen zal weldra de luchtvervuiling in de steden verminderen. Een computer kan de particuliere wagens in "treinen" organiseren en ze op de autoweg draadloos besturen, terwijl op de kleinere wegen de chauffeur autonoom is: zo vermijdt men het overstappen in de stations/parkeerplaatsen en verdwijnt het onderscheid tussen individueel en gemeenschappelijk vervoer.

Het is duidelijk dat deze andere ontwikkelingsas gekoppeld is aan de spreiding van de woningen, en dat is geen onveranderlijk gegeven. P. Laconte schrijft dat "het toekomstige gelaat van de steden waar de uitwisseling plaats heeft, essentieel in functie zal staan van de dominerende vervoertechnieken". Men kan nog verder gaan en stellen dat het toekomstig stedenbouwkundig project de ruimtelijke ordening nauw zal verbinden met de gekozen transport- en communicatietechnieken, dus van de keuze die men maakt in de technologische ontwikkeling.

Het is nu al duidelijk dat men zal moeten kiezen tussen een bepaalde concentratie van de tewerkstelling en van de huisvesting, gekoppeld aan een snel verkeersmiddel en een verspreide woonwijze die zelf gekoppeld is aan een gesofistikeerd individueel vervoer. In een socialistische democratie zullen zulke keuzen in het centrum staan van de stedenbouw.

Het unitarisme en de hieruit voortvloeiende contradicties

Een stad is in zekere zin een ruimte waarin de transportmiddelen concentreerd zijn, zodat eenieder eender waar kan gaan werken. Indien men ervan uitgaat dat de mensen bereid zijn om gemiddeld

Federalisme en ruimtelijke ordening (1968)

zo'n twee uur te besteden aan het vervoer tussen de woonplaats en de werkplek, dan kan een stad, voorzien van de huidige transportmiddelen, zich over zo'n 300 km uitstrekken. De huidige grote conurbaties kunnen dus echte steden worden.

Deze tendens merkt men nu al wanneer men de verwezenlijkingen in ogenschouw neemt. Naast de klassieke metro, bedoeld om het oppervlakteverkeer in de oude stadscentra te ontlasten en waaraan nog gewerkt wordt in Stockholm, Brussel, Rotterdam of Praag, ontstaan er andere realisaties die nog gebaseerd zijn op de klassieke technieken van het aangedreven wiel, maar die het uiterste van hun mogelijkheden hebben bereikt. De Tokaïdo verbindt de 500 km tussen Tokyo en Osaka in drie uur en een tiental haltes. De Bay Area Rapid Transit beschrijft een kring van 100 km rond de baai van San Francisco.

De in aanbouw zijnde metro in Brussel is een peulenschil vergeleken met het spoorwegnet van de Nationale Maatschappij der Belgische Spoorwegen die Antwerpen, Charleroi, Gent, Bergen en Namen met elkaar verbindt, een megapolis van zes miljoen inwoners. De NMBS is de eigenlijke metro. Hij vervoert dagelijks 150.000 mensen uit die "satellietsteden" naar hun werk in het centrum van de hoofdstad. We kunnen ons verheugen op het bestaan van deze "satellietsteden" waarvan andere hoofdsteden gruwelijk verstoken blijven, die de aantrekkingskracht van het centrum in evenwicht houden en een onoverkomelijke verstopping vermijden[2]. Dit evenwicht bestaat tussen Antwerpen en Gent, doordat de industriële investeringen in Vlaanderen een zekere emigratie van de Brusselse Vlamingen naar Vlaanderen heeft mogelijk gemaakt.

Maar een dergelijk evenwicht tussen Brussel en de provincie Henegouwen, waar de economische neergang de inwoners hetzij als inwijkelingen, hetzij als pendelaars, naar Brussel drijft, bestaat niet. Die dubbele beweging maakt dat de bevolking van Brussel meer en meer Franstalig wordt. De tweetaligheid op de werkplek wordt sterker onder de driedubbele druk van de Vlaamse culturele eisen, de industriële ontwikkeling van Vlaanderen en de economische en commerciële concentratie in de hoofdstad.

De economische, culturele en ruimtelijke problemen van de drie onderdelen van deze Belgische megapolis zijn nauw verstrengeld: de Vlamingen hebben in hun streek de industrie zien groeien die groeiende aantrekkingskracht uitoefent maar in hun ogen tegelijk vreemd blijft. De industriële aderlating dwingt de Walen te kiezen tussen pendelarbeid of naar Brussel verhuizen, waar hun wrevel versterkt wordt door hun talenhandicap. De Brusselaar dan weer steekt opnieuw de taalgrens over en verspreidt de lelijkheid van de buitenwijken in Waals Brabant, halfweg op de route die de nieuwe Waalse inwijkeling in omgekeerde richting heeft gevolgd. Geven die culturele kontakten enig voordeel? De twee helften van de Leuvense universiteit kennen elkaar niet; in de universiteit van Brussel en in andere instellingen vraagt men volledige opsplitsing.

Het federalisme maakt een andere ruimtelijke ordening mogelijk

Men kan denken dat centralisatie onvermijdelijk is en dat het federalisme ontoereikend of ongeschikt is. Maar we moeten er op wijzen dat de stedelijke concentratie van de tewerkstelling eerst en vooral een aspect is van de kapitalistische concentratie in het voordeel van een bourgeoisie die haar macht verbergt achter deze culturele en territoriale contradicties. Men kan hierop reageren met te stellen dat de concentratie van het kapitaal slechts een aspect is van de groeiende socialisering van het productieproces, een proces dat zich voortzet na de uitschakeling van het kapitaal. Maar na

Federalisme en ruimtelijke ordening (1968)

deze uitschakeling kunnen de werkers meteen kiezen binnen welk kader zij die socialisering willen voortzetten. Zij kunnen daarbij kiezen voor een progressieve heropbouw van de tewerkstelling en van de woongelegenheid, gebruik makend van de meest recente technieken en van een betrekkelijk maagdelijk gebied in het hart van Vlaanderen en van Wallonië, in plaats van zonder zijn buren te kennen in het stedelijk allegaartje van Brussel en zijn satellietsteden te blijven hokken.

Nu is het zo dat men de infrastructuur van de steden zomaar niet kan slopen met een pennenstreek of door zijn stem uit te brengen. Om een andere weg in te slaan hebben Vlaanderen en Wallonië elk een aantrekkingspool nodig tegenover Brussel. In Vlaanderen kan Antwerpen die rol spelen. In Wallonië zijn er op zijn minst twee secundaire centra, Luik en Charleroi (en vier wanneer we Namen en Bergen in overweging nemen), waar het particularisme een dieptepunt heeft bereikt ten gevolge van het immobilisme op zijn beurt veroorzaakt door het industriële verval.

Opdat het Waalse industriebekken zou ophouden de grijze buitenwijk van Brussel te worden, moeten er natuurlijke nieuwe ondernemingen komen (iets waarvoor het kapitalisme zich niet inzet), maar moet men er ook een stad, één enkele stad van maken. Die mogelijkheid bestaat dankzij de nieuwe transportmiddelen die worden uitgedacht. De oude stedelijke en industriële concentraties die het gros van de Waalse bevolking omvatten liggen precies in het bekken van Samber en Maas. Een enkele super metro-lijn volstaat hier en is onmiddellijk "rendabel". De realisatie van deze metrolijn is bovendien gesneden brood voor de electrisch-mechanische industrie op zoek naar nieuwe producten.

De periode waarin zal worden gekozen voor deze snelle metro

zal bepalen of men gebruik zal maken van de meest geavanceerde klassieke of wel van de nieuwe technologieën. Maar dat is de zaak van de technici. De taak van de burger is een andere: hij moet zich de vraag stellen of de (democratische) centralisatie van productie en beheer rond een Waalse pool (i.p.v. een Brusselse), behoefte heeft aan een nieuw en snel transportmiddel dat van Wallonië één stad maakt? Misschien is dit een voorwaarde voor het succes van "het federalisme en de structuurhervormingen".

We moeten durven dromen zei Lenin

Laten we even verwijlen in een utopie. Binnen twintig jaar, in 1990, heeft de federale staat Wallonië enkele nieuwe moderne industrieën opgericht in Luik en Charleroi en is een belangrijk deel van de ministeries geïnstalleerd in Namen. De supermetro verbindt Rijssel en Aken in één uur tijd, een andere lijn verbindt de universiteit en de ministeries in Namen in tien minuten met de luchthaven in Zaventem of met het Europese Centrum voor kernonderzoek in Focant. Dankzij de "noord-zuid" verbinding komen steeds meer Brusselaars in het administratief centrum in Namen werken. Klassieke metrolijnen in Luik, Charleroi, La Louvière en Bergen brengen de bevolking dichter bij de ondernemingen gelegen rond de metrostations. De particuliere wagen blijft een component van dit gemeenschappelijk vervoersysteem, doordat de woning, nog steeds ietwat ouderwets, weinig ontwikkeld is; de heropbouw van de industrie kreeg namelijk voorrang.

Men is op het plateau van Condroz, evenwijdig aan de Maasvallei, beginnen bouwen aan een groep "verticale dorpen", 5 km van elkaar verwijderd, met, te midden van een 500 ha groot park, één enkel gebouw waarin 20.000 gezinnen gehuisvest worden en voorzien van alle diensten die kunnen worden gedecentraliseerd.

Federalisme en ruimtelijke ordening (1968)

Onder de grond ligt een klassiek metrostation dat de inwoner van zo'n dorp op een kwartier tijd naar het dichtstbijzijnde station van de supermetro rijdt. Hetzelfde plan voorziet de bouw in het jaar 2000 van een analoge structuur tussen Namen en Bergen.

U zult me zeggen dat *La Gauche* geen SF-magazine is, dat we eerst het kapitalisme moeten omverwerpen en dat pas daarna de werkers zelf zullen kunnen oordelen over wat hen past. Dat klopt, maar het socialisme is slecht een kader. Om het een aantrekkelijk gelaat te geven moeten we dit raamwerk opvullen met mogelijke projecten. Waarvoor dienen federalisme en structuurhervormingen? En wat zullen we produceren in de openbare ondernemingen die een echte reconversie mogelijk moeten maken?

Er moeten criteria worden opgesteld, er moet werk worden gemaakt van een economisch plan gekoppeld aan een plan voor de ruimtelijke ordening. Die plannen dragen een algemeen en relatief abstract karakter omdat we de technologieën van de toekomst nog niet kennen. Maar soms moeten we ons licht doen schijnen op bepaalde aspecten van de precieze concrete ontwikkeling, om ons zo bewust te worden van de mogelijkheden die het kapitalisme braak laat liggen, en om een debat op gang te brengen dat de belangstelling van de werkers in het socialisme doet herleven.

Samengevat:

De steden, die zich hebben uitgebreid dankzij de wagen, worden erdoor verstikt. De mobiliteit heeft een zekere vrijheid meegebracht, maar om die te kunnen uitoefenen moet er gekozen worden voor een vorm van massaal openbaar vervoer. Er wordt onderzoek gedaan naar nieuwe technieken voor het gemeenschappelijk vervoer te land. De steden moeten worden heropgebouwd in functie van deze vervoerssystemen en nieuwbouw is gemakkelijker dan het oude te renoveren.

In België leidt de centralisatie in de hoofdstad van de activiteit van twee volkeren die zich bewust zijn geworden, het ene van zijn neergang, het andere van zijn culturele persoonlijkheid en vervolgens van zijn industriële ontwikkeling, naar culturele conflicten die de bourgeoisie helpen aan de macht te blijven, maar die ook de materiële druk van het leven in de stad verscherpen.

De woonwijze van deze volkeren ligt verdeeld over de hoofdstad en over een reeks industriële bekkens waar de tewerkstelling snel achteruitgaat maar het inwoneraantal minder snel daalt. Het "pays noir" wordt de grijze buitenwijk van Brussel, maarmee het verbonden is door de aftandse conurbatielijn van de oude spoorweg. De wijze waarop deze oude stedelijke concentraties in elkaars verlengde liggen, maakt het mogelijk om onmiddellijk gebruik te maken van een nieuw gemeenschappelijk vervoerssysteem en om vervolgens, progressief, een nieuwe stad te bouwen. Voor de Walen valt dit vooruitzicht samen met een economische heropleving. Zij biedt de Brusselaars een alternatief zodat ze niet hoeven te verstikken tussen de Vlamingen en de auto's. Voor de Vlamingen lost ze het probleem op van de Brusselse "olievlek".

Zonder een dergelijk plan van ruimtelijke ordening gaat het federalisme tegen de stroom in van een groeiende centralisatie van de sociale activiteiten. Omgekeerd is dit stedenbouwkundig perspectief niet realiseerbaar binnen het huidige politiek-economische raamwerk. Dit perspectief en de discussie erover helpt de mensen die het keurslijf waarin ze gevangen zitten, willen doorbreken. Maar de Brusselaar kan, in afwachting van zijn verhuizing naar de stralende stad, zijn stad nu al meer leefbaar

Federalisme en ruimtelijke ordening (1968)

maken door gratis openbaar vervoer te eisen en veralgemeende betaalparkings.

Het zal veel gemakkelijker zijn om een nieuw Wallonië op te bouwen wanneer het oude Wallonië zijn verdediging kan opnemen door haar eigen autoweg te eisen en vooral door te strijden voor de verdediging van zijn tewerkstelling en voor nieuwe economische structuren.

---

1 Voor een kritische kijk op Mandels latere en meer serieuze ecologische opvattingen verwijzen wij naar Daniel TANURO, "Ernest Mandel, son optimisme, ses pronostics et l'écologie" (*www.europe-solidare.org*) en "Marx, Mandel et les limites naturelles", in *Contretemps*, sept. 2007. Voor een kritisch en antikapitalistische standpunt over de megalopolis verwijzen wij naar auteurs als Mike DAVIS en David HARVEY. (H.P.)

2 Het individuele auto- en vrachtwagenverkeer tussen de satellietsteden en Brussel is vandaag zodanig toegenomen dat het een schier onoverkomelijke hindernis is geworden. Waaruit eens te meer de noodzaak blijkt van een uitgebreid openbaar vervoer. (H.P.)

NATIONALITEIT EN KLASSENSTRIJD IN BELGIË

WALLONIË : WELKE RECONVERSIE ?

(1969)

Dit artikel uit La Gauche (24 mei 1969) werd geschreven in functie van de politieke strijd tegen François Perin die in 1968 de chauvinistische vleugel in de Waalse volksbeweging (MPW) had omgevormd tot het Rassemblement Wallon. Het RW stond een bondgenootschap voor met het kapitaal met het oog op een economische "reconversie" van Wallonië. Die bedrieglijke reconversie wordt hier aan de kaak gesteld. Ook hier, zoals in zijn artikel over "Leuven Vlaams", gebruikt Mandel de term "neokapitalisme" die hij later zal verloochenen.

De leus "reconversie" was erg populair bij de Waalse arbeiders. De resoluties die werden goedgekeurd op het statutair ABVV congres van 30 november 1968 van gewest Luik-Hoei-Borgworm hameren er op en verklaringen van de PSB en van de PCB in Wallonië eveneens. Ook de PWT heeft deze leuze diverse keren gehanteerd.

Haar succes bij de arbeiders hoeft geen betoog. Zij beseffen dat de Waalse economische achteruitgang die ze al een tiental jaren hebben ondergaan fabriekssluitingen en afdankingen met zich meebrengt, dus minder banen en meer werkloosheid, een algemene achteruitgang van de bestaans- en arbeidsvoorwaarden. Zij willen niet verder leven onder de dreigende schaduw van de werkloosheid. Sterker nog, zij willen hun kinderen het spookbeeld besparen dat henzelf in de jaren 1929 tot 1939 bedreigde en dat sinds 1958 opnieuw de kop opsteekt. Dat verwachten ze van de reconversie.

Welke inhoud moeten wij aan die reconversie geven opdat zij de wereld van de arbeid niet zal teleurstellen, opdat zij geen illusies zaait die in bittere ontmoediging zullen eindigen?

Waar ligt de oorzaak van de Waalse economische neergang?

De campagne voor reconversie wil een halt toeroepen aan de neergang van de Waalse economie. De linkerzijde van de arbeidersbeweging had die neergang reeds in 1954-1956 voorspeld. Sinds de crisis in de steenkoolontginning heeft die neergang zich van jaar tot jaar scherper doen voelen. De mensen die te goeder trouw deze feiten betwisten zijn zeldzaam. Het is opmerkelijk dat alle politieke formaties in Wallonië, de PLP inbegrepen, die neergang als vertrekbasis nemen voor hun economische en politieke analyses en voorstellen.

Maar indien men volwaardige oplossingen wil dan moet men eerst de oorzaken van het kwaad vaststellen en daarover is men het helemaal niet eens. De enen wijzen "de Vlamingen" met de vinger als verantwoordelijk voor de Waalse achteruitgang, omdat ze sinds vijftien jaar "het laken naar zich toe hebben getrokken". De meest fanatieke aanhangers van deze stelling beschuldigen, naast de Vlamingen, de "politiek van de Benelux". Anderen stellen de unitaire staat verantwoordelijk voor de Waalse malaise. Het is de "flamingante" of "pro-Vlaamse" regeringspolitiek die sinds twintig jaar de investeringen systematisch naar het Vlaamse landsgedeelte heeft

Wallonië : welke reconversie ? (1969)

georiënteerd. Anderen dan weer beschuldigen de "vreemdelingen" (vooral de buitenlandse kapitalisten) die Vlaanderen en Brussel hebben begunstigd ten koste van Wallonië. Uit de statistieken blijkt inderdaad dat het hoofddeel van de buitenlandse investeringen in België sinds vijftien jaar niet terecht komt in Wallonië. De meest reactionaire elementen beschuldigen de Waalse "socialisten" en vakbonden. De PSB die al sedert een halve eeuw de industriële regio's en gemeenten van Wallonië heeft bestuurd zou de infrastructuur hebben verwaarloosd. De vakbonden zouden "het sparen hebben ontmoedigd" en de "investeringen hebben weggejaagd" door "overdreven" looneisen te stellen en van het stakingsrecht een cultuur te maken.

Al deze verklaringen, waarin natuurlijk een greintje waarheid steekt, gaan aan het essentiële voorbij. Zij vermijden om het wezen van de Belgische en Waalse economie te definiëren. Die definitie volstaat echter om de verantwoordelijken voor de economische ontwikkeling aan te wijzen. Wanneer men weet wie de verantwoordelijke is, dan weet men wat er achter de Waalse economische neergang steekt.

Het zijn namelijk het kapitaal en in de eerste plaats de grote financiële groepen die verantwoordelijk zijn voor de Waalse economische neergang. De Belgische economie is kapitalistisch. De kapitalistische economie wordt beheerst door het motief van de hoogste winst. Als de economie in Wallonië achteruitgaat dan is dat te wijten aan een samenloop van omstandigheden waardoor de kapitalisten meer winsten in Vlaanderen, in Brussel (en in het buitenland) kunnen maken, dan in Wallonië. In plaats van spijkers op laag water te zoeken moet men deze fundamentele waarheid met aandrang verkondigen wil men de verantwoordelijke voor de Waalse neergang aanwijzen.

NATIONALITEIT EN KLASSENSTRIJD IN BELGIË

Maar de Belgische economie is geen kapitalistische economie van de vrije concurrentie, van het laissez faire en van het liberalisme. We leven in België in het tijdperk van de monopolies waarin een tiental holdings en financieringsgroepen de economie beheersen. Het volstaat een blik te werpen op de studie ter voorbereiding van het buitengewoon congres van oktober 1968 van het ABVV (de studiegroep CRISP heeft dit telkens weer bevestigd). Niemand kan ernstig betwijfelen dat de strategische beslissingen in België over de economische oriëntatie genomen worden in de beheerraden van die holdings en groepen.

Wanneer dus de kapitalisten in het algemeen fundamenteel verantwoordelijk zijn voor de Waalse economische neergang, dan ligt de hoofdverantwoordelijkheid bij de financieringsgroepen, eerst en vooral de Société Générale en vervolgens De Launoit, Empain, Evence-Coppée, Solvay, Lambert, Sofina om de belangrijkste te vermelden. Men kan deze verantwoordelijkheid nauwkeurig omschrijven. Sinds een tiental jaren hebben deze groepen miljarden Fr onttrokken aan de industrieën die absoluut (steenkool, textiel) of relatief (staal) achteruitgingen. Zij kregen miljarden subsidies en investeerden zelf tientallen miljarden in het buitenland. Zij beschikken over enorme liquiditeiten en half-liquiditeiten. Zij gaven de voorkeur aan een zeer gediversifieerde investering van hun kapitaal in zeer diverse landen en regio's: slechts een minieme fractie van deze kapitalen werd gebruikt om nieuwe industrieën op te richten in Wallonië.

Waarom ageren de grootfinanciers in die zin? Zeker niet omdat zij "flamingant" zijn (dat zijn ze alles behalve), of omdat zij "Wallonië verafschuwen"! En nog minder omdat de unitaire staat hen daartoe dwingt (het zijn zij die deze staat orders geven en niet omgekeerd). Als zij in die zin ageren dan heeft dat gewoon te maken

Wallonië : welke reconversie ? (1969)

met de winst die ze daarmee vergaren, niet meer en niet minder. We hoeven geen andere verklaring te zoeken. We staan nog steeds te wachten op de grootkapitalist die investeringen doet tegen zijn belangen en tegen het winstoogmerk in, uit voorrang voor zijn religieuze, etnische, ideologische en talige voorkeuren. En we zullen daar nog lang op mogen wachten.

Waarom is het voordeliger voor de Belgische financieringsgroepen om sinds zowat vijftien jaar in Vlaanderen te investeren? Omdat daar meer werklozen waren dan in Wallonië. Omdat de lonen er dikwijls lager waren (als gevolg van de werkloosheid en een minder strijdvaardige vakbeweging). Omdat er havens in de nabijheid zijn, wat van groot belang is voor industrieën die hun grondstoffen uit het verre buitenland moeten importeren en een belangrijk deel van hun productie exporteren. Omdat de industriële voordelen die Wallonië haalde uit zijn delfstoffen verdwijnen samen met de internationale achteruitgang van steenkool als energiebron. Omdat de Waalse infrastructuur oud is en dus verouderd is vergeleken met die in Vlaanderen. Omdat Wallonië eerder werd geïndustrialiseerd dan Vlaanderen. Enzovoort, enzovoort.

Al deze redenen, en nog een paar andere vindt men terug in al de Europese kapitalistische landen (en zelfs in de Verenigde Staten). Zij verklaren de relatieve achteruitgang van de oude industriebekkens zoals het Britse Wales en Schotland, het Duitse Ruhrgebied, het bekken van de Loire en de streek van het noorden in Frankrijk, de streek van Genua in Italië, het bekken van Nieuw-Engeland en een gedeelte van de industriegebieden van Pennsylvania en Kentucky in de V.S. (meer bepaald de steenkoolbekkens van de Appalachians). Deze gelijklopende ontwikkelingen hebben weinig of niets te maken met talige of etnische kwesties. Ze helpen ons dus niet om de economische achteruitgang van Wallonië te begrijpen.

De werkelijke redenen achter de neokapitalistische reconversie

De oorzaak van de economische achteruitgang van Wallonië is de relatieve daling van de kapitalistische winstvoet in de regio. Met haar "reconversiepolitiek" voor Wallonië oogt de bourgeoisie op een stijging van die winstvoet. Dat is brutaal, dat is wreedaardig, maar we moeten de dingen bij hun naam noemen.

De redenering van de burgerlijke economisten en van al de doctrinaire nationalisten in hun kielzog zoals Perin[1], is simpel. "Er zijn niet voldoende kapitaalinvesteringen in Wallonië omdat zij niet voldoende winstgevend zijn. Wel, laten we ervoor zorgen dat zij rendabel worden en dan wordt er weer geïnvesteerd!" Al dat gedoe, zowel in het openbaar als achter de schermen, heeft slecht één doel: de winst van de in Wallonië geïnvesteerde kapitalen verhogen. Men vraagt meer subsidies voor het particulier bedrijfsleven. Men eist allerlei infrastructuurwerken die evenveel externe besparingen inhouden voor de kapitalisten. Men eist de versnelde vorming van geschoold personeel op kosten van de openbare sector, wat weer neerkomt op besparingen voor de particuliere sector.

En wanneer men een Waalse Executieve eist dan hoopt men hiermee onverholen dat deze executieve het manna van de subsidies (die de unitaire staat mondjesmaat verleende), op de hoofden van onze "arme" Waalse kapitalisten zal uitstorten. Perin en consorten voegen daar aan toe: vooral geen nieuwe stakingen, dat ontmoedigt de investeringen en versterkt de neergang van Wallonië.

Tijdens de betoging van de jongeren in Ciney hebben de demagogen van het Rassemblement Wallon de ongelukkige Collard[2] ervan beschuldigd dat hij de "Walen wilde verdelen" omdat hij een schuch-

Wallonië : welke reconversie ? (1969)

tere en (eenmalige) oproep deed voor de eenheid van de christelijke en socialistische arbeiders. Volgens die heren moeten de Waalse kapitalisten en arbeiders de handen in elkaar slaan. De krant *La Libre Belgique* heeft de betoging in Charleroi dan ook toegejuicht. Maar het verwondert Perin niet dat hij nu in het gezelschap vertoeft van de ultra-unitaristen en de ultra-conservatieven van die krant. Het nieuwe broederschap heeft geen geheimen. *La Libre Belgique* legt elke dag de eed van trouw af aan Koning, Kerk en Vaderland, maar zij erkent slecht een enkel geloof: de aanbidding van het gouden kalf, de winst. De betoging van Charleroi waar de vakbondsmilitanten en de arbeiders braafjes hun rode vlaggen hebben opgerold en hun klasseverzuchtingen tot zwijgen hebben gebracht, om het gemeenschappelijk programma samen met hun bazen en uitbuiters uit te dragen, was volgens de krant een historisch succes. Voor ons was het driekwart eeuw terug in de tijd. Wat *La Libre Belgique* en Perin zo bruusk verenigd heeft is het feit dat deze laatste de heraut is geworden van de edele kapitalistische winst, onder het voorwendsel dat hij hiermee de "reconversie" van Wallonië veilig wil stellen. De kapitalisten en hun ideologen hebben steeds beweerd dat de arbeiders met hun klassenstrijd "het spaarwezen ontmoedigen", "de kapitalen op de vlucht jagen" en "het buitenland begunstigen". De socialisten en de vakbeweging hebben er steeds op gehamerd dat de arbeiders zich moeten verenigen om hun belangen te verdedigen en dit zonder onderscheid van beroep, godsdienst, nationaliteit of volksgroep. "De vuile marxisten verdelen de Duitsers" (sorry de Belgen; of nee: de Walen) horen we de bonte stoet van ultra-nationalisten al een eeuw lang roepen. Het antwoord van socialisten en communisten hierop was: wij willen de werkers verenigen tegen de kapitalisten van ons eigen land en van alle andere landen. Er is geen andere weg om de zaak van de werkers te verdedigen en om te verhinderen dat zij worden opgeofferd op het altaar van de kapitalistische winst (in naam van de "reconversie").

De neokapitalistische reconversie is boerenbedrog

De neokapitalistische reconversie heeft in België een traditie achter zich. Het gaat om een "Vlaamse" traditie die Perin & C° (en al die in de BSP en het ABVV in zijn voetsporen lopen) in Wallonië willen neerplanten. De ABVV-leiders in Limburg hebben geijverd voor de neokapitalistische reconversie in "hun" streek toen ze de schandalige ruilhandel van Ford-Keulen hebben aanvaard: "Wij zullen ons vestigen in jullie streek als jullie lagere lonen aanvaarden en een langere arbeidstijd dan in Antwerpen". We kennen het vervolg van dit verhaal.

Wijlen Spinoy heeft de "reconversie" opgehemeld toen hij op het BSP congres van december 1958 André Genot[3] et de hele toenmalige linkerzijde de profetische woorden in het gezicht wierp: "Met stakingen trek je geen kapitaal aan". De Volksunie schilderde op een muur in Leuven de veelzeggende leuze "Vlaamse patroons voor Vlaamse arbeiders". Maar wat de werkers wensen (zie de explosie van mei 1968 in Frankrijk, iets wat zich ook hier kan voordoen) zijn geen bazen die de ene taal in plaats van de andere spreken: zij willen helemaal geen bazen!

De neokapitalistische "reconversie" is dus één groot bedrog. Zij wil dat de werkers hun onmiddellijke en historische belangen opofferen, dat zij een kleiner stuk van de taart krijgen en de kapitalisten een groter stuk, dit alles in ruil voor een illusoire heropleving van de Waalse economie.

Wij schreven in ruil voor een illusoire "reconversie". Want men moet zich goed bewust zijn van de beperkingen die het kapitalistisch stelsel oplegt aan de mogelijke "oplossingen". Als de werkloosheid blijft verminderen in Vlaanderen en stijgen in Wallonië

Wallonië : welke reconversie ? (1969)

(volgens de laatste gegevens zijn er 46.000 werklozen in Wallonië en 50.000 in Vlaanderen, d.w.z. dat Wallonië, dat minder dan een derde van de actieve bevolking telt, 43% van de werklozen telt) zullen er zeker een paar ondernemingen in Wallonië worden opgericht. En als de staatssubsidies verhogen eveneens.

Indien de vakbondsleiders een kapitalistische rationalisatiepolitiek aanvaarden zullen er wat minder fabriekssluitingen zijn. Maar om te beginnen zal het effect van deze "reconversiesuccessen" op de tewerkstelling miniem zijn. Het gemeenschappelijk vakbondsfront ABVV-ACV stelt in zijn nota van 2 mei 1969 vast dat de 25 miljard F die in Wallonië de laatste twee jaar met staatssteun werden geïnvesteerd, hoogstens 1.800 nieuwe banen hebben gecreëerd, onvoldoende om werk te bezorgen aan de jongeren die voor het eerst op de arbeidsmarkt verschijnen, zonder zelfs te spreken van het compenseren van het lopende banenverlies als gevolg van de sluitingen en de diverse rationalisaties.

Beter nog: bepaalde "reconversie-maatregelen" (zoals de "rationalisering" van de staalnijverheid) dienen niet om de tewerkstelling op te drijven maar integendeel om ze te verkleinen. Vervolgens helpen al deze maatregelen niet voor een echte koerswijziging.

Omdat we te maken hebben met een kapitalistische, op winst gerichte economie, is een fundamentele verandering in het Waalse milieu noodzakelijk als men de kapitalistische investeringen breed genomen meer rendabel wil maken dan elders in de Gemeenschappelijke Markt: namelijk een massale groei van de bevolking, een massale ontwikkeling van groeipolen, een drastische inkrimping van de transportkosten en een massale vestiging van nieuwe basisindustrieën.

In verband hiermee moeten we de Luikse vakbondsleiders en de "respectabele" linkerzijde van de BSP tot de orde roepen wanneer zij Zuid-Italië voorstellen als het voorbeeld van een mogelijke politiek van het openbaar industrieel initiatief in het kader van een kapitalistisch regime. "Kijk naar de Mezzogiorno, waar de (neokapitalistische) reconversie een succes is, dankzij de staatsholdings", zo beweren zij.

De werkelijkheid ziet er heel anders uit. De Italiaanse holdings zoals de IRI, de ENI en nog andere, hebben inderdaad verscheidene belangrijke industriële complexen in het zuiden van het land neergezet. Na het staalbedrijf van Taranto en diverse petrochemische bedrijven kwam er een autofabriek van Alfa-Romeo. Maar de balans van twintig jaar "industriële reconversie" in de Mezzogiorno, vanaf het plan Vanoni[4] tot aan de staatsholdings, is bedroevend: in 1968 daalde de totale tewerkstelling met 177.000 eenheden vergeleken met het jaar daarvoor. In de periode 1961-1967 daalde de tewerkstelling in de regio Campania met 40.000 eenheden. We kunnen vergelijkbare cijfers aanhalen voor andere provincies. De opstand in Battipaglia is de uitdrukking van dit economisch failliet.

Meer dan ooit stelt het neokapitalisme emigratie voor als oplossing van de economische onderontwikkeling. Men verwacht in de komende twee jaar de aankomst in Turijn van 60 à 70.000 mensen uit de Mezzogiorno. Men kan zich in Wallonië aan eenzelfde scenario verwachten als de werkers gaan geloven in de hersenschim van de neokapitalistische reconversie. Het is op zijn minst gezegd niet erg verstandig om de onmiddellijke verdediging van de tewerkstelling, de loonstrijd, de stevigheid van de vakbeweging en de strijdbaarheid van de werkers op te offeren aan een hersenschim.

Wallonië : welke reconversie ? *(1969)*

De socialistische reconversie

Moeten de werkers als reactie op dit boerenbedrog van de neokapitalistische reconversie het bijltje erbij neerleggen en braaf op de totale ineenstorting van de Waalse economie wachten, in de hoop op "de revolutie" zoals enkele verwarde ultra-linksen beweren? Daarvan kan geen sprake zijn. Een werkende klasse die niet in staat is haar onmiddellijke belangen te verdedigen is nog minder in staat om "revolutie te maken" en de heerschappij van het kapitaal omver te werpen.

Er moet integendeel een eisenprogramma worden opgesteld dat beantwoordt aan de reële verzuchtingen van de werkers wanneer zij aan reconversie denken. Zo'n eisenbundel kan er als volgt uitzien:

1. Onmiddellijke invoering van de 40-urige werkweek.

2. Arbeiderscontrole (nl. vetorecht van de werkers) m.b.t. de sluiting van fabrieken en de afdankingen.

3. Betaling door het gezamenlijke patronaat (en niet door de gemeenschap) van de lonen van de arbeiders wier bedrijf gesloten wordt.

4. Naasting van de zware industrie (staalnijverheid, olieraffinaderijen en de andere energiesectoren, metaalconstructies) beheerd onder de controle van de werkers, in een federale staat.

5. Naasting van de banken, van de verzekeringsmaatschappijen, van de holdings en van alle kredietinstellingen, om de kapitalen vrij te maken die nodig zijn voor een echte reconversie op grote schaal van de Waalse economie, onder de vorm van onderne-

mingen in collectief bezit, beheerd onder arbeiderscontrole, in een federale staat.

6. De uitwerking van een volksplan voor de economische ontwikkeling van Wallonië, gericht op de bevrediging van de prioritaire behoeften van de bevolking en op basis waarvan nieuwe ondernemingen zullen worden opgericht. De agitatie rond de essentiële ideeën van dit programma van overgangseisen (antikapitalistische structuurhervormingen) kan gaandeweg een groeiende strijdbaarheid van de werkers teweeg brengen, zoals in de periode 1956-1960. Zo'n strijdbaarheid kan, doorheen mobilisaties en stakingsacties, uitmonden in een algemene staking zoals die van december 1960.

Er is geen andere uitweg voor de Waalse werkers. En om deze hoger genoemde doelstellingen te verwezenlijken zullen zij steeds meer bondgenoten moeten zoeken, niet bij de Waalse kapitalisten, maar bij hun klassenbroeders in Vlaanderen en Brussel.

---

1   Over François PERIN verwijzen wij naar Rik De Conincks beknopte geschiedenis van het Belgisch trotskisme in deze bundel. (H.P.)

2   De Waal Léo COLLARD werd in 1959 voorzitter van de BSP. (H.P.)

3   Mandel heeft hierop gereageerd in zijn toespraak op dit congres. Zie *Redevoering voor het BSP Congres van 17 en 18 december 1958. Antwoord aan Antoon Spinoy* (Marxist Internet Archive).De socialist Antoon SPINOY (1906-1967) was volksvertegenwoordiger en minister. De Waalse vakbondsleider André GENOT (1913-1978) werd voorzitter van de MPW na de dood van RENARD en algemeen secretaris van het ABVV. (H.P.)

4   Ezio VANONI (1903-1956), Italiaans christen-democratisch minister van financiën 1948-1954. (H.P.)

KLASSENSTRIJD EN NATIONALISME

(1971)

Onderstaande ingekorte tekst is geput uit een debat tussen Maxime Rodinson[1] en Ernest Mandel in maart 1971 op een Brussels colloquium, georganiseerd door de Comités Israel-Palestine. Hij verscheen in het tijdschrift Partisans, n° 59-60, maart-augustus 1971, en heeft een algemeen theoretisch karakter. Tussentitels en inkorting van H.P.

Eerste vaststelling: het nationaal verschijnsel is geboren uit de klassenstrijd. Het is totaal fout om het bestaan van een staat, een etnische formatie, stamverbanden, gemeentelijke of stedelijke unies te identificeren met het nationaal verschijnsel. Het Romeinse rijk was geen nationaal verschijnsel, evenmin als het middeleeuwse keizerrijk. Engeland was geen natie van de 12de tot de 13de eeuw om de eenvoudige reden dat de meerderheid van de uit Normandië afkomstige heersende klasse nog steeds een vreemde taal sprak die verschilde van de volkstaal.

De natie is een product van klassenstrijd

De marxistische stelling in dit verband stelt dat de natie het product is van een specifieke klassenstrijd, die van de moderne bourgeoisie. Zij is de eerste klasse in de geschiedenis die naties creëert. Zij creëert die *economisch* omdat zij behoefte heeft aan een eengemaakte nationale markt, en zij ruimt alle voorkapitalistische, halffeodale, corporatistische en regionale obstakels op die de vrije circulatie van waren hinderen. Zij creëert de natie *politiek en cultureel*, omdat zij tegen de monarchie, de adel of de Kerk in, steunt op het principe van de volkssoevereiniteit waarmee zij de volksmassa's kan mobiliseren tegen de oude heersende klassen.

De nationale idee is geboren met de grote burgerlijke democratische revoluties. De eerste grote burgerlijke revolutie gebeurde in de Nederlanden. Het is de nationale opstand tegen de Spaanse koning die begon in Vlaanderen, er werd verslagen en zegevierde in Holland. Hieruit ontstond de eerste moderne natie die een nationaal bewustzijn ontwikkelde steunend op een kapitalistische onderbouw.

Een gelijkaardige ontwikkeling constateren we in Groot-Brittannië, in de Verenigde Staten, in Frankrijk, in Spanje, in Duitsland, in Italië, in Polen, in Ierland, etc. In al deze processen zijn de materiële belangen die aan de basis liggen van de nationale idee transparant. Ze hebben niets geheimzinnigs en kunnen moeilijk worden betwijfeld. De bourgeoisie, die in die periode van de geschiedenis nog revolutionair en vooruitstrevend is, windt er geen doekjes om en verklaart openlijk wat ze wil. De coalitieoorlogen in de nasleep van de Franse revolutie gaan niet alleen om de verdediging van de privilegies van de adel en van de monarchie, maar hebben in belangrijke mate ook te maken met de economische concurrentie tussen Franse manufactuur-industrie en de Engelse bourgeoisie.

De absolute monarchie speelde, zoals duidelijk is gebleken in Frankrijk, een voornationalistische rol. Het gaat nog niet om

Klassenstrijd en nationalisme (1971)

nationalisme in de moderne betekenis van het woord, maar het is, in de persoon van Lodewijk XIV, een dynastiek voornationalisme, in die zin dat de absolute monarchie de voorafspiegeling is van een verandering in de krachtsverhoudingen tussen adel en bourgeoisie. Wanneer de burgerlijke revolutie zegeviert, wanneer de burgerlijk staat vorm heeft gekregen, zou de bourgeoisie graag een einde zien komen aan de klassenstrijd. Maar dat gebeurt niet. De klassenstrijd van de verslagen klassen verplaatst zich naar de bovenbouw. De hele 19de eeuw door blijft in Frankrijk de katholieke en voorkapitalistische, halffeodale ideologie sterk voortleven, een ideologie die tot in de jaren 1880 de revolutie verguisde en de meerderheidsideologie bleef van alle klassen, de arbeidersklasse uitgezonderd. Ik denk daarom dat het voortbestaan van de burgerlijke of kleinburgerlijke ideologie als enige factor, na de omverwerping van het kapitalisme, niet volstaat om het gevaar van een restauratie van het kapitalisme te verklaren.

De kwestie van de bovenbouw

Er is dus een verplaatsing van de strijd met de voorkapitalistische krachten naar het niveau van de bovenbouw. Er is zelfs een verplaatsing van het zwaartepunt van de klassenstrijd naar de strijd tussen bourgeoisie en proletariaat. Het is precies op dat ogenblik (1848) dat Marx (erg vroeg en ietsje voortijdig m.b.t. zijn historisch schema) verkondigt dat *de arbeiders geen vaderland hebben, wat betekent dat het nationalisme of de nationale idee geen voorrang mag hebben in een arbeidersorganisatie op de internationale solidariteit van de werkers.*

Ik zei "ietsje voortijdig" omdat het *Manifest* een historisch principe dat nog niet met de onmiddellijke werkelijkheid overeenstemt, anticiperend proclameert. Die voortijdigheid blijkt uit het feit dat

NATIONALITEIT EN KLASSENSTRIJD IN BELGIË

Marx en Engels een jaar na de redactie van het *Communistisch Manifest* persoonlijk deelnemen aan de klassenstrijd in Duitsland die ook een nationale strijd is. De strijd voor de Duitse eenheid, voor het maken van een republiek, één en ondeelbaar, was voor hen een van de centrale doelstellingen van de revolutie van 1848. De eenmaking van Duitsland betekende vanuit economisch, sociaal, cultureel en vooral vanuit het standpunt van de ontluikende arbeidersbeweging en de klassenstrijd een enorme stap vooruit. We kennen de oorzaken van het mislukken van de revolutie van 1848, een revolutie die de historische taken moest voltooien van de burgerlijke revolutie in vijf Europese landen (Duitsland, Italië, Oostenrijk, Hongarije en Polen, naast de nationaliteiten die geïncorporeerd waren in het Habsburgse en in het tsaristische keizerrijk). Het zijn de contrarevolutionaire overwinnaars die het testament van dit revolutiejaar hebben moeten uitvoeren. Het is Bismarck, de belichaming van de Pruisische adel, die de eenheid van Duitsland realiseert en niet de bourgeoisie, de kleine burgerij of de arbeidersklasse. Een min of meer gelijkaardige situatie zien we in Italië, waar de eenheid gerealiseerd wordt door de dynastie van Savooie.

Marx loopt vooruit op de situatie

Marx heeft toen een praktische keuze moeten maken die verschilde van het algemene principe verkondigd in het *Manifest*. In werkelijkheid is het principe volgens het welk "de arbeiders geen vaderland hebben" alleen van toepassing in het tijdperk waarin de bourgeoisie haar revolutie heeft voltooid. De wereld van 1848 confronteerde Marx en Engels[1] met de *gecombineerde ontwikkeling*: in al de Europese landen waar de bourgeoisie de nationale eenheid niet had verwezenlijkt omdat zij in zeker opzicht te laat op het historische toneel was verschenen, was zij bang om

Klassenstrijd en nationalisme (1971)

een revolutionair proces op gang te brengen dat kon uitmonden in een proces van permanente revolutie[3], want op dat moment was de arbeidersklasse sterk genoeg om een onafhankelijke politieke rol te spelen. Zo moeten de arbeiders in Duitsland beginnen met steun te verlenen aan de strijd voor de eenheid van het land, voor een overwinning van een democratische burgerlijke republiek, maar zij mogen de strijd niet staken wanneer die republiek een feit is geworden. Zij moeten hun strijd in functie van hun eigen klassenbelangen voortzetten tegen de bourgeoisie; zij mogen op geen enkel ogenblik hun organisatorische onafhankelijkheid opgeven, temeer omdat de voltooiing van burgerlijke taken onder de leiding van de bourgeoisie niet mogelijk is.

En derde vaststelling: als het nationalisme het product is van de burgerlijke klassenstrijd tegen de feodale en halffeodale krachten, dan is het internationalisme het product van de proletarische klassenstrijd tegen het kapitalisme. De bourgeoisie ontwikkelt de productiekrachten met de nationale markt als fundament. Haar waren veroveren en vormen de wereldmarkt. Maar die is nog niet aan eenmaking toe: er is geen universele ontwikkeling van de kapitalistische industrie. De kapitalisten concurreren met elkaar met als basis de nationale markten en staten. Zij proberen de concurrentie te introduceren in de arbeidersklasse. De meest bewuste arbeiders reageren hierop met internationale solidariteit. Zonder het wapen van de solidariteit vallen zij ten prooi aan het kapitaal.

Het nationalisme in het imperialistische tijdperk

Zo komen we weer terug bij het *Manifest*. We hebben nu te maken met het imperialistische tijdperk waarin de bourgeoisie van West- en Centraal-Europa, naast die van Rusland, Japan en de V.S., geen enkele progressieve rol meer kan spelen, waarin zij een conservatieve, contrarevolutionaire klasse is geworden en waarin haar nationalisme door de marxisten en in de eerste plaats door Lenin veroordeeld wordt als strikt reactionair. Kautsky en andere marxisten hadden al voor 1914 opgemerkt dat wanneer de bourgeoisie oproept tot de verdediging van het vaderland of van de natie, zij daarmee niet de verdediging van "een culturele entiteit en van de democratische rechten" bedoelt, maar de verdediging van haar positie op de wereldmarkt, van haar koloniale superwinsten.

Betekent dit alles nu dat de marxisten, en meer bepaald de leninistische school elke nationale idee en elke vorm van nationalisme in de 20ste eeuw doodverven als imperialistisch nationalisme? Neen. Een idee dat Marx al in zijn late geschriften koesterde heeft in het tijdperk van het imperialisme ingang gevonden in het marxistische gedachtegoed en speelt vandaag een beslissende rol in de appreciatie van nationale bewegingen. Namelijk de simpele idee dat men *een onderscheid moet maken tussen het nationalisme van de onderdrukkers en uitbuiters en het nationalisme van hen die worden onderdrukt en uitgebuit.* Marx werd zich bewust van dit onderscheid door twee concrete problemen waarmee hij werd geconfronteerd: de Poolse en de Ierse kwestie.

Men heeft de Poolse kwestie soms onjuist geïnterpreteerd als een oorlogsmachine tegen het tsarisme en niet als een principiële kwestie. De Ierse kwestie is echter zeer verhelderend. In 1869-1870 schrijft Marx dat zolang de Engelse arbeiders niet begrijpen dat het hun plicht is om de Ieren te helpen in hun strijd voor nationale onafhankelijkheid, zijzelf nooit een socialistische revolutie zullen maken. Marx beschouwt het

Klassenstrijd en nationalisme (1971)

Engelse en Ierse nationalisme niet als gelijkwaardig, het eerste is het nationalisme van de onderdrukkers en het tweede van de onderdrukten: de uitbuiting en onderdrukking van Ierland door de Engelse bourgeoisie maakt dat de Engelse arbeiders zich niet identificeren met de strijd van de Ieren. De Ierse arbeiders vormen een groeiende minderheid van het Engelse proletariaat, en zullen voor lange tijd niet beschikbaar zijn voor de klassenstrijd als de Engelse arbeiders front blijven vormen met hun eigen bourgeoisie tegen de Ierse natie.

Het onderscheid tussen de twee soorten van nationalisme houdt het proletariaat dus niet af van de strijd voor de macht en voor het socialisme, maar versterkt die strijd.

---

1 Maxime RODINSON (1915-2004) was specialist Arabische taal, cultuur en geschiedenis. Zijn bekendste werken zijn *Mahomet* (1961), *Islam et capitalisme* (1966) en *Marxisme et monde musulman* (1972). (H.P.)

2 Voor een kritische kijk op de politieke houding en de theoretische opvattingen van Marx en Engels t.o.v. de nationaliteitenkwestie zie Horace B. DAVIS, "Marx et Engels sur la question nationale: les divergences avec Bakounine", in *Partisans* #59-60, 1971, pp. 5-25; Roman ROSDOLSKY, *Zur nationalen Frage. Friedrich Engels und das Problem der 'geschichtslosen' Völker*, Berlijn 1979. (H.P.)

3 Met permanente revolutie wordt hier bedoeld een proces waarin een burgerlijke revolutie uitgroeit tot een proletarische, zoals door Marx beschreven in zijn *Adres aan de Communistenbond van Duitsland* (1850). Zie hierover Alain BROSSAT, *Aux origines de la révolution permanente*, Parijs 1974, en Michael LÖWY, *The Politics of Combined and Uneven Development. The Theory of Permanent Revolution*, Chicago 2010. (H.P.)

NATIONALITEIT EN KLASSENSTRIJD IN BELGIË

KLASSENSTRIJD EN NATIONALITEIT IN DE IMPERIALISTISCHE LANDEN (1973)

Dit essay verscheen in 1973 in het Franstalige tijdschrift Contradictions. De radicale linkerzijde in West-Europa werd geconfronteerd met diverse nationaliteitenkwesties. België was op weg om een federale staat te worden, Noord-Ierland was in volle beroering en na de dood van Franco streefden het Baskenland en Catalonië naar meer autonomie. Twintig jaar later zou het nationalisme oplaaien in de diverse republieken van Joegoslavië, etc. Wij kunnen daarom de nationaliteitenkwestie in de industrieel ontwikkelde landen niet afwijzen als een bijkomstige, achterhaalde of door rabiate nationalisten kunstmatig opgeschroefde zaak.

Op zoek naar een verklaring voor het voortbestaan van de nationaliteitenkwestie in de imperialistische staten, grijpt Ernest Mandel naar een historische categorie die ontwikkeld werd door Parvus[1] en Trotski in de nasleep van de Russische revolutie van 1905, de theorie van de "ongelijke en gecombineerde ontwikkeling". In 1935 ontwikkelde de Nederlandse historicus Jan Romein in zijn essay De Dialektiek van de Vooruitgang *de theorie van de "remmende voorsprong". Het spiegelbeeld van die theorie wordt soms de "wet van stimulerende achterstand" genoemd, zodat we weer terechtkomen bij Trotski, die trouwens door Romein wordt geciteerd.*

Om zijn verdediging van de nationaliteitenkwestie als intrinsiek onderdeel van de socialistische strijd te staven doet Mandel een beroep op Lenin. Diens belangrijkste artikels, naast vele andere, in verband met het nationaliteitenvraagstuk zijn te vinden in de delen 20 en 21 van de Œuvres (of in Collected Works *voor de Engelse vertaling):* Notes critiques sur la question nationale *(1913),* Du droit des nations à disposer d'elles-mêmes *(1914),* La révolution socialiste et le droit des nations à disposer d'elles-mêmes – Thèses *(1916),* Bilan d'une discussion sur le droit des nations à disposer d'elles-mêmes *(1916). Het is opvallend hoe Lenin, naarmate de revolutie naderbij komt, zich bezighoudt met deze kwestie.*

De term "nationaliteit" (Nationalität) voor nationale minderheden was gebruikelijk in de kringen van de Tweede en de Derde Internationale. Voor een overzicht van de toenmalige marxistische opvattingen over de nationaliteitenkwestie verwijzen wij naar HAUPT (G.), LÖWY (M.) en WEILL (C.), Les marxistes et la question nationale 1948-1914, *Parijs 1974. Voor een globaal overzicht verwijzen wij naar Horace B. DAVIS,* Towards a Marxist Theory of Nationalism, *New York & Londen 1978.)*

De moderne naties zijn grotendeels een bijproduct van de opgang van het moderne kapitalisme. Als onderdeel van de bovenbouw is de natie de belangrijkste weerspiegeling van die opgang. De idee van de natie en van de nationale soevereiniteit werd het fundamentele ideologische wapen van de jonge bourgeoisie in haar strijd tegen de absolute monarchie en tegen de overgebleven particularismen van de halffeodale samenleving, zoals regionalisme, corporatisme

Klassenstrijd en nationaliteit in de imperialistische landen (1973)

en lokale autonomie (waaronder de gemeentelijke autonomie). Objectief bekeken ging het om de vorming van een homogene nationale markt, de ideale inrichting voor de bloei van het kapitalisme. Subjectief bekeken ging het om de bundeling van alle vitale krachten van de natie tot een antifeodaal en antiabsolutistisch blok met de stedelijke en rurale bourgeoisie, de werkzame boerenstand, de handwerkslieden en de proletariërs. Hierbij was de nationale idee het sterkste bindmiddel.

Vanuit abstract oogpunt kan men zich inbeelden dat de warenruil des te beter tot ontplooiing komt naarmate hij minder obstakels tegenkomt. De opheffing van de binnenlandse grenzen en van de andere halffeodale beperkingen van de vrije ruil was ongetwijfeld gunstig voor de bloei van het kapitalisme. Maar waarom in dat geval kunstmatige belemmeringen invoeren door het vormen van nationale grenzen?

Een dergelijke "harmonistische" visie op de belangen van het kapitaal in de 18[de] en 19[de] eeuw houdt drie foute simplificaties in. In de eerste plaats is er een zekere correlatie tussen de nationale markt et het ontwikkelingsniveau van de productiekrachten. Wanneer men beweert dat dit niveau reeds vanaf 1848, om niet te spreken van 1789, behoefte had aan een onbelemmerde wereldmarkt als natuurlijke grondslag, dan overdrijft men bovenmatig de snelheid waarmee de kapitalistische industrie de onbetwiste heerschappij verwierf. Men verwart hierbij de in de 16de en 18de eeuw door het financieel kapitalisme geschapen wereldmarkt met de industriële wereldmarkt − d.w.z met de arbeidsverdeling op wereldvlak − zoals die tot stand gekomen is na anderhalve eeuw industriële bloei, d.w.z. zoals die tot ontwikkeling is gekomen aan het einde van de 19de en in het begin van de 20ste eeuw. In dit opzicht beantwoordt de nationale markt ongetwijfeld aan een materiële werkelijkheid die voorafgaat aan het imperialistische tijdperk. *De organisatie van de productie, anders dan die van de ruil, gebeurt in die periode essentieel op nationaal*, en niet op internationaal vlak.

Ten tweede onderschat deze visie de rol die de staat heeft gespeeld in de opkomst van de burgerlijke heerschappij, als zou de correlatie tussen de geboorte van de moderne naties en die van het kapitalisme een kwestie van toeval zijn. Men overdrijft namelijk de kracht van het "economisch automatisme" achter de vestiging van de burgerlijke heerschappij. De rol van de staat in de primitieve accumulatie van het kapitaal, in de vernietiging van de laatste halffeodale en absolutistische belemmeringen, in het vrijwaren van de munt, van het krediet, van de openbare schuld, in de leveringen aan de staat en in de oorlogsvoering, is niet alleen belangrijk maar doorslaggevend geweest. De vorming van de burgerlijke staat veronderstelt een staat die stoelt op de uitgaven en inkomsten van staatsburgers (*citoyens*) en niet van onderdanen (*sujets*). De geboorte van de nieuwe politiek-financiële structuren veronderstelde de vereenzelviging van de bourgeois en van de kleinburgers met de staat in hun hoedanigheid van staatsburgers. De idee van soevereiniteit en van nationale eenheid schiep de sterkste ideologische basis voor deze vereenzelviging.

Ten derde zijn de burgerlijke revoluties vormen van politieke klassenstrijd die enkel mogelijk zijn door massamobilisaties waarin de diverse maatschappelijke klassen betrokken zijn. De bourgeoisie is de grote winnaar in de revolutie maar zij heeft zeker niet het gros van de strijders geleverd. Eens te meer is de idee van soevereiniteit en nationale eenheid in dit alles de politieke hoofdmotivatie, het ideologische bindmiddel voor de vorming van het revolutionaire antifeodale en anti-absolutistische blok. Het is nonsens te beweren dat de diverse maatschappelijk klassen in

Klassenstrijd en nationaliteit in de imperialistische landen (1973)

het revolutionaire proces zich hebben verenigd onder het vaandel van de kapitalistische uitbuiting of het persoonlijke egoïsme. Het vaandel van de onafhankelijkheid en van de nationale eenheid is veel doelmatiger.

We hebben hier uiteraard niet te maken met een complot, maar met een samenloop van omstandigheden, met een objectieve structurele samenhang, los van de doelstellingen en de berekeningen van bepaalde individuen. Dezelfde maatschappelijke krachten die de wereld van de productie, van de ruil en van de economische organisatie ondersteboven gooien, brengen de wereld van de ideeën, van de gevoelens en van de zogenaamde morele waarden aan het wankelen. Het bestaan van een eentalige, culturele gemeenschap met historische tradities is een grote hulp bij een gelijklopende bloei van een nationale markt, van de nationale staat, van de nationale idee en van de politieke macht van de bourgeoisie. Maar het is geen absolute voorwaarde. Een voorbeeld hiervan zijn de Verenigde Staten, een bij uitstek kapitalistisch land dat als geen ander weinig te kampen heeft gehad met halffeodale restanten, waarin de individuen die de natie zouden vormen praktisch geen gemeenschappelijke traditie of geschiedenis kenden en waar zelfs de keuze van de taal een kwestie van toeval bleek: op het jonge continentale Congres won het Engels met een nipte meerderheid van het Duits.

Men kan uit dit alles concluderen dat er a priori een zekere onbepaaldheid heerste in het aantal moderne naties die geleidelijk ontsproten zijn uit burgerlijke revoluties, welke men terecht zowel nationaal-burgerlijke revoluties als democratisch-burgerlijke revoluties kan noemen. Indien niet kan worden getwijfeld aan de objectieve economische realiteit die aan de basis lag van de vorming van de grote naties, dan is het anders gesteld met een aantal kleinere nationaliteiten – zoals de Ieren, de Catalanen, de Vlamingen, de Tsjechen, de Noren – wier lot in de 18[de] en 19[de] eeuw niet vaststond: verdwijnen of blijven bestaan. Indien uiteindelijk subjectieve factoren, d.w.z. politieke bewegingen, het voortbestaan van deze nationaliteiten hebben verzekerd, dan kan men dit niet eenvoudig opvatten als een feit dat zichzelf verklaart (ze zouden zijn blijven bestaan omdat zij wilden voortbestaan). De tot nu toe meest overtuigende marxistische zienswijze – meer bepaald die van de historicus Pierre Vilar[2] in verband met Catalonië – verwijst naar de ontoereikende sociaaleconomische homogeniteit als verklaringsgrond voor het feit dat in de 18de en 19de eeuw de Schotten en de inwoners van Wales, maar niet de Ieren, geïntegreerd werden in Groot-Brittannië.

De bloei van het industrieel kapitalisme in die twee eeuwen was regionaal steeds ongelijk. Maar naarmate het industrieel kapitalisme tot rijpheid kwam, stonden twee mogelijkheden open: ofwel een toenemende industriële *integratie* (een toenemende sociaaleconomische homogenisering van de verschillende regio's in eenzelfde land), ofwel een toenemende denivellering. Wanneer het eerste geval samenvalt met taal- en cultuurverschillen dan lopen de talen en culturen van de minderheden kans te worden geabsorbeerd. Maar wanneer de taal- en cultuurverschillen samenvallen met een toenemend uit elkaar groeien, dan gaat de nationale minderheid zich bevestigen. *De sociaaleconomische differentiatie vormt de materiële basis voor de nationale wederopstanding.*

Deze industriële denivellering hoeft niet noodzakelijk te leiden tot onderontwikkeling, tot de vorming van een "inlandse kolonie" (of van een *Nebenland* in Marx' woorden). Dat gebeurde wel in Ierland en Vlaanderen, maar niet in Catalonië of Kroatië en evenmin in Bohemen. Het accent ligt des te meer op een tekort aan

Klassenstrijd en nationaliteit in de imperialistische landen (1973)

sociaaleconomische homogeniteit, zodat sterke materiële belangen hun rechtvaardiging krijgen, waarop dan weer een aparte nationale bewustwording kan gedijen.

Nationale strijd en sociale strijd: een eerste benadering

Het hoogtepunt van het nationalisme als vooruitstrevende ideologie ligt paradoxaal in de pre-industriële fase van het kapitalisme. Het is het tijdperk waarin het revolutionaire karakter van de bourgeoisie een hoogtepunt bereikt en waar de halffeodale en absolutistische belemmeringen voor de bloei van het moderne kapitalisme én van de democratische vrijheden, het sterkst tot uiting komen.

De periode waarin de kapitalistische industrie tot ontwikkeling komt valt samen met de geboorte van de klassenvijandschap tussen de bourgeoisie en het proletariaat. Het nationalisme – d.w.z. de ideologie van de nationale eenheid en solidariteit – krijgt vanaf dit moment een steeds meer verdacht, dubbelzinnig karakter. Het speelt soms een gedeeltelijke progressieve rol, vooral bij de onderdrukte, onderworpen, over diverse staten kunstmatig verdeelde nationaliteiten, maar parallel hieraan krijgt het een dubbel reactionair aspect. Het wordt een doctrine van nationale solidariteit die de klassenstrijd van het proletariaat probeert te bedwingen met als argument de gemeenschappelijke belangen in de strijd tegen het absolutisme en/of tegen de buitenlandse onderdrukker. Het wordt een doctrine van het nationale egoïsme met de integratie in de "nationale markt" (het beschermde jachtgebied van een bepaalde bourgeoisie) van gebieden waar minderheden wonen die zich niet beschouwen als deel van de natie: kortom het gaat hier om annexionisme.

Als wetenschappelijke leer van de proletarische strijd, geeft het marxisme voorrang aan de organisatie en de verdediging van de eigen klassenbelangen van de werkers. In het belang van de historische vooruitgang kan men als marxist aanvaarden dat de nationale strijd in de 19de eeuw een belangrijke rol kon spelen (de steun van Marx et Engels aan de eenmaking van Duitsland, van Italië en van de V.S. in de Secessieoorlog, de strijd voor onafhankelijkheid in Polen en Ierland). Maar het marxisme neemt hierbij een globaal klassenstandpunt in, – dat uiteraard tot uitdrukking kan komen in bepaalde principes, – en stelt "de natie" als een absolute grondslag van de geschiedenis niet voorop.

In wezen zijn de naties, net zoals de burgerlijke samenleving, voor het marxisme slechts door mensen georganiseerde vergankelijke, tijdelijke overgangsvormen naar andere maatschappelijke formaties. De historische functie van het kapitalisme bestaat erin de groei van de productiekrachten te waarborgen zodat de ontplooiing van de mensen, "de rijkdom van het maatschappelijk individu", een einde maakt aan de "strijd voor het bestaan" en aan het permanent gebrek. Een klassenloze samenleving die stoelt op een materiële infrastructuur en een arbeidsdeling op wereldschaal, is hiervoor een noodzakelijke voorwaarde. Zo schept het kapitalisme de materiële voorwaarden voor een organisatie op wereldvlak van de economie, waarbij de nationale staat aan betekenis verliest. De natie als culturele entiteit overleeft tot wanneer alle naties versmelten tot een mensheid die de gediversifieerde culturele erfenis in zich verenigt.

In die zin is de proletarische leer bij uitstek internationalistisch. Dat is hij niet alleen omdat hij verafgelegen historische doelstellingen voor ogen heeft, maar ook omdat er onmiddellijke belangen op het spel staan.

Klassenstrijd en nationaliteit in de imperialistische landen (1973)

De kracht van het kapitaal schuilt in de rijkdom van de kapitalisten en in hun vermogen om de individuele of groepsmatige vrijheid van handelen die hieruit voortvloeit te realiseren. Vermits de burgerlijke maatschappij een samenleving is die stoelt op de geïnstitutionaliseerde ongelijkheid van de economische macht, heeft het proletariaat in de concurrentiestrijd, zowel algemeen als tussen de individuen en de groepen, op voorhand verloren. Zijn enige hoop ligt in de collectieve organisatie. Alleen door de collectieve bundeling van *alle* werkers tegen de bourgeoisie, alleen door elke vorm van concurrentie tussen de werkers uit te schakelen, heeft het proletariaat een serieuze kans om zich tegen de kapitalistische uitbuiting te verdedigen. Hoe kleiner en exclusiever de coalitie van de werkers (op corporatistisch, religieus, racistisch en nationalistisch vlak), hoe ondoelmatiger die coalitie zal zijn. Hoe universeler zij is, hoe minder zij ten prooi kan vallen aan de verdeel- en afleidingsmanoeuvres van het kapitaal, hoe groter haar kansen op succes. Het parool "Proletariërs aller landen, verenigt u" waarmee het *Communistisch Manifest* eindigt, brengt dus tegelijk een doctrine, een ideaal, een streefdoel en onmiddellijke economische, sociale en politieke belangen tot uitdrukking.

Het imperialisme en de ongelijke en gecombineerde ontwikkeling

De wet van de ongelijke en gecombineerde ontwikkeling is een universele wet van de menselijke geschiedenis, een onmisbaar analytisch werktuig om die geschiedenis te doorgronden. De integratie, goed- of kwaadschiks, van de geconstitueerde naties, van de naties in wording en van de multinationale landen met hun verschillende niveaus van sociaaleconomische ontwikkeling, in de door het kapitalisme geschapen wereldmarkt, accentueert het spel van deze wet die zijn hoogtepunt bereikt in het imperialisme, het hoogste stadium van het kapitalisme.

Het imperialisme wordt gekenmerkt door de export van kapitaal, de dominantie van de kapitaalmarkten op de afhankelijke landen, de verdeling van de wereld in monopolistische kapitaalsgroepen en overeenkomsten, de verdeling van de wereld in koloniale imperiums en "invloedszones". Hiermee heeft het imperialisme de economie en de diverse samenlevingen geünificeerd op een kwalitatief niveau zonder weerga. Maar deze eenmaking gaat niet gepaard met homogenisering. Integendeel: zij accentueert de extreme ongelijkheid in de ontwikkeling. De kloof tussen enerzijds de imperialistische metropolen en anderzijds de koloniale en halfkoloniale landen, wordt dieper qua industriële ontwikkeling en levenspeil, en qua culturele, wetenschappelijke, politieke en militaire capaciteit.

De mondiale eenmaking van de warencirculatie berust op een combinatie van kapitalistische, halfkapitalistische en voorkapitalistische productieverhoudingen in bepaalde geografische zones. De opgang van de enen wordt bepaald door de stagnatie van de anderen (overuitbuiting, transfer van waarde, verlies aan substantie); het maakt hen tot de gevangenen van uit het verleden overgeërfde structuren. De "oude oligarchie" die meer dan een eeuw over Latijns-Amerika heerste is er het meest uitgesproken voorbeeld van. De alliantie van het imperialistisch kapitaal met de halffeodale en soms slavenhoudende grootgrondbezitters in een aantal afhankelijke landen is te bekend om er op in te gaan. De dominantie van het imperialisme op de wereldmarkt (zowel vanuit het standpunt van de kapitaal- als van de warenmarkt) maakt van de wereldmarkt een onoverkomelijke barrière voor de industriële ontwikkeling van de afhankelijke landen.

Toen het imperialistische tijdperk – rond 1905 en wat later met het uitbreken van de eerste wereldoorlog – zijn hoogtepunt had

Klassenstrijd en nationaliteit in de imperialistische landen (1973)

bereikt eindigde de historische progressieve rol van het kapitalisme en begon zijn periode van neergang. Vandaag is de mensheid rijp voor de internationale socialistische revolutie. Dit betekent natuurlijk niet dat de economische groei definitief is gestopt, dat de arbeidsproductiviteit niet meer stijgt, dat de productiekrachten zich niet meer op wereldschaal ontwikkelen. Maar dat betekent wel dat de prijs die betaald moet worden voor elke stap die de economische vooruitgang in het kapitalisme doet buitensporige proporties aanneemt en dit zonder verpozen: misère in de derde wereld, twee wereldoorlogen, ontelbare "locale" oorlogen, fascisme, nucleaire bedreiging van de mensheid, schaamteloze verspilling, milieuverloedering, groeiende vervreemding van de mensen, enz. Dit alles wijst in feite op een historische achterstand van de socialistische revolutie, een omwenteling die een meer harmonische economische ontwikkeling mogelijk zou maken, minder schoksgewijs, met veel lagere valse kosten. De ontbinding van het kapitalisme op wereldschaal komt voor alles tot uiting in een alsmaar diepere crisis van de kapitalistische productieverhoudingen.

We zullen hier niet ingaan op de gevolgen van het imperialistische tijdperk voor de onderontwikkelde landen, en meer bepaald op de marxistisch-leninistische doctrine in verband met de plaats van de nationale bevrijdingsstrijd in de koloniale en halfkoloniale landen in het kader van de wereldrevolutie, een proces dat op gang werd gebracht in oktober 1917. Wij beperken ons tot de plaats van de nationaliteitenkwestie in de imperialistische, metropolitaanse landen. Maar deze kwestie blijft onbegrijpelijk wanneer we geen rekening houden met de gevolgen van de wet van de ongelijke en gecombineerde ontwikkeling in de schoot van de imperialistische landen zelf.

Geen enkele democratisch-burgerlijke revolutie heeft de historische taken waartoe ze geroepen was voor 100% kunnen voltooien. Nergens in de wereld zijn uit deze revoluties nationaal en economisch homogene burgerlijke naties ontsproten, beschikkend over een politieke democratie die grens van de burgerlijke democratie benadert. De aard zelf van het kapitalisme, zijn anarchie, de heerschappij van de markteconomie, maken een dergelijke homogenisering onmogelijk. De opkomst van het antagonisme tussen proletariaat en bourgeoisie heeft, naast het antagonisme tussen de burgerlijke maatschappij en de halffeodale en absolutistische restanten, een dam opgeworpen tegen de ontwikkeling van de politieke democratie. De bourgeoisie had er geen enkel belang bij om die dam te slechten. Zo werd het algemeen stemrecht, een nochtans bij uitstek burgerlijk ideaal, bijna overal in de wereld afgedwongen door de politieke strijd van het proletariaat tegen de bourgeoisie of was het een bijproduct van deze strijd, en niet onder impuls van de bourgeoisie zelf.

Op dezelfde wijze zijn bijna alle ontwikkelde kapitalistische landen de dragers van onopgeloste nationaliteitenkwesties. De Ierse kwestie in Groot-Brittannië, de Vlaamse kwestie in België, de "zwarte" kwestie in de V.S. zijn er opvallende voorbeelden van.

Sinds de aanvang van het imperialistische tijdperk blijkt de bourgeoisie niet meer in staat om de historisch taak van de onvoltooide nationaal-democratische revolutie te voltooien, en krabbelt zij zelfs terug m.b.t. de reeds voltooide taken. De inperking van de democratische vrijheden, de opgang van (bonapartistische, militaire, fascistische) dictatoriale regimes, de beperking van het stakingsrecht en van de vakbondsrechten, het groeiende monopolie in de perswereld, de groeiende militarisering van de economie en van het sociale leven, zijn er voorbeelden van.

Klassenstrijd en nationaliteit in de imperialistische landen (1973)

Met de verscherping van de imperialistische contradicties, kunnen zelfs landen die eertijds hun onafhankelijkheid hebben veroverd die weer verliezen; dat was het geval in Tsjecho-Slowakije in 1939; dat zou zeker gebeurd zijn met andere geïndustrialiseerde Europese staten als het Duitse imperialisme als overwinnaar uit de tweede wereldoorlog was gekomen.

Deze retrograde beweging die een aanvang nam met de neergang van de kapitalistische productiewijze – in laatste instantie met het achterblijven van de socialistische wereldrevolutie –, heeft de sociaaleconomische structuur van de imperialistische landen niet gewijzigd. Het gaat om de kapitalistische landen die rijp zijn voor een proletarische machtsovername, en niet om halffeodale landen die geconfronteerd werden met een democratische burgerlijke revolutie. Het feit dat in de imperialistische landen oude of nieuwe democratische eisen op bepaalde tijdstippen van de conjunctuur bijzonder scherpe vormen kunnen aannemen, verandert niets aan de centrale taken van de periode: de organisatie van de klasse van loontrekkenden en de verhoging van het bewustzijn met het oog op de onvermijdelijke strijd die moet losbarsten als gevolg van de inherente contradicties van het systeem, contradicties die periodiek een potentieel revolutionair niveau bereiken (d.w.z. een objectieve bedreiging vormen voor de kapitalistische productieverhoudingen zelf) en kunnen uitmonden in de omverwerping van de heerschappij van het kapitaal.

Het formuleren van scherpe democratische eisen (waaronder de eis voor nationale ontvoogding die op bepaalde momenten en in bepaalde landen een sleutelrol kan spelen) moet bijgevolg een onderdeel vormen van deze globale strategie, en niet als een bijkomstigheid terzijde worden geschoven. Als resoluut verdediger van alle slachtoffers van politiek en sociale onrechtvaardigheid, als energieke verdediger van alle democratische eisen, mag het proletariaat de socialistische revolutie niet laten "voorafgaan" door een democratische etappe, noch die revolutie ondergeschikt maken aan een kortstondige en illusoire alliantie met een zogenaamde "nationale" bourgeoisie. Het moet de politieke hegemonie veroveren over de andere onderdrukte lagen van de bevolking en de eenheid en samenhang van zijn eigen klassenfront versterken. Het proletariaat kan deze hegemonie niet realiseren wanneer het de verdediging van zijn eigen klassenbelangen opoffert aan vermeende "nationale belangen" die geen rekening houden met de maatschappelijke werkelijkheid.

Het zelfbeschikkingsrecht der volkeren en het nationalisme in de imperialistische landen

De opvattingen van Lenin over de nationale kwestie in de imperialistische landen hielden rekening met al deze overwegingen. Vóór 1914 deed hij dat op impliciete wijze. Na het losbarsten van de eerste wereldoorlog deed hij dat expliciet, vooral in de artikels die hij schreef tijdens de oorlog en in het programmadocument voor het 2de congres van de Communistische Internationale [1920].

Vermits de centrale historische taak van het proletariaat in de imperialistische landen er volgens Lenin in bestond een socialistische revolutie het maken en geen democratischburgerlijke, was een vastberaden gevecht tegen de nationalistische ideologie van vitaal belang om de werkers hierop voor te bereiden. Het nationalisme dat bij gelegenheid of blijvend solidariteit met de bourgeoisie inhoudt, brengt onvermijdelijk de ergste politieke verwarring teweeg in het bewustzijn van het proletariaat. Je kan de werkers niet opvoeden in totale vijandschap tegenover de burgerlijke staat, de politieke en militaire macht van de bourgeoisie

Klassenstrijd en nationaliteit in de imperialistische landen (1973)

en de kapitalistische uitbuiting – een noodzakelijk voorwaarden voor een socialistische revolutie – en tegelijkertijd diezelfde werkers meesleuren in de occasionele verdediging van diezelfde burgerlijke staat, van datzelfde burgerlijke leger en van diezelfde kapitalistische economie.

De ervaring heeft deze theoretische diagnose volkomen bevestigd: telkens men in een imperialistisch land zijn klassenpositie opgeeft onder druk van het nationalisme, telkens men zich achter de "nationale solidariteit" schaart, telkens men het idee van de "verdediging van de natie" en van de "verdediging van het vaderland" aanvaardt, komt men onvermijdelijk terecht in het vaarwater van de klassencollaboratie en in vele gevallen van de ideologische rechtvaardiging ervan, m.a.w. men liquideert het perspectief van een globale antikapitalistische strijd.

Maar anderzijds is het ook zo dat de reële nationale onderdrukking in de schoot zelf van de imperialistische landen – en de reële ontmanteling van de eertijds verworven democratische rechten – onvermijdelijk massale reacties uitlokt. Niet alleen in de kleine burgerij (de stedelijke en vooral de intelligentsia, die uiterst gevoelig is voor de talige problemen, dikwijls om evidente materiële belangen), maar ook in de werkende klasse zelf. Wanneer de politieke organisaties van de werkende klasse, en meer bepaald haar revolutionaire voorhoede, de verdediging van deze belangen afwijzen, dan kan dit enkel negatieve gevolgen hebben voor de ontwikkeling van de globale strijd en het socialistische streefdoel.

De strijd van de massa's voor democratische rechten is een strijd tegen de onderdrukking, dus een strijd voor een rechtvaardige zaak. Het socialisme kan voor geen enkele vorm van onderdrukking en uitbuiting de ogen sluiten, noch die rechtvaardigen, hoe "secundair" die ook mag zijn. Achter alle argumenten die beroep doen op "hoofdcontradicties" en "secundaire contradicties" schuilt het onbegrip voor de algemene *gecombineerde* natuur van deze contradicties, het onbegrip voor hun *structureel* verband. Het zelfbeschikkingsrecht der volkeren is niets minder dan een fundamenteel democratisch recht. Wanneer men een etnische groep het recht ontzegt om zichzelf te besturen en onderwijs te krijgen in zijn eigen taal, dan is er duidelijk sprake van onderdrukking. Wanneer arbeidersorganisaties in de ondrukkende naties weigeren om het zelfbeschikkingsrecht te verdedigen, het doet er niet toe onder welk voorwendsel, dan zijn zij de feitelijke verdedigers van onderdrukking en annexatie.

Een arbeidersbeweging die weigert om zich in te zetten voor de verdediging van de democratische vrijheden, die weigert om de massabewegingen die er zich voor inzetten te vervoegen, geeft hiermee de leiding over deze bewegingen in handen van de kleinburgerlijke en burgerlijke organisaties. Zij geeft bijgevolg de vrije teugel aan de recuperatie van de massabeweging door de burgerlijke stromingen, aan de afleidingsmanoeuvres die het voortbestaan van het kapitalistische bestel versterken. In tegenstelling tot wat de dogmatische uiterst linkerzijde meent vloeien zulke manoeuvres niet voort uit de aard van de democratische of nationale eisen als zodanig (eisen die de onvermijdelijk protestreacties zijn tegen reële situaties), maar integendeel uit het onvermogen of de onwil van de arbeidersbeweging om te strijden voor de hegemonie in de schoot van de nationale beweging.

Het pijnlijke bewijs van deze regel wordt geleverd door een eeuw Belgische politieke geschiedenis. Het onvermogen van de sociaaldemocratische arbeidersbeweging om zich in te zetten, eerst voor de ontvoogding van het Vlaamse volk, daarna voor die van

Klassenstrijd en nationaliteit in de imperialistische landen (1973)

het Waalse volk, was beslissend om de controle van de apparaten van de bourgeoisie over een niet te verwaarlozen fractie van de werkende massa's in stand te houden en zelfs te herstellen daar waar ze verloren was gegaan (vooral in Wallonië). Wanneer men daarenboven beweert dat de nationaliteitenkwestie een "historisch afleidingsmanoeuvre" is van de bourgeoisie, dan sluit men de ogen voor de werkelijk bestaande nationale onderdrukking, en voor de vele gevolgen ervan op de levenswijze en de onvermijdelijke reacties van de kleine luiden.

Het kwaad steekt niet in de kwestie zelf, maar in het onvermogen of in de zwakheid van de arbeidersorganisaties om, in de schoot van protestbewegingen tegen de uitingen van de nationale onderdrukking, onder eigen vlag te strijden, gewapend met een eigen eisenprogramma, en gewapend met een totale afkeer voor een bondgenootschap met de bourgeoisie, zodanig dat men het klassenbewustzijn van het proletariaat verhoogt en niet verlaagt, dat men het stimuleert om een globale strijd tegen het kapitalisme te voeren.

Indien het duidelijk is dat wanneer de arbeiders- en de revolutionaire organisaties weigeren deel te nemen aan de massabeweging tegen de nationale onderdrukking en te strijden voor de hegemonie van het proletariaat in deze beweging, dan is het niet minder waar dat een deelname aan deze beweging waarbij men zijn autonomie opgeeft door zich aan te passen aan de doelstellingen van de bourgeoisie en de kleine burgerij, objectief op hetzelfde neerkomt. De ontwikkeling van de objectieve klassenstrijd moet, tijdens elke etappe, qua opvoeding, propaganda en agitatie, voortdurend gepaard gaan met een combinatie van democratische en socialistische doelstellingen. Elk verzaken hieraan smoort de revolutionaire mogelijkheden die leven in de veralgemeende revolte van de massa's van de imperialistische landen in de kiem.

Om al die redenen kan men niet stellen dat de verdediging van het zelfbeschikkingsrecht der volkeren in de ontwikkelde imperialistische landen, en van een compromisloze strijd tegen elke vorm van nationalisme, aanleiding geven tot contradicties in Lenins opvatting over de nationaliteitenkwestie. Het gaat integendeel om aspecten van een coherente globale strategie. Het gaat er om de massa's voor te bereiden en hun potentieel te versterken met het oog op een globale revolutionaire antikapitalistische strijd. De fundamentele doelstelling van deze strategie is de fusie van de antikapitalistische bevrijdingsbeweging van het proletariaat met alle rebellerende bewegingen tegen de sociale onderdrukking en de onrechtvaardigheid in de burgerlijke maatschappij. Deze strategie geeft een optimale samenhang aan de verschillende componenten van de leninistische politiek m.b.t. tot de nationaliteitenkwestie in de imperialistische landen.

In dit verband vergeet men dikwijls dat Lenin in zijn kritiek op Luxemburg die de strijd van de Russische marxisten voor het zelfbeschikkingsrecht van het Poolse volk afwees, tegelijkertijd de onverzoenlijke strijd van Luxemburg, als Pools revolutionair, tegen het Poolse nationalisme goedkeurde. De geschiedenis na 1918 heeft bovendien de juistheid van deze twee aspecten van Lenins houding duidelijk aangetoond. Men vergeet eveneens dat wanneer Lenin krachtdadig alle vormen van chauvinisme et sociaal-patriotisme van de arbeidersorganisaties in de Eerste Wereldoorlog bestreed, hij tegelijkertijd verklaarde dat de opstanden van onderdrukte nationaliteiten zoals de Ieren en de Polen, onvermijdelijk deel uitmaakten van elke brede revolutionaire, antikapitalistische beweging voortvloeiend uit de verscherping van de imperialistische contradicties. Deze twee voorbeelden zijn een

Klassenstrijd en nationaliteit in de imperialistische landen (1973)

weerspiegeling van het diepe dialectische inzicht van Lenin in het gecombineerde karakter van de taken waarmee het proletariaat in het imperialistische tijdperk geconfronteerd werd, een inzicht dat tot nu toe enkel Trotski heeft kunnen evenaren.

Vanuit die opvatting heeft Lenin een belangrijk onderscheid ingevoerd in de manier waarop men het nationalisme moet bestrijden, zoals blijkt in het befaamde codicil van zijn "testament" waarin hij Stalins houding in de Georgische kwestie[3] aanklaagt, een document dat voor het eerst openbaar werd gemaakt in deel 36 van de 5[de] editie van de verzamelde werken. Indien de strijd tegen het nationalisme onbetwistbaar een universele plicht is van de communisten, dan moet men nochtans zorgvuldig het nationalisme van de historisch onderdrukkende naties onderscheiden van dat van de historisch onderdrukte naties. Wanneer socialisten of communisten die behoren tot een onderdrukkende natie het nationalisme van de onderdrukte natie laken (zoals de polemiek van de Franse socialisten tegen het Algerijns nationalisme, of van zionistische socialisten tegen het Palestijnse nationalisme, etc.) dan rechtvaardigen zij objectief de onderdrukking en de uitbuiting waaraan hun eigen natie zich schuldig maakt en halen zij, zoals Lenin terecht opmerkt, schurkenstreken uit. Zij versterken hiermee bovendien het nationalisme van de onderdrukten die uit hun eeuwenoude onderdrukking geleerd hebben elke ideologie te wantrouwen die door hun onderdrukkers wordt aangeprezen en die uiteindelijk die onderdrukking rechtvaardigt en bestendigt.

Het is de plicht van socialisten en communisten in de historisch onderdrukkende naties hun slagkracht te concentreren op hun eigen nationalisme, een nationalisme dat alleszins veel meer reactionair en veel minder te rechtvaardigen is dan het nationalisme van slaven die hun ketenen willen verbreken. Zij moeten daadwerkelijke steun verlenen aan de emancipatorische beweging van de onderdrukte nationaliteiten, wat tevens een versterking inhoudt van de strijd van de marxisten tegen het op langere termijn desoriënterend en verzwakkend effect van het nationalisme op de bevrijdingsstrijd van de onderdrukten.

Nationale en sociale strijd: een tweede benadering

Het gaat hier niet om een dogmatische stelling die als het ware voortvloeit uit een soort programmatisch axioma. Het gaat integendeel om een programmatische conclusie die voortvloeit uit een inzicht in de sociale dynamiek in het imperialistische tijdperk, d.w.z. om een analyse van de klassenstructuur van de imperialistische landen, van de objectieve krachtsverhoudingen tussen deze klassen, van hun onvermijdelijke conflicten en van het verloop van de daaruit voortvloeiende klassenstrijd.

De imperialistische landen worden namelijk sociaal gekenmerkt door de numerieke meerderheid van de arbeidersklasse, een klasse die beschikt over een veel groter economisch en politiek potentieel dan elke andere werkende klasse. Deze klasse heeft bovendien een lange organisatorische traditie in de verdediging van haar belangen als klasse. Het antagonisme tussen arbeidersklasse en bourgeoisie is bijgevolg onvermijdelijk en komt tot uiting in elk politiek of sociaal conflict. Wanneer in dergelijke omstandigheden de klassenstrijd losbarst, (ook al is het maar met "zuiver" democratische eisen als vertrekpunt: strijd tegen een fascistische of militaire dictatuur; strijd tegen nationale onderdrukking, voor het zelfbeschikkingsrecht, etc.), dan zullen de arbeiders in de aanzet hun eigen eisen als klasse, hun eigen onmiddellijke en/of historische belangen vooropstellen, tegen die van de bourgeoisie in.

Klassenstrijd en nationaliteit in de imperialistische landen (1973)

Op dat moment zijn twee lijnrecht tegenovergestelde politieke houdingen mogelijk in de schoot van de arbeidersbeweging, houdingen die de weerspiegeling zijn van twee fundamenteel verschillende strategieën. De enen zullen beweren dat het enkel gaat om de "strijd voor democratie" en niet om een socialistische of vakbondsstrijd zodat de arbeidersklasse front moet maken met de zogenaamde "progressieve" of "nationale" of "democratische" bourgeoisie. Dit is een manipulatie van de massabeweging die moet dienen om een *burgerlijke* staat en een *kapitalistische* economie in stand te houden (of te restaureren).

De anderen zullen elke strategie die de revolutie opvat als een "stapsgewijs" proces, een beweging waarin aparte etappes elkaar opvolgen, verwerpen, evenals de idee dat de "nationale bevrijdingsbeweging" voorafgaat aan de "etappe van de socialistische revolutie". Zij vinden integendeel dat de strijd van de proletarische massa's voor hun democratische en nationale eisen, in het tijdperk van de neergang van het imperialisme, organisch deel uit maakt van de socialistische revolutie. Zij stimuleren bijgevolg met alle mogelijke middelen het uitgroeien van de strijd voor democratische of nationale rechten tot een revolutionaire strijd voor de omverwerping van de kapitalistische heerschappij. Met dit doel voor ogen verbinden zij, van bij het begin van de strijd, de propaganda voor socialistische, antikapitalistische doelstellingen met de propaganda voor de democratische en/ of nationale doelstellingen, verwerpen zij elk "front" met de bourgeoisie en houden zij de organisatorische onafhankelijkheid van het proletariaat en de autonomie van zijn belangen als klasse in stand. Zij maken die belangen op geen enkel moment ondergeschikt aan de zogenaamde "prioriteit" van de democratische of nationale doelstellingen. Deze strategie verzekert de hegemonie van het proletariaat en van zijn klassenpartij in de schoot van de massa's die strijden voor nationale bevrijding en zij verzekert de "uitgroei" van de beweging naar een succesvolle socialistische revolutie.

Aan de basis van deze twee strategieën liggen twee verschillende opvattingen over de *actualiteit van de socialistische revolutie in het huidige tijdperk* in de imperialistische landen, twee verschillende opvattingen over de prioritaire doelstellingen van de arbeidersbeweging. De enen denken dat een omverwerping van het kapitalisme pas mogelijk is als eerst een hele reeks politieke, sociale of zelfs nationale voorwaarden vervuld zijn. De anderen zijn van mening dat de imperialistische contradicties periodiek uitmonden in massale conflictuele uitbarstingen waarbij een succesvolle socialistische revolutie objectief mogelijk wordt, zelfs zonder voorafgaande veranderingen in het bestaande politieke en sociale bestel. Zij denken daarentegen dat de ontoereikende subjectieve factor, het klassenbewustzijn van het proletariaat en zijn leiding, de voornaamste hinderpaal vormt op weg naar de revolutie. Het is dus onvermijdelijk dat de eersten bereid zijn om een mogelijke socialistische revolutie (die zij in ieder geval onrealistisch vinden) op te offeren aan andere prioritaire taken. De anderen daarentegen zijn tegenstanders van elk politiek manoeuvre dat kan leiden tot een verzwakking van het subjectieve vermogen van het proletariaat en maken gebruik van bepaalde gunstige objectieve situaties om de burgerlijke staat en kapitalistische productieverhoudingen omver te werpen.

Het hoeft geen betoog dat wij tot het tweede kamp behoren en tegenstanders zijn van het eerste. Noch de Poolse, noch de Catalaanse arbeidersklasse, om maar te zwijgen over de Waalse arbeidersklasse, hebben objectieve (economische, sociale, politieke) voorwaarden gekend die de strijd voor de macht "objectief onmogelijk" maakten. Integendeel, de machtsovername lag in de

Klassenstrijd en nationaliteit in de imperialistische landen (1973)

loop van de 20ste eeuw meerdere keren binnen handbereik, telkens zij een machtige aanval uitvoerden tegen een relatief verzwakte staat en zijn economie. Dat deze aanvallen niet tot een overwinning hebben geleid heeft is niet te wijten aan de onrijpe objectieve voorwaarden die, naar verluidt, op reformistische wijze verbeterd kunnen worden met aanpassingen van de staatsstructuren, die prioritair moeten voorafgaan aan de sociale revolutie, – maar aan een gebrekkig inzicht in de doelstellingen, aan de compromissen en de capitulaties van de leiders van de arbeidersbeweging, d.w.z. aan het ontoereikende klassenbewustzijn en de kreupele leiding van het proletariaat.

Om deze tekortkomingen de baas te worden is de bewustmaking van het proletariaat dat het een klasse vormt en strijd moet voeren voor antikapitalistische, socialistische, revolutionaire doelstellingen een absolute prioriteit. De strijd tegen de aspecten van de nationale onderdrukking, waarmee men objectief gezien de structuren van de bourgeoisie nog meer kan verzwakken en waarmee men waardevolle bondgenoten voor de arbeidersbeweging kan winnen, moet geïntegreerd worden in deze globale strategische visie. Is dit niet het geval, dan verleent men uiteindelijk een nieuw steunpunt aan het bedreigde kapitalistische bestel.

---

1 Israel Lazarevitsj GELFAND (ook Helphand gespeld), bekend onder de naam Aleksandr PARVUS (1869-1924), was actief in de Russische en Duitse sociaaldemocratie. Deze dubbelzinnige politieke figuur werkte later samen met de Jonge Turken en met de Duitse diensten. (H.P.)

2 VILAR (Pierre): *La Catalogne dans l'Espagne moderne. Recherche sur les fondements économiques des structures nationales*, Paris 1963. Zie ook VILAR (Pierre) en INTXAUSTI (Joseba): *Historia, nación y nacionalismo: cuestión nacional y movimiento obrero*, 1998. (H.P.)

3 Zie hierover Moshe LEWIN, *De laatste strijd van Lenin*, Amsterdam 1971. (H.P.)

NATIONALITEIT EN KLASSENSTRIJD IN BELGIË

ANNEX 1
ACHT STELLINGEN OVER HET FEDERALISME EN HET STATUUT VAN BRUSSEL

Deze acht stellingen over het federalisme, in het Frans opgesteld in november 1966, komen uit het archief van Emiel van Ceulen (1916-1987), gedeponeerd bij het AMSAB. Het is een standpunt van de Belgische sectie van de Vierde Internationale. Welke weg naar een waarachtig federalisme moeten de revolutionairen voortaan volgen, nu een vorm van federalisme wordt ingevoerd die niet gekoppeld is aan een antikapitalistische beweging zoals de Belgische trotskisten hadden voorgesteld? Uit dit document en uit andere artikels van leden van de Belgische sectie, waaronder die van Mandel, blijkt dat er meningsverschillen bestonden over het federalisme en meer speciaal over de kwestie Brussel.

1. Het zelfbeschikkingsrecht der volkeren

De Belgische staat is sinds zijn onafhankelijkheid in 1830 een burgerlijke multinationale en unitaire staat[1]. Twee volkeren leven er naast elkaar. De radicale basis van de Waalse arbeidersbeweging is voorstander van het federalisme. De revolutionaire marxisten hebben zich uitgesproken voor een federale staat, in overeenstemming met het zelfbeschikkingsrecht der volkeren. Dit federalisme kan slechts een tweeledig federalisme zijn (twee staten).

2. De 'solidariteit' van de Franstaligen en haar betekenis

Onze oppositie tegen de grootbourgeoisie was een van de hoofdredenen van onze voortdurende strijd voor het federalisme. De bourgeoisie en haar organen strijden tegen deze eis omdat het federalisme de macht van de burgerlijke staat aanzienlijk zou verzwakken.

Om die reden hebben wij gezegd dat het federalisme alleen kon worden veroverd na een strijd van de massa's die uitmondt in een socialistisch perspectief, en dat de enige mogelijke vorm van federalisme ingevoerd in het kader van de burgerlijke staat slechts een federalisme als toegeving van de bourgeoisie kon zijn. Dat is de reden waarom wij het federalisme koppelden aan het overgangsprogramma.

Vandaag is de bourgeoisie erin geslaagd om dit perspectief te ontwijken, mede dankzij het afnemend getij van de arbeidersbeweging: dat is de betekenis van het bondgenootschap dat werd gesloten tussen de conservatieve Brusselse pers, die de hand reikt aan de Waalse federalisten, in het voordeel van een eenheidsfront van rechtse sociaal-democraten en een bejubelde MPW (André Genot, "Bruxelles, lâchée par la Wallonie?", in *Combat* van 3.11.1966).

3. Brussel als niet-etnische gemeenschap

Brussel, oorspronkelijk de Vlaamstalige hoofdstad van de unitaire staat, heeft een verfransing ondergaan waarvan de oorzaken welbekend zijn: de druk van de burgerlijke en kleinburgerlijke milieus en hun waarden. Het fenomeen van de doorgedreven verfransing, behalve in de onderlagen van de werkende klasse, is nagenoeg onomkeerbaar geworden als men de huidige graad van verfransing in ogenschouw neemt. Als gevolg hiervan bestaat er in Brussel een "quasi-gemeenschap" of een niet-etnische territoriale gemeenschap.

4. De huidige polemiek over Brussel

Twee recente feiten hebben de polemiek over het "statuut" van Brussel weer doen opleven, zowel in de federalistische milieus als in de milieus die zich verzetten tegen een dergelijke staatsvorm. Het eerste feit is de uitspraak van M. Cappuyns, vice-gouverneur van Brabant (BSP) die benoemd werd in de lijn van de wetten Gilson[2]. In het raam van de unitaire staat stelde hij voor om Brabant in drie te verdelen: een Vlaamse provincie (Leuven), een

Annex 1 - Acht stellingen over het federalisme en het statuut van Brussel

Waalse provincie (Nijvel) en de 19 gemeenten van Brussel.

Het tweede feit is het kelderen door de PVV van de toekomstige uitvoeringsbesluiten in verband met de taalwetten, waarachter zich een aantal socialistische burgemeesters in Brussel hebben geschaard: Cudell, Frank, Simonet en Albert Housiaux (directeur van het blad *Le Peuple*). Cudell spreekt zich uit voor de "vrijheid van de huisvader"; Frank "beschuldigt" de Walen ervan dat zij de Franstaligen in Brussel aan hun lot hebben overgelaten; Simonet geeft toe dat men de Vlamingen in Brussel moet "ontvangen" (wat impliceert dat zij in zeker opzicht vreemdelingen zijn), terwijl Housiaux eveneens de "vrijheid van de familievader"[3] inroept voor wie meer dan twee jaar in Brussel woont.

De Franstalige kleinburgerij en een gedeelte van de volksmassa's geven hierbij gehoor aan de unitaire en burgerlijke propaganda (PLP en FDF[4]), die beweert dat de talige en administratieve maatregelen die een toekomstige verdere verfransing moeten voorkomen (taalinspectie), onaanvaardbare "dwangmaatregelen" zijn. De sociaal-democratie die op dit ogenblik in de oppositie vertoeft, gelooft dat het ogenblik gunstig is om de PLP-fakkel van de "vrijheid van de familievader" over te nemen, uiteraard met een electoraal oogmerk. De revolutionaire marxisten moeten deze propaganda bestrijden: de wetten van 1963 oefenen geen reële dwang uit, maar heffen slechts een illusoire "vrijheid" op.

5. Een eigen institutionele structuur

Dit alles mag er ons niet van weerhouden om ons af te vragen of "een tweeledig federalisme (twee staten) onverenigbaar is met een eigen institutionele structuur voor Brussel". Het antwoord op deze vraag hangt af van de mogelijkheid om propaganda te maken voor het federalisme in Brussel zelf. We moeten inderdaad vermijden om toe te geven zowel aan de demagogie rond de taal (de drieledige federalistische voorstellen houden in feite "taalvrijheid" in Brussel in), als aan de Vlaams-nationalistische stellingen die bij de Brusselse bevolking de indruk wekken dat Vlaanderen een ongewenste federale dictatuur over Brussel wil vestigen.

6. Brussel is geen 'klasse-volk'

Wanneer de progressieve Vlaamse milieus de nationalistische eis weer opnemen om Brussel "in te dijken" binnen de 19 gemeenten en om de stad geen enkele autonomie te verlenen, betekent dit impliciet dat de Brusselse gemeenschap een reactionair kleinburgerlijk "klassevolk"[5] is, waarop een federale dictatuur moet worden uitgeoefend. We moeten deze idee verwerpen want zij maakt elke federalistische propaganda in Brussel onmogelijk; zij verhindert het uitwerken van een concreet, d.w.z. mobiliserend, federalistisch voorstel, ingebed in een overgangsprogramma. De inwoners van de agglomeratie en van het arrondissement Brussel zijn in geen enkel opzicht de profiteurs van een toestand die is geschapen door het kapitalisme: zij zijn er integendeel ook het slachtoffer van (bijv. door de winsten die voortkomen uit de grondspeculatie).

7. Brussel vrijstad

Het zou verkeerd zijn om toegevingen te doen aan de kleinburgerlijke opvattingen qua taalvrijheid die de verfransing nog verder willen doorvoeren; maar het is even verkeerd om te geloven dat men op kunstmatige en administratieve manier het verleden kan herstellen, d.w.z. de historische ontwikkeling die vandaag tot de vorming van de Brusselse gemeenschap heeft geleid. Men kan dus niet, voorafgaand op de instelling van het federalisme, strijd voeren om de wetten van 1936 in de een of andere zin te amenderen in verband met Brussel. Die evolutie als een voldongen feit aanvaarden wil zeggen dat men in de toekomst een voorstel zal moeten indienen om van Brussel een "vrije stad" te maken, wat de opdeling van Brabant in twee provincies en een vrijstad betekent. Dit voorstel zou in de lijn liggen van het voorstel Cappuyns[6]. Maar men zou hierbij eventueel, met referendum en in een geheime stemming, de 6 gemeenten met taalfaciliteiten moeten raadplegen over het taalregime dat zij wensen (en het gewest waarbij zij zich willen aansluiten)[7]

8. Voorstellen

Voorlopig stellen wij dus het volgende voor:

Annex 1 - Acht stellingen over het federalisme en het statuut van Brussel

a. De fusie van de 19 gemeenten van de agglomeratie tot een enkele (er moet een einde worden gemaakt aan de belachelijke mozaïek van die 19 aanpalende "dorpen").

b. De eventuele aansluiting van de faciliteitengemeenten als die zich daar na een volksraadpleging voor uitspreken.

c. Het toewijzen van provinciale en gemeentelijke macht aan een Brusselse raad.

d. De toewijzing aan deze raad van (raadplegende) machten in verband met alle taalkwesties

Dit standpunt houdt in dat wij een aantal voorstellen overnemen van het wetsvoorstel ingediend door Terfve (KPB), uitgezonderd het voorstel van een referendum in gemeenten zoals Het Voor-Koningslo (Beauval) en Terhulpen (La Hulpe), en de "vrijheid van de familievader".

Deze voorstellen moeten met de grootste voorzichtigheid worden uitgewerkt om elke bruuske splitsing binnen de radicale vleugel van de Vlaamse beweging te vermijden. De dynamiek van deze beweging vertoont op dit ogenblik een draai naar links, maar staat nog zeer ver van een mogelijk compromis.

Anderzijds zal de Brusselse MR[8] het federalisme verdedigen rekening houdend met de bijzondere situatie van de werkende bevolking in Brussel, door de nadruk te leggen op het noodzakelijk federalisme in hun eigen belang, dit opdat de MR zou kunnen deelnemen aan de onderhandelingen over het federalisme. Zij zullen werk maken van een globaal voorstel m.b.t. de institutionele structuren.

Voorlopig beperken wij ons tot de gemeenschappelijke verdediging van het federalisme, en laten het aan de kameraden over om dit principe te verdedigen met gebruik van de gepaste argumenten en toepassingen, vastgelegd door de organisatie. Slechts de algemene lijn van deze resolutie wordt op dit ogenblik aanvaard Zij zal worden bediscussieerd en het debat over deze kwestie kan eventueel weer worden geopend.

1 Over de standpunten.van de Belgische sectie van de Vierde Internationale raadplege men ook de brochure *La Question nationale en Belgique* van de Ligue Communiste Révolutionaire, s.d., www.lcr-lagauche.be. (H.P.)

2 De drie taalwetten van 1962: 1. de definitieve vastlegging van de taalgrens met Komen-Moeskroen in Wallonië en de Voerstreek in Vlaanderen; 2. tweetaligheid in de 19 gemeenten van Brussel en taalfaciliteiten voor de Franstalingen in 6 randgemeenten; 3. de regeling van het taalgebruik in het onderwijs. (H.P.)

3 Het recht van het gezinshoofd om een school te kiezen (en de voertaal ervan) voor zijn kinderen.(H.P.)

4 Het Front des Francophones is een fel anti-Vlaamse partij in Brussel. (H.P.)

5 De term "klassevolk" is afkomstig uit marxistisch getinte beschouwingen van Ber BOROCHOV (1881-1917) over de zogeheten Joodse kwestie: een volksgemeenschap die in de kapitalistische productiewijze een rol als klasse vervult. Zie hierover o.a. Abraham LÉON, *La conception matérialiste de la question juive*, Parijs 1968. (H.P.)

6 Léon CAPPUYNS (1920-1978), de tweetalige Vlaamse socialistische vice-gouverneur van Brabant, was voorstander van de oprichting van een provincie Vlaams-Brabant. (H.P.)

7 De opdeling in een provincie Waals Brabant en een provincie Vlaams Brabant gebeurde in 1995. Brussel werd met zijn 19 gemeenten in 1988 een zelfbesturend hoofdstedelijk gewest. Van enige consultatie was echter geen sprake. (H.P.)

8 De Mouvement Réformateur is een franstalige liberale partij. (H.P.)

ANNEX 2
RIK DE CONINCK
BEKNOPTE HISTORISCHE INLEIDING
OVER HET BELGISCH TROTSKISME[1] (1979)

Zoals in andere landen is de trotskistische beweging in België ontstaan uit een splitsing van de communistische partij. Tot 1928 was er in de KPB plaats voor verschillende tendensen. De twee belangrijkste waren enerzijds de groep rond War van Overstraeten die in 1920 de Belgische communistische partij had opgericht en anderzijds de groep rond Joseph Jacquemotte die in 1921 met Les Amis de l'Exploité afgescheurd was van de BWP. Deze groepen fusioneerden in 1921 op aandringen van de Derde Internationale, maar over de initiële geschilpunten (voorhoede versus massapartij, directe revolutionaire actie versus revolutionair parlementarisme, vakbondsstrategie ...) ontstond geen eensgezindheid. De politieke evolutie in de Sovjet-Unie was de aanleiding voor de breuk in maart 1928. Van 1923 tot 1927 woedde er in de Russische communistische partij een bittere machtsstrijd over de bureaucratisering van deze partij. In de loop van die politieke oorlog profileerde Leon Trotski zich tot de leider van de stroming die zich verzette tegen die bureaucratisering. Deze oppositionelen verloren het gevecht tegen Stalin.

Een sterke minderheid binnen de KPB, die akkoord ging met de Russische oppositie tegen Stalin, werd uitgesloten uit de partij en richtte de Communistische Oppositie op. Ideologisch steunde men op de theorieën van Marx, Engels en Lenin, aangevuld met die van Leo Trotski over de permanente revolutie, de noodzaak van sovjets (arbeidersraden), het revolutionair internationalisme, de "bureaucratische ontaarding" van de Sovjet-Unie ... In deze Oppositiegroep zaten parlementslid Van Overstraeten en vele regionale verantwoordelijken. De Oppositiegroep ging enthousiast van start, maar werd op haar beurt verscheurd door een strategische keuze: een nieuwe partij oprichten, ofwel heraansluiting vragen bij en oppositie voeren in de Derde Internationale. Ook deze discussie had internationale wortels: tot 1933 hoopte Trotski dat de Derde Internationale kon hervormd worden tot een instrument om de revolutie te verspreiden; bij gevolg moest er voorlopig geen nieuwe organisatie opgebouwd worden. Inlichtingen van een dubieus informant deden hem echter besluiten om de Belgische Oppositiegroep — gezien haar relatieve sterkte — als aparte partij te laten ageren. De Oppositiegroep nam dan ook deel aan de verkiezingen van 1929, maar behaalde een teleurstellend resultaat. In 1930 kwam Trotski op zijn beslissing terug, maar slechts een minderheid (de afdeling Charleroi met Léon Lesoil) volgde de nieuwe richtlijn van Trotski. Deze minderheid scheurde zich af en noemde zichzelf de Linkse Communistische Oppositie.

De meerderheid richtte daarop de Liga van Internationale Kommunisten op, o.l.v. Adhémar Hennaut. Deze liga verloor snel aan belang door een reeks problemen: de demoralisatie van leden (o.a. War Van Overstraeten), de gebrekkige centralisatie, het wegvallen van een internationaal verband, en de overstap van enkele militanten en de Antwerpse afdeling naar de Linkse Communistische Oppositie. Ook de samenwerking met de bordigisten (Italiaanse communistische immigranten, geïnspireerd door Amadeo Bordiga) verliep erg stroef.

Op het einde van de jaren '30 stond Hennaut aan het hoofd van een marginale organisatie.

De enkele tientallen leden die de ordewoorden van Trotski gevolgd hadden, beschikten via de Chevaliers du Travail over heel wat invloed bij de mijnwerkers. Op die manier speelden ze een belangrijke rol bij de uitbreiding van de staking van 1932 naar het bekken van Charleroi. De internationale oriëntatie werd verder bepaald door de standpunten van Trotski. Deze laatste nam in 1933 de ingrijpende beslissing om te werken aan de oprichting van een nieuwe internationale, de Vierde. De houding van de Duitse communis-

Annex 2 Rik de Coninck - Beknopte historische inleiding over het Belgisch trotskisme1 (1979)

ten en van de Komintern tegenover de machtsovername van Hitler in januari 1933 was voor Trotski het bewijs dat de Derde Internationale gefaald had en niet meer omgevormd kon worden tot een revolutionaire organisatie. Trotski concludeerde dat een wereldoorlog onafwendbaar was tenzij er ergens een revolutie slaagde. Een nieuwe internationale gebaseerd op autonome partijen was daarom dringend nodig. In de loop van de volgende jaren zocht hij medestanders om dit project uit te voeren.

Voor de groep rond Lesoil betekende dit vooreerst dat de naam gewijzigd werd tot Ligue Communiste Internationaliste (Bolchévique-léniniste). In 1934-1935 besliste de meerderheid van deze organisatie om lid te worden van de BWP (zgn. entrisme). Trotski voorzag immers dat er een beslissende strijd ging geleverd worden in West-Europa en wou krachten winnen om tot een revolutionaire hergroepering te komen. Een minderheid o.l.v. Georges Vereeken weigerde dit entrisme en richtte een minuscule aparte organisatie op: de Ligue Communiste Internationale (Trotskiste).

De entristische groep was dus lid van de BWP toen de leiding van deze laatste fel gecontesteerd werd door de Action Socialiste van P.-H. Spaak; ze steunde de propaganda voor het Plan van de Arbeid. Toen Spaak in maart 1935 minister werd en de Action Socialiste hierop verdeeld reageerde, slaagde de trotskistische groep erin om een deel van de Action Socialiste om te vormen tot de Action Socialiste Révolutionnaire (ASR) en om de leider ervan, Walter Dauge, samen met zijn aanhangers in de Borinage te rekruteren. In Vlaanderen werkten de trotskisten in de Anti-Oorlogsliga. Begin 1936 werden de trotskisten uitgesloten uit de BWP en meteen startten besprekingen met Vereeken om te komen tot een fusie. Dat lukte in oktober 1936 met de oprichting van de Revolutionair Socialistische Partij / Parti Socialiste Révolutionnaire (RSP/PSR), een partij met haast 800 leden, vooral in Wallonië. De belangrijkste leiders waren Dauge, Lesoil en Vereeken.

Qua samenstelling was er een groot verschil tussen de vele gewone leden in de Borinage en de militanten in de rest van het land. In de RSP/PSR was er heel wat onenigheid over de aanpak van de Belgische politieke toestand (deelname aan verkiezingen, oprichting van een aparte vakbond).

NATIONALITEIT EN KLASSENSTRIJD IN BELGIË

Toch was het weer de internationale politieke oriëntatie die voor een nieuwe splitsing zorgde: Vereeken en een kleine groep medestanders weigerden de standpunten van Trotski te aanvaarden aangaande de breuk met de Spaanse POUM en de Nederlandse RSAP, en aangaande de opportuniteit van de oprichting van de Vierde Internationale. De grote meerderheid meende dat men ondanks de slechte politieke conjunctuur hoe dan ook een Internationale moest oprichten vooraleer een nieuwe wereldoorlog uitbrak. In september 1938 behoorde de PSR tot de medeoprichters van de Vierde Internationale. Centraal document was het "Overgangsprogramma", een programma dat de kloof tussen het minimum- en maximumprogramma moest overbruggen door een reeks overgangseisen te stellen (planning, arbeiderscontrole, maatregelen die de macht van de kapitalisten beperken).

Walter Dauge behaalde ondertussen de meerderheid tijdens de gemeenteraadsverkiezingen in Flénu, maar de koning weigerde hem te benoemen tot burgemeester. Begin 1940 werden de publicaties van de RSP verboden door de Belgische regering. Georges Vereeken noemde zijn in 1938 afgescheurde groep eerst Contre le Courant, later de Groupe Communiste en tijdens de oorlog Groupe Communiste Trotskiste (GCT). Zowel Dauge als hij werden in september 1939 een eerste maal gearresteerd. Naast de groep Vereeken en de RSP, waren er in 1940 in België nog een marginale groep Italiaanse bordigisten, waarmee de trotskisten regelmatig samenwerkten, en de haast inactieve groep rond Hennaut. De RSP werd net voor de oorlog nog versterkt door enkele gevluchte Duitse en Oostenrijkse trotskisten.

De verdeeldheid werd niet ongedaan gemaakt tijdens de oorlog: Vereeken nam een afwachtende houding aan, terwijl een deel van de PSR reeds in augustus 1940 een clandestiene werking startte. Door de demoralisatie van Dauge en Lesoil verloor men veel leden in de Borinage en Charleroi. Het waren enkele jongeren aangevuld met recent gerecruteerde joodse leden die de leiding op zich namen; Abraham Léon [Abraham Wajnstock] was de belangrijkste ervan. Ernest Mandel werd tijdens de oorlog lid.

In 1941 veranderden ze de partijnaam in Parti Communiste Révolutionnaire (PCR), en van dan af werd de clandestiene werking uitgebouwd met

Annex 2 Rik de Coninck - Beknopte historische inleiding
over het Belgisch trotskisme1 (1979)
een nationaal blad en verschillende bedrijfsbladen, vervalste documenten... De PCR engageerde zich niet in het Onafhankelijkheidsfront dat ze te burgerlijk en te nationalistisch vond, maar probeerde vergeefs een "Arbeidersfront" op te richten. In Charleroi werden enkele stakingen en manifestaties georganiseerd. Zowel de PCR als Vereeken hadden internationale contacten met gelijkgezinden.

Door de naziterreur was de PCR op het einde van de oorlog herleid tot een 50-tal leden. Die handicap werd verzwaard door een verkeerde prognose over het einde van de oorlog: de PCR had een ongeveer analoog verloop als in 1918 verwacht met een machtsvacuüm en een prerevolutionaire situatie. De trotskisten werden geconfronteerd met het "chauvinistisch enthousiasme" van de bevolking en de trouw van de arbeiders aan de traditionele partijen. Bovendien werd de trotskistische pers andermaal verboden. Tijdens de sociale strijd van 1945-1947 won men nog wat leden, en er kwam een hereniging met de groep rond Vereeken. Op het einde van de oorlog was Vereeken namelijk gevangen genomen door de Duitsers. Tijdens zijn afwezigheid werden er fusiegesprekken gevoerd met diens groep, de GCT met een twintigtal leden, nu onder leiding van Pierre Le Grève. De fusie had plaats in januari 1946; de nieuwe partij heette de Parti Communiste Internationaliste (PCI). Er waren minder dan 100 leden, met aan Vlaamse kant slechts enkele leden in Gent en Antwerpen.

De verhoopte prerevolutionaire toestand kwam er niet, bovendien werd de loonblokkering doorbroken. Het Marshallplan en de Koude Oorlog verkleinen de mogelijkheden van de PCI nog verder. Geleidelijk aan verloor men leden en men was niet in staat om iets aan de toestand te veranderen. De ontgoochelingen, de veroudering, de verkeerde analyses, de interne crisissen en de persoonlijke conflicten leidden tot het opdoeken van de afdelingen Moeskroen, Luik, Antwerpen, Gent en de Borinage. In 1949 waren er nog een twintigtal leden verspreid over 3 afdelingen: Brussel, Charleroi en Le Centre. De overblijvenden ervaarden deze periode als een "tocht door de woestijn". Ook van de internationale leiding kwam er voorlopig geen oplossing: het 2de wereldcongres in 1948 gaf nog steeds als richtlijn om autonome massapartijen op te bouwen.

NATIONALITEIT EN KLASSENSTRIJD IN BELGIË

Kort daarna werd een koerswijziging voorgesteld door Michel Raptis (Pablo), één van de belangrijkste leden van het Internationaal Secretariaat van de Vierde Internationale. Op basis van een analyse van de wereldsituatie (de blokken, de communistische partijen die soms wel een revolutie doorvoerden) stelde hij dat de verwachte radicalisering zich zou voordoen in de traditionele organisaties. Er moesten dus geen inspanningen meer geleverd worden voor het oprichten van onafhankelijke partijen. Het perspectief werd: de basis van de traditionele partijen beïnvloeden. Dat hield in dat men voor zeer lange tijd lid werd van die organisaties. Pablo wist de meerderheid van het Internationaal Secretariaat voor dit standpunt te winnen (1950). In vele landen weigerde grote delen van de trotskistische partijen deze koerswijziging, die ze een liquidatie noemden, door te voeren. In Frankrijk werd het verzet daartegen geleid door "Lambert", die samen met andere tegenstanders een Comité voor de Heropbouw van de Vierde Internationale oprichtte. In de kleine Belgische PCI hadden de lambertisten weinig invloed: slechts enkelen vonden het entrisme een twijfelachtig project. Het prestige van Ernest Mandel, die lid was van het Internationaal Secretariaat, heeft daar waarschijnlijk toe bijgedragen. Door een tekort aan leden was het niet mogelijk een autonome werking te behouden, die beperkte zich tot een postbus.

In verschillende landen had het entrisme plaats in de communistische partijen, in België werd geopteerd voor de BSP omdat men op grond van de analyse van de koningskwestie meende dat een toekomstige radicalisering zich daar zou voordoen. Bedoeling was niet om van het BSP-lidmaatschap gebruik te maken om propaganda te maken voor enkele revolutionaire ideeën en de beste elementen één voor één te rekruteren. Het doel was om ervoor te zorgen dat algemene ideeën door velen geassimileerd werden, dat er een brede voorhoede zou ontstaan die op basis van ervaringen zou komen tot een revolutionair programma. Dit project was dus veel ingrijpender en van een ander gehalte dan de beperkte poging in 1935 en het entrisme van enkele jongeren in socialistische en communistische jeugdorganisaties na 1945.

De groep entristen kon inspelen op verschillende evoluties: neergang van de traditionele Belgische industrie gecombineerd met de opgang van het

Annex 2 Rik de Coninck - Beknopte historische inleiding over het Belgisch trotskisme1 (1979)

renardisme, de oppositiekuur van de BSP, de Kongolese crisis, en vooral de staking tegen de eenheidswet. De beginjaren waren moeilijk, want de BSP werd ervaren als een monolithisch blok dat in de Koude Oorlogsjaren pro-atlantische standpunten innam. Een eerste succes werd geboekt door Emile Van Ceulen die eerst de Brusselse JGS (Jeune Garde Socialiste) en later de nationale JGS activeerde op basis van een radicaal programma dat de trotskistische standpunten benaderde inzake internationale politiek (congres van 1954). De trotskisten gaven er marxistische vorming en probeerden zoveel mogelijk verantwoordelijke posities in te nemen. Tot de breuk met de BSP in 1964 hadden zij en hun sympathisanten de meerderheid van de leiding. In de JGS hadden ook de eerste rekruteringen plaats. De oudere militanten waren ondertussen actief in de Brusselse arbeidersliga's. Door het beperkt aantal leden en de grote druk van het dubbelleven, werd er prioritair aandacht besteed aan het politiek werk, minder aan het syndicale.

1954 was een scharnierjaar. Naast het succes in de JGS, was er ook de oprichting van het Algerijnse FLN dat overal steun zocht. De Vierde Internationale was één van de weinige organisaties die steun wou geven, en dat ook kon doen dank zij haar internationale structuur. De Belgische afdeling van de Vierde Internationale (BAVI) nam een centrale plaats in, in het internationaal clandestiene netwerk (valse papieren, publicaties verzorgen). Om de "nieuwe linkerzijde" te betrekken in dit antikolonialistisch werk, werd een Comité voor de Vrede in Algerije opgericht, een niet-zuilgebonden humanitaire organisatie. Al was de inzet van de trotskisten in deze werking niet prioritair, toch werd o.a. hierdoor de basis gelegd voor de latere uitgave van *La Gauche* (januari 1957).

Eveneens in 1954 begon de belangrijke werking in het ABVV. Op het buitengewoon ABVV congres werd voor het eerst de eis gesteld voor structuurhervormingen. E. Mandel, die ondertussen in *Le Peuple* over economie schreef, werd in 1955 opgenomen in de studiecommissie van het ABVV over de economische concentratie. In de strategie van de trotskisten was het renardisme van centraal belang; ze gingen ervan uit dat deze strijdbare beweging haar syndicale eisen niet voldoende op het politieke terrein bracht. Het was de wil van de trotskisten om het gewicht van die beweging in de BSP te laten doorwegen en die beweging dan te koppelen aan de linkerzijde van de BSP. De JGS kon die taak niet vervullen; voor de bundeling van de "contestanten" op een stabiele basis werd een weekblad gebruikt: *La Gauche*.

Via Jacques Yerna kreeg Mandel de steun van Renard voor de oprichting van een links blad. Het project wekte het enthousiasme op van een diversiteit van medewerkers die zich verenigden rond een platform met als centrale eis de structuurhervormingen (nationalisaties en economische planning).

Na de verkiezingsnederlaag van de BSP in 1958, de economische recessie en de stakingen in de Borinage in 1959, oordeelden de trotskisten dat een gunstige tijd aangebroken was om de ideeën van *La Gauche* verder te verspreiden. Tegelijk vreesde men voor de beperking van de democratie (de "sterke staat"). De volgende drie doelstellingen werden vooropgesteld: een linkse aanwezigheid in het parlement (dat lukte in 1961 met Glinne en Hurez), de vorming van een linkse tendens in de arbeidersliga's en de oprichting van een Vlaams blad. Marcel Deneckere had al in 1957 het plan opgevat om in Vlaanderen iets analoogs als *La Gauche* uit te geven, terwijl Mandel hetzelfde plan had, maar dat bij gebrek aan een Vlaams partijlid moeilijk kon doorvoeren. Deneckere en Mandel besloten samen te werken, zodat in januari 1959 het eerste nummer van *Links* verscheen. Hetzelfde jaar nam de BSP de eis van de structuurhervormingen over.

De situatie werd minder gunstig tijdens de staking tegen de Eenheidswet. André Renard brak met *La Gauche* toen dit blad aanstuurde op een mars op Brussel. De onderlinge verhoudingen waren al verslechterd in de loop van 1960, vooral naar aanleiding van het federalisme van Renard. Renard koos tijdens de staking voor een federalistische uitweg, gaf zijn eigen blad *Combat* uit en richtte het Mouvement Populaire Wallon op (1961). De trotskisten vermeden een breuk met het MPW. De terugval van de sociale strijd, de hoogconjunctuur en de BSP-deelname aan de regering waren evenzoveel negatieve omstandigheden voor de trotskisten.

Na de dood van Renard (1962), waren er 3 tendensen die elkaar de leiding van de MPW betwistten: de trotskisten en hun sympathisanten die

Annex 2 Rik de Coninck - Beknopte historische inleiding over het Belgisch trotskisme1 (1979)

kritisch stonden tegenover het federalisme, de syndicalisten (o.a. Yerna) en de Waalse nationalisten (o.l.v. François Perin). Na 1964 zou het MPW uiteenspatten. Tussen 1961 en 1964 probeerden de trotskisten de eenheid te bewaren van de antireformistische linkerzijde die vol zat met centrifugale krachten. Zo weerstonden ze de druk van het MPW om *La Gauche* te doen breken met de BSP. In dezelfde periode verzetten ze zich tegen de goedkeuring van de wetten op de ordehandhaving.

Op dat moment was het ledenaantal gegroeid tot een 130 met ook enkele leden in Vlaanderen. Het werd mogelijk een open werking te starten en daar drongen een aantal leden ook sterk op aan. Ze wilden de progressieven buiten de BSP aantrekken, vooral linkse intellectuelen. Er werd in 1962 gestart met het blad *Lutte de Classe*. Voor Georges Vereeken, die de fusie van 1946 snel opgeblazen had, was dit meteen een argument om andermaal lid te worden van de Vierde Internationale. In 1965 trok hij er definitief uit, omdat hij niet akkoord was met de positieve appreciatie van de Chinese culturele revolutie.

De cohesie, die meer dan 10 jaar merkwaardig groot geweest was, verzwakte ook naar aanleiding van discussies in de Vierde Internationale. De Argentijn Posadas brak in 1961-1962 met het Internationaal Secretariaat op basis van onvoorwaardelijke steun aan de Chinese communisten en een controverse over de Derde Wereld. Hij verenigde de meeste Latijns-Amerikaanse trotskisten en probeerde een uitgebreide internationale op te bouwen samen met niet-trotskistische revolutionairen. In België werd een posadistische groep opgericht door enkele trotskisten die het entrisme in vraag stelden en gesprekken startten met een trotskistische kern in Charleroi die het entrisme geweigerd had in 1950. De partijnaam was eerst Parti Ouvrier Révolutionnaire, later werd er "Trotskyste" aan toegevoegd (PORT), met het blad *La Lutte Ouvrière*.

De Vierde Internationale nam in 1963 een soepeler houding aan t.o.v. het entrisme: ook een publieke werking als partij kon overwogen worden. Dit had tot gevolg dat de sterke Amerikaanse Socialist Workers Party na 10 jaar weer lid werd van de Vierde Internationale. Deze hereniging leidde o.a. tot een naamsverandering van het Internationaal Secretariaat in Verenigd Secretariaat. Michel Raptis (Pablo) had zich ondertussen verregaand geëngageerd in het solidariteitswerk met het Algerijns FLN; hij scheurde zich in 1965 af van de Vierde Internationale op basis van zijn prioritaire aandacht voor de bevrijdingsbeweging van gekoloniseerde volkeren. Dit leidde tot de oprichting van de TMRI, de Internationale revolutionair-marxistische tendens. Gaandeweg ontstond een toenadering van de groep Vereeken met de pablistische TMRI die veel aandacht had voor gedecentraliseerd bestuur. De groep Vereeken noemde zich de Revolutionair Marxistische Tendens, en gaf het maandblad *Alle macht aan de werkers* uit. Het blad verdween na het overlijden van Georges Vereeken (1978).

Voor de volledigheid dient ook de lambertistische groep vermeld. Het is onduidelijk of deze groep in 1950 uit verzet tegen het entrisme ontstond ofwel pas later. In 1973 richtten zij de Groupe trotskiste belge pour la réconstruction de la Quatrième Internationale op. In 1979 werden er fusiegesprekken gevoerd met de toenmalige Revolutionaire arbeidersliga (RAL).

Die lambertisten organiseerden de Cercle d'études marxistes en gaven *Informations ouvrières* uit.

In 1964 kwam een einde aan het entrisme in de BSP op het zgn. "Onverenigbaarheidscongres" (december 1964): lidmaatschap van de BSP was onverenigbaar met een leidende functie in het MPW of met het schrijven in *Links* en *La Gauche*. De trotskisten wilden die breuk met de BSP zeker niet, maar eenmaal ze een feit was, stuurden ze aan op de vorming van grote organisaties links van de BSP.

In Brussel, waar de trotskisten sterkst stonden, lukte dat het best met de oprichting van de Union de la Gauche Socialiste (UGS) (150 aanwezigen op het stichtingscongres). Kort na de uitsluiting hadden er parlementsverkiezingen plaats. De UGS vormde een kartel met de communisten en Pierre Le Grève werd verkozen.

In Vlaanderen kwam Marcel Deneckere tot een compromis met de BSP-leiding; binnen de redactie van *Links* waren er slechts enkele dissidenten (o.a. Guy Desolre). Er was ook wat reactie van Socialistische Studenten

Annex 2 Rik de Coninck - Beknopte historische inleiding over het Belgisch trotskisme1 (1979)

en Jongsocialisten tegen de beknotting van het tendensrecht. Deze mensen steunden de verkiezingscampagne van Kamiel Huysmans[2]; ze groepeerden de (kleine) linkerzijde in de Socialistische Beweging Vlaanderen (SBV) en gaven *De Socialistische Stem* uit (in 1969 vervangen door *Rood*).

Ook in Wallonië moesten de trotskisten zich aanpassen aan de nieuwe situatie. Verschillende waardevolle medewerkers namen ontslag uit de redactie van *La Gauche* (Glinne, Yerna, Cools, Hurez). Het MPW verloor het grootste deel van haar linkerzijde. De linkerzijde die in het MPW bleef (trotskisten, JGS en sympathisanten), was duidelijk in de minderheid t.o.v. de wallinganten. Dat bleek al in januari 1965 toen de Luikse federatie van de opvolger van het MPW, de Parti Wallon des Travailleurs (PWT), opgericht werd: de wallingant François Perin werd de leider van deze sterke federatie. Ook in andere federaties golden die krachtsverhoudingen. Nog tijdens de campagne voor de verkiezingen van 23 mei 1965 werden de tekenen van de naderende breuk duidelijk: de linkerzijde van de PWT wou een kartel met de communisten, terwijl Perin een kartel met andere wallingantische partijen beoogde. Na de verkiezingen fusioneerde hij met die partijen en vormde zo het Front Wallon. De trotskisten en een radicale linkerzijde bleven verder werken in een afgeslankte PWT.

Het eindresultaat na 14 jaar entrisme was beneden de verwachting:er bleven slechts 3 kleine organisaties over waarin men kon werken (PWT, UGS en SBV). Ze werden in oktober 1965 overkoepeld door de Socialistische Arbeiderskonfederatie (SAK) die een 1.000 leden telde. Ondertussen had de BSP zich ook ontdaan van de JGS. Aanleiding was de kritiek van de JGS op de BSP-leiding tijdens de viering van 100 jaar Eerste Internationale (1964). De BSP had net daarvoor een nieuwe jeugdorganisatie (Jeunesse Socialiste) opgericht; de JGS was numeriek zeer zwak na de uitsluiting. In Vlaanderen was sinds 1962-1963 de Socialistische Jonge Wacht (SJW) ontstaan met kernen in Gent en Antwerpen (met o.a. François Vercammen). Zij leunde sterk aan bij de Vierde Internationale.

De trotskisten reageerden verward op deze nieuwe situatie. Het project om een linkse massapartij op te richten was mislukt, de linkerzijde was in

1965 uiterst verdeeld. De trotskisten hadden gehoopt dat deze verschillende stromingen verenigd uit de confrontatie met de BSP-leiding zouden komen.

In een eerste periode besloot men verder te werken in de SAK, na enige tijd groeide een strekking die "de jonge voorhoede" wou integreren omdat ze afkerig was van de traditionele partijen en geneigd was tot revolutionaire actie. Mei '68 gaf de doorslag in deze discussie: van dan af werd de oprichting van autonome revolutionaire partijen in het vooruitzicht gesteld. Ze moesten in de plaats komen van de radicale linkse partijen van de SAK. De verkiezingen van 1968 betekenden immers een terugval voor de SAK. De trotskisten hadden echter weinig voeling met het revolutionair jongerenmilieu. Zo was er geen contact met de leiding van de Leuvense studentenbeweging die juist toen onder maoïstische invloed kwam.

Het 9de Wereldcongres van de Vierde Internationale (1969) besliste over de koerswijziging en in 1970 werd in Brussel een eerste grote publieke manifestatie gehouden ("Europe Rouge").

De trotskisten vonden het studentenoproer belangrijk op 2 gebieden: men kon er kaders rekruteren en het oproer had een voorbeeldfunctie. De studenten konden als minst controleerbare groep in de maatschappij een eerste bres slaan in het kapitalistische regime en zo aan de arbeiders tonen dat een oppositie tegen het kapitalisme en de politieke en sociale leiders mogelijk was. De trotskisten waren organisatorisch zwak, maar hadden enkele troeven om radicale jongeren te winnen: het lidmaatschap van een internationale organisatie, het kunnen steunen op een ideologische traditie die een coherentie en een kennis gaf van het verleden van de arbeidersbeweging en het intellectueel prestige van E. Mandel, P. Broué, P. Naville ... Dat botste dan weer met het spontaneïsme van deze jongeren. Dat spontaneïsme vond eerder aansluiting bij het maoïsme van de beginjaren, dat gekenmerkt werd door een antisyndicaal standpunt.

In Vlaanderen werd de kern van de nieuwe op te richten partij gevormd door de SJW. Deze jeugdorganisatie had eind 1968 de Socialistische Studenten opgeslorpt en startte in 1969 een toenaderingsproces tot de Vierde Internationale. De staking van de mijnwerkers in Limburg (1970) was een

Annex 2 Rik de Coninck - Beknopte historische inleiding over het Belgisch trotskisme1 (1979)

test voor deze nieuwe generatie revolutionairen die alleen de studentenstrijd en de anti-imperialistische mobilisaties kenden; ze mengden zich voor het eerst in de arbeidersstrijd. Dit versnelde de oprichting van de Revolutionaire Arbeidersliga (RAL) in mei 1971.

Naast de SJW was er in Vlaanderen nog de SBV die na een kortstondige fusie met de Vlaamse Democraten" omgevormd werd tot Revolutionaire Socialisten (1968). In januari 1969 gaven ze *Rood* uit ter vervanging van *De Socialistische Stem*; het blad kreeg de ondertitel "voor de eenheid van revolutionaire arbeiders en studenten".

In Brussel en Wallonië was er minder inbreng van radicale jongeren. Tot 1970 deed een clandestiene groep er nog entrisme in de restanten van de PWT en de UGS. De oude generatie militanten volgde de nieuwe evoluties enigszins argwanend.

Het stichtingscongres van de RAL had tot doel om de ervaringen van de oude en de nieuwe generatie samen te brengen. Dat mislukte ten dele. De aanwezigheid van o.a. Mandel en Van Ceulen stond weliswaar borg van continuïteit, maar in de leiding zaten vooral kaders van de nieuwe generatie. Organisatorisch betekende dat een achteruitgang. Geleidelijk deed zich een centralisatie voor: de oprichting van het Rood Bolwerk in Brussel, de aanstelling van vrijgestelden...

Door de snelle groei van SJW had de Belgische trotskistische beweging meer Vlaamse dan Franstalige leden. Er werd vooral gerekruteerd in socialistische middens. Na het stichtingscongres van de RAL werd de SJW omgevormd tot haar jongerenorganisatie.

Tijdens de eerste jaren van het bestaan van de RAL bleef de werking onder de radicale jongeren zeer belangrijk. Dit betekende dat men veel aandacht had voor studenteneisen en voor de internationale problematiek (de oorlog in Vietnam, de putsch in Chili...). Geleidelijk aan werd dit ondergeschikt gemaakt aan het binnenlands politiek werk. Zo probeerde de RAL om samen te werken met linkse organisaties in het Progressief Front in 1975. Op syndicaal gebied werd er verder gebouwd op de verworven posities uit de UGS en PWT-periode (dus vooral in de metaal- en glassector, en in de openbare diensten). De tussenkomst in vele wilde stakingen bereidde dit terrein verder uit (textiel, dokwerkers,...) De RAL was één van de promotoren van de 36 uren-eis.

Zij verhoogde haar uitstraling door de rekrutering van vele bekenden uit de culturele sector (leden van vormingtheaters, Robbe De Hert ...) Om die uitstraling te verhogen werden zoveel mogelijk lokalen geopend. De Antwerpse King Kong groeide uit tot het meest succesvolle voorbeeld.

Tijdens de jaren zeventig was er maar één kleine afscheuring. In 1972 verliet Guy Desolre met enkele anderen de RAL en richtte hij de Groupe Marxiste Internationaliste op. Tot 1980 gaf hij het blad *La Brèche* uit.

In 1976 werd een eerste poging ondernomen om deel te nemen aan gemeenteraadsverkiezingen. Er werden kartels afgesloten in enkele Waalse steden (Quaregnon, Liège). Vanaf 1977 werd aan alle verkiezingen deelgenomen. Men haalde nooit meer dan 1 %. De RAL probeerde meermaals een kartel af te sluiten met de KPB en Amada (Alle macht aan de arbeiders). Amada weigerde steeds en de KPB stemde daar maar in toe toen ze zelf zeer klein geworden was.

---

1 Deze inleiding (geschreven voor het AMSAB) is hoofdzakelijk gebaseerd op volgende werken: De Beule N., *Het Belgisch trotskisme 1925-1940. De geschiedenis van een groep oppositionele communisten.* Gent, 1980, 276 p.; Lorneau M, « Le mouvement trotskyste belge, septembre 1939-décembre 1964 » in: *Courrier hebdomadaire du CRISP*, n° 1062-1063, 21 december 1984, 57 p.; Chauvier J.M., « Gauchisme et nouvelle gauche en Belgique (II) » in : *Courrier hebdomadaire du CRISP*, n° 602-603, 4 mei 1973, 37 p. R.d.C.)

2 Camille HUYSMANS (1871-1968) als overtuigd sociaal-democraat was hij burgemeester van Antwerpen, minister, premier, secretaris en voorzitter van de Tweede Internationale. Hij steunde de Vlaamse beweging. Zie ook in deze bundel Proloog, noot 58. (H.P.)

ANNEX 3
HOE GUSTAVE DACHE DE GESCHIEDENIS VAN DE STAKING 60-61 NAAR ZIJN HAND ZET

EEN KRITIEK DOOR ANDRÉ HENRY, LUCIEN PERPETTE, GILBERT LECLERC EN GEORGES DOBBELEER (2 DECEMBER 2010).

We hebben de eerste twee hoofdstukken van dit artikel opgenomen omdat het enig licht werpt op de activiteiten van het trotskisme in de grote staking, een staking die een beslissende rol heeft gespeeld in de vorming van de Waalse federalistische opvattingen. De volledige tekst in het Frans is beschikbaar op lcr-lagauche.org.

Gustave Dache, een militante arbeider uit de streek van Charleroi en veteraan van de "staking van de eeuw" publiceerde onlangs in het Frans De algemene revolutionaire en opstandige staking van 60-61. De titel had eigenlijk moeten luiden: Hoe Ernest Mandel de overwinning van de socialistische revolutie in 60-61 heeft verhinderd.

  Dache beweert dat België toen in een openlijk revolutionaire toestand verkeerde en dat de arbeidersklasse slechts een klein stapje vooruit moest zetten om zich door een opstand meester te maken van de politieke macht. Die mislukking is, aldus Dache, te wijten aan het verraad van de traditionele bestuursapparaten van de arbeidersbeweging en aan de renardistische linkervleugel van de FGTB die de strijd heeft afgeleid naar het federalisme.

  Maar het boek is eerst en vooral een zeer brutale aanklacht tegen Ernest Mandel en diens toenmalige aanhangers die aan intredepolitiek deden in de sociaal-democratie. Volgens Dache was de revolutie mogelijk geweest indien de "groep Mandel" in de praktijk revolutionair was geweest. Maar die groep was volgens hem enkel op theoretisch vlak revolutionair. Hoofdstuk na hoofdstuk hamert de auteur op de "mandelianen" die in wezen defaitisten, liquidationisten, reformisten, pseudo-marxisten, valse trotskisten en opportunisten waren, er op uit om carrière te maken. Die beschuldigingen zijn grotesk, maar zoals het spreekwoord zegt: belaster maar en wel brutaal en er blijft altijd wat van hangen.

Gustave Dache is er in geslaagd om wat hij al 50 jaar lang herhaalt te publiceren en we zijn nu wel verplicht om enkele zaken recht te zetten. We pakken niet alles aan omdat dit ons te ver zou leiden. Het boek krioelt van onjuistheden, halve waarheden en grove leugens (een volledig hoofdstuk heeft hij overgeschreven van een "lambertistisch"[1] auteur uit die tijd, en specialist in het genre). Los van het getwist tussen de veteranen proberen wij een juist beeld op te hangen van de "staking van de eeuw" en van de interventie van de Belgische sectie van de Vierde Internationale daarin. Een antikapitalistisch bewustzijn krijgt namelijk vorm door een juiste interpretatie van de historische feiten,en niet door mythes, karikaturen en beledigingen.

Was er in België in de winter 1960-61 een revolutionaire en opstandige toestand?

Op die vraag antwoordt Gustave Dache zonder enige aarzeling "ja". Wij delen zijn mening niet. Verwijzend naar Lenin denken we dat een revolutionaire situatie drie gelijktijdige voorwaarden veronderstelt: 1) die van beneden willen niet meer geregeerd worden als voorheen; 2) die van boven zijn daartoe niet meer in staat; 3) de middenklassen aarzelen tussen de twee kampen. Die tweede voorwaarde werd in 60-61 nooit vervuld. De heersende klasse verloor op geen enkel ogenblik de controle op de situatie en had al haar middelen daartoe niet ingezet. België kende zelfs geen machtsvacuüm zoals in mei 1968 toen de Franse president De Gaulle naar Duitsland verdween om te beraadslagen met zijn generaals. Na zeven weken gingen de arbeiders weer

Annex 3 - Hoe Gustave Dache de geschiedenis van de staking 60-61 naar zijn hand zet

aan het werk zonder te zijn verslagen. In april viel de regering Eyskens en kwam de BSP aan de macht om de "Eenheidswet" stapsgewijs uit te voeren. Gustave Dache ontkent deze laatste van zaken niet, zodat we ons vragen moeten stellen over de geldigheid van Lenins eerste voorwaarde.

Het gaat er niet om de draagwijdte van 60-61 te minimaliseren maar om de gebeurtenissen correct in te schatten. Hoe verklaart men anders dat nadat de grote meerderheid van de arbeiders niet verslagen was en in de staking alle vertrouwen in de sociaal-democratie verloren had, zij enkele maanden later niet opnieuw in actie kwamen? Was de arbeidersbeweging ondertussen verpletterd? De geschiedenis leert dat wanneer een revolutionaire situatie niet uitmondt in een proletarische machtsovername, zij noodzakelijkerwijze een overwinning van de contrarevolutie met zich mee brengt, d.w.z. een verplettering van de georganiseerde arbeidersbeweging. Waar in de periode na de staking bespeurt Dache zo'n verplettering? Wanneer en hoe werd de door de algemene staking mogelijk gemaakte revolutionaire toestand afgesloten?

Hier is enige duidelijkheid vereist. In het voorwoord op Daches boek schrijft Eric Byl, de leider van de LSP/PSL, over de "zes algemene stakingen" in Griekenland in de eerste maanden van dit jaar... Vergeleken hiermee is de staking 60-61 in Byls ogen blijkbaar een revolutie! Maar men vergist zich deerlijk wanneer men een veralgemeende staking van 24 uur verwart met een algemene staking. Voor een revolutionair marxist heeft men te maken met een algemene staking wanneer de stroom van de arbeiders de dijken doorbreekt en het land zodanig inundeert dat niemand nog weet hoe men die stroom weer in zijn bedding krijgt. In deze zin, en alleen in deze zin, opent een algemene staking een potentieel revolutionaire en dus potentieel opstandige situatie.

Bovendien moet een lange weg worden afgelegd tussen een potentieel revolutionaire situatie, een voorrevolutionaire situatie, een reële revolutionaire situatie en een situatie waarin een revolutie mogelijk is.

De enige concrete veralgemeende uiting van de arbeidersmacht was de aanduiding, door de vakbond, van de arbeiders die moesten zorgen voor het onderhoud van de machines in de fabrieken. Dit is belangrijk, maar volstaat niet om te gewagen van een revolutionaire situatie, want in het tegengestelde geval zou men de absurde conclusie moeten trekken dat een revolutie mogelijk is onder de controle van het vakbondsapparaat. Dache neemt systematisch zijn wensen voor werkelijkheid. Hij houdt geen rekening met het feit dat de algemene staking niet ervaren werd als "revolutionair" en evenmin als "opstandig" in Vlaanderen. Hij beweert dat de verwoesting van het station Guillemin in Luik en de botsingen die daarop volgden op 6 januari, een "proletarische opstand" waren. Hij verwart rellen met opstand. Een opstand bestaat er niet in ramen van stations in te gooien, maar in het bezetten van instellingen van de overheid en strategische punten zoals regeringsgebouwen, parlement, radio en televisie, energiecentrales, verkeersknooppunten, telefooncentrales, enz. Niets van dit alles gebeurde in de staking 60-61. De talrijke sabotagedaden die Dache vermeldt zijn evenmin een bewijs van het revolutionaire karakter van de situatie. De staking van de eeuw toonde het revolutionaire potentieel van de arbeidersklasse, maar de situatie zelf was op geen enkel moment revolutionair. Dit is de historische waarheid.

Liep de "groep Mandel" aan de leiband van Renard?

Dache beschuldigt André Renard, maar hij moet tegelijk toegeven dat deze beschouwd en erkend werd als de ziel van de staking en als haar onbetwiste leider. Overal deden de stakers een beroep op Renard, ook en vooral in gebieden waar vormen van zelforganisatie waren ontstaan. Renard belichaamde de linkerzijde van het ABVV/FGTB die openlijk strijd voerde tegen de rechterzijde van de sociaal-democratie. Zijn autoriteit bleef onaangetast tot aan het einde en hij behield de controle van de beweging zelfs nadat hij haar had afgeleid naar een federalistisch doelwit.

Renard was zeker geen revolutionair, maar hij was evenmin een reformist en nog minder een aanhanger van het kapitalistische medebeheer. Hij had prestige verworven in het Verzet, zijn figuur belichaamde het socialisme door de actie en hij leek de drager te zijn van de strijd voor de structuurhervormingen zoals de vakbondscongressen van 1954 en 1956 hadden uitgestippeld. Er was dus in 1960 politiek weinig of geen plaats ter linkerzijde van Renard en

Annex 3 - Hoe Gustave Dache de geschiedenis van de staking 60-61 naar zijn hand zet

men moest dus omzichtig te werk gaan. Had men radicaal afstand genomen van Renard zoals Dache dat verdedigt, dan had men zich radicaal afgesneden van de grote meerderheid van de stakers en hun voorhoede. Hierover bestaat geen enkele twijfel. Zelfs na de staking was het prestige van Renard zo groot dat hij in staat was om de Mouvement Populaire Wallon op te richten met meer dan 20.000 leden. De overgrote meerderheid van de in de strijd tegen de Eenheidswet geradicaliseerde arbeiders werden lid van de MPW.

Het is echter totaal fout en grof van Dache om te beweren dat de Belgische sectie van de Vierde Internationale aan de leiband liep van Renard. In tegendeel, de spanningen waren zeer scherp. In februari 1959 braken Mandel en Yerna (die nooit trotskist is geweest) met Renard omdat die geweigerd had solidair te zijn met de mijnwerkers in de Borinage. Het kwam later, voor de staking, tot een zekere oppervlakkige verzoening. De meningsverschillen waren talrijk. In tegenstelling tot Renard, die zich hierover in die zin nooit uitsprak, voerde *La Gauche* campagne voor structuurhervormingen met een duidelijk antikapitalistisch karakter. Het opbod van Dache in verband hiermee is totaal misplaatst. Hij beweert dat onze stroming neokapitalistische structuurhervormingen verdedigde en als bewijs hiervoor vermeldt hij dat *La Gauche* arbeiderscontrole als eis vooropstelde. Maar hij spreekt zichzelf tegen wanneer hij zijn eigen interventie op een vergadering van de arbeiders in de glasindustrie vermeldt waarin hij met geen woord rept over de volgens hem zo onmisbare arbeiderscontrole!

Naast Mandel kwamen verschillenden militanten van onze stroming ernstig in botsing met Renard. Zo bijvoorbeeld Edmond Guidé die het staalbedrijf Cockerill in Luik totaal liet lamleggen op 20 december 1960, waarop Renard hem op staande voet zijn vakbondsbevoegdheid afnam. Een ander bekend lid van onze organisatie, Gilbert Leclerc was een van de belangrijkste animatoren van het stakingscomité in Leval, een zeer geavanceerd experiment van zelforganisatie. De militanten van de Vierde Internationale speelden een vooraanstaande rol in de Jeune Garde Socialiste (de toenmalige jeugdbeweging van de PSB), de enige groep die genade vindt bij Dache. Maar voor alles was *La Gauche* de enige politieke stroming die campagne voerde voor de mars op Brussel. We vernamen later uit goede bron dat indien de renardisten dit parool hadden overgenomen, Eyskens zijn Eenheidwet had opgegeven. De mars op Brussel was werkelijk de enige centrale eis voor hen die de strijd wilden voortstuwen in een revolutionaire richting. Maar Renard wilde daar niet van weten. Onze kameraad Lucien Perpette werd in de peiling genomen toen hij op een meeting in Yvoz-Ramet een oproep voor de mars. Wie nog andere bewijzen wil om aan te tonen dat *La Gauche* brak met Renard, dan volstaat de vermelding dat vanaf 24 december 1960, toen het blad opriep om overal stakerscomités op te richten en ze te coördineren, Renard verbod gaf aan de persen van het dagblad *La Wallonie* dat gecontroleerd werd door de metaalvakbond, *La Gauche* te drukken. Het blad was gedwongen een andere drukker te vinden in Brussel. Het klopt dat bepaalde standpunten soms vaag en zelfs benaderend werden geformuleerd, maar *La Gauche* was het orgaan van de linkse tendens in de schoot van de PSB en niet het blad van de Belgische sectie van de Vierde Internationale. Mandel was er zelfs niet de hoofdredacteur van. Het blad weerspiegelde niet altijd revolutionair-marxistische standpunten, verre van. Men kan vinden dat de trotskisten meer het accent hadden moeten leggen op een autonome verschijning als sectie van de Internationale, maar "grijs is de theorie, groen de boom des levens"[2]. Onze kameraden deden politiek werk in *La Gauche*, in de Socialistische Jonge Wacht en werkten mee aan een netwerk ter ondersteuning van het FLN in de Algerijnse oorlog[3]. Ze waren zo weinig talrijk dat ze zich tevreden moesten stellen met een bijlage van het blad van de Franse sectie (*La Vérité des travailleurs*) om hun opvattingen bekend te maken. Een voorbeeld van die zwakheid: toen Georges Dobbeleer in 1953 als arbeider in FN begon te werken, was hij de enige trotskistische militant in de streek van Luik.

Men kan ook vinden dat onze kameraden de BSP hadden moeten verlaten toe deze partij in 1961 mede een regering vormde [met de CVP], in plaats van te wachten tot hun uitsluiting in 1964. Zo denken wij er over en voor zover wij weten ook Gustave Dache. Maar waarom zwijgt hij hierover in zijn boek? Misschien wil hij zijn vrienden van de LSP niet in verlegenheid brengen die zelf tot in 1993 in de sociaal-democratie zijn gebleven, zo'n 30

Annex 3 - *Hoe Gustave Dache de geschiedenis van de staking 60-61 naar zijn hand zet*

jaar na de algemene staking van 60-61.

---

1 Pierre LAMBERT (1920-2008) was de leider van een Franse trotskistische organisatie die in de loop van haar geschiedenis diverse namen droeg (OCI, PCI, PT, POI) (H.P.)

2 Een citaat uit Goethes *Faust*. (H.P.)

3 Het Front de Libération Nationale was de belangrijkste politieke organisatie in de strijd voor de onafhankelijkheid van het Algerijnse volk tegen het Franse kolonialisme. Over de steun aan dit front van o.a. de troskisten zie Hervé HAMON & Patrick ROTMAN, *Les porteurs de valises. La résistance Française à la guerre d'Algérie*, Parijs 1981. (H.P.=

NATIONALITEIT EN KLASSENSTRIJD IN BELGIË

ANNEX 4
DANIEL TANURO
DE BELGISCHE CRISIS (2007)

De politieke crisis waarin België verzinkt blijft onbegrijpelijk voor wie geen inzicht heeft in de wisselwerking tussen de subjectieve en objectieve factoren en geen weet heeft van de historische achtergrond en de recente ontwikkelingen. We kunnen ons niet tevreden stellen met de uitspraak dat het gaat om de crisis van de "hogere kringen" en dat de "lagere kringen" andere kopzorgen hebben, enz. Er steekt natuurlijk enige waarheid in deze uitspraak, maar de crisis stelt bizarre vragen waarop men moet antwoorden wil men op het politieke terrein blijven staan.

Er bestaat geen Belgisch kapitalisme meer

Wie gehoorzaamt aan de materialistische logica begint met de economische ontwikkeling. Vanuit dit gezichtspunt zijn de zaken tamelijk simpel: de Vlaamse ondernemers hebben een ambitieus ontwikkelingsproject dat Vlaanderen moet in stand houden als een van de meest welvarende regio's van Europa. Ze voelen zich daarin sterk omdat zij beschikken over de haven van Antwerpen, de derde van de wereld (en de tweede na New York als men geen rekening houdt met de tonnenmaat van de aardolie die in Rotterdam in transito ligt). Maar Antwerpen ligt op 30 km van de monding van de Schelde. Zij kan haar positie slechts in stand houden met grote investeringswerken in het havengebied zelf, in de boog tussen Antwerpen en Zeebrugge, en in de hele periferie met Rijsel, Nederland en Duitsland. Het behoud van de economische dynamiek van de Vlaamse ondernemingen en de aantrekkingskracht van deze zone voor de multinationals hangt ervan af. Op sociaal vlak vereist dit een ver doorgedreven neoliberale politiek: hervorming van de sociale zekerheid, arbeidsflexibiliteit, mobiliteit en vorming van de arbeidskracht, immigratie, asielrecht, loonpolitiek, en dan spreken we niet eens over de gevolgen voor de ruimtelijke ordening, het milieu, enz.

Hier raken we aan de centrale kwestie: dit project is het project van de "nieuwe" Vlaamse ondernemers. De opgang van deze fractie van de heersende klasse begon na de tweede wereldoorlog. Haar relatief gewicht is er brutaal op vooruitgegaan met de ontbinding van de Société Génerale de Belgique (de houdstermaatschappij opgericht door Willem II van Oranje nog voor de onafhankelijkheid van België). Deze holding woog met al zijn gewicht op de partijen en op de staat tot in de hoge sferen van de monarchie. De ongelijke ontwikkeling tussen het noorden en het zuiden was kenmerkend voor de "Belgische provinciën". De Société Générale heeft op haar manier die tendens omgegooid in de loop van de 19de eeuw met haar investeringspolitiek in Vlaanderen en Wallonië. Ze deed dat echter op een bijzondere manier. Na de oorlog zocht zij geen houvast bij haar industriële pronkstukken om een gat in de internationale markt op te vullen, maar beperkte zij zich steeds meer tot het halen van wat er op financieel gebied te halen viel. België kon dus niet beschikken op een Philips zoals in Nederland of een Volvo zoals in Zweden.

Onderworpen als ze waren aan het rentenierskapitalisme en bij gebrek aan een adequate investeringspolitiek werden de door de holding gecontroleerde ondernemingen in de jaren 1970 zwaar getroffen door de ommekeer van lange expansiegolf. In het zuiden van het land dat al getroffen was door de crisis in de steenkoolontginning, liet de herstructurering een ruïneus landschap achter. In Vlaanderen kwam ruimte vrij voor de expansie van een regionaal kapitalisme dat stoelt op dynamische KMO's, op de banken (Kredietbank) en op de investeringen van multinationals. De genadeslag werd toegediend door de baas van Olivetti, de Italiaanse zakenman Carlo de Benedetti. Hij beschreef de holding, komisch maar treffend, als "slaapmutskapitalisme". Zijn overnamebod werd weliswaar gedwarsboomd door SUEZ (door de Belgische staat ter hulp geroepen) maar luidde de doodsklok in van de "oude dame" zoals men in

Annex 4 - Daniel Tanuro - De Belgische crisis (2007)

het Frans de holding pleegt te noemen. Sindsdien is er geen 'Belgisch kapitalisme' meer. Wie dit niet wil inzien begrijpt niets van de huidige crisis. De institutionele bovenbouw stemt immers niet meer overeen met het werkelijke kapitaal. De monarchie die historisch eng verbonden was met de Société Générale, heeft geen voet aan de grond in de nieuwe Vlaamse ondernemerswereld. De staatshervorming van de jaren 1980 en 1990 ging gepaard met een aantal aberraties in de verdeling van de bevoegdheden, zodat de gefederaliseerde entiteiten, evenals de centrale staat, soms verhinderd worden om een coherente politiek te voeren. De toestand in de regio Brussel, de hoofdstad, is bijzonder onhoudbaar: ontoereikende werkingsmiddelen, een splitsing in 19 gemeenten, een benepen territorium. En tot slot en niet in het minst is er de kwestie van het behoud van de sociale zekerheid zoals die ingevoerd werd in 1944 en die een aantal mechanismen inhoudt die niet helemaal ten goede komen aan het specifieke project van de Vlaamse ondernemers.

De nationalisten in het noorden van het land stellen de "financiële transfers" van het rijke Vlaanderen naar het arme Wallonië aan de kaak. In feite gaat het om de solidariteit van de meer talrijke en beter betaalde loontrekkers in Vlaanderen met de sociaal verzekerden in Wallonië. Deze beroering is niets anders dan de vervormde politieke vertaling van het feit dat de Vlaamse ondernemers de sociale zekerheid willen 'hervormen' in functie van hun specifiek neoliberaal project om des te meer beroep te kunnen doen op het Waalse reservoir aan abeidskrachten. Ook hier komt de ongelijke ontwikkeling weer aan het licht: het oude industriële bekken van Wallonië wordt verteerd door massale werkloosheid, terwijl de Vlaamse economie vreest voor onderbezetting. Zulke verschillen moeten in overweging worden genomen als het er bijvoorbeeld om gaat het "pensioen" en het "asielrecht" te regelen, of om de "werkzoekenden" te activeren.

De Franstalige partijen stribbelen tegen. Waarom eigenlijk? Hoeft het gezegd dat de geblokkeerde onderhandelingen niets te maken hebben met een conflict tussen rechts en links? Als we een blik werken op de gefederaliseerde entiteiten Wallonië en Brussel dan merken we dat de Franstalige partijen evenzeer bekeerd zijn tot het neoliberalisme als hun Vlaamse tegenhangers.

Zij verzetten zich tegen de splitsing van de sociale zekerheid en tegen de regionalisatie van de collectieve arbeidsovereenkomsten omdat ze bang zijn voor een deflationistisch effect en een politieke destabilisatie die in Wallonië een brutale degradatie van de sociale bescherming kunnen veroorzaken[1], m.a.w. omdat de neoliberale politiek in het zuiden qua ritme en modaliteiten zou verschillen van die in het noorden.

De kronkelwegen van de politiek

Heel deze achtergrond komt tot uiting in de regeringscrisis. Maar de politiek drukt zich, zoals men weet, niet gewoon uit in de taal van de economie. Tussen deze twee sferen zijn bijzondere bemiddelingen aan het werk en dat maakt de zaken ingewikkeld. In het Belgische geval heeft het transfer plaats over de nationale kwestie heen, d.w.z. over de Vlaamse kwestie. Dit geeft aanleiding tot een opbod aan oppervlakkige en impressionistische interpretaties. Wie beweert dat de Vlaamse kwestie louter een kwestie van culturele frustratie is, slaat de bal mis. De nationaliteitenkwestie is, hier zoals elders, slechts de verpakking van de sociale kwestie. Met een beetje overdrijving kan men stellen dat Vlaanderen in België de rol speelde van Ierland in het Verenigd Koninkrijk: een goedkope arbeidsreserve en een producent van goedkope landbouwproducten waarmee men de arbeidslonen kon drukken. De onderontwikkeling, de hongersnood en de minachting voor de taal en de mensen leken sterk op elkaar. Wie durft, een paar Engelsen uitgezonderd, de Ieren afschilderen als "cultureel gefrustreerden"?

Maar de economische situatie heeft zich omgekeerd, antwoorden sommigen. Juist: vandaag is Wallonië de arme en misprezen regio. De nationale rechten van de Vlamingen worden niet meer onderdrukt, iets dat de nationalistische leider Vic Anciaux[2] al bijna een dertig jaar geleden verklaarde. Maar men moet rekening houden met het gewicht van het verleden met zijn schrikbarend effect op de linkerzijde. Links betaalt nog steeds voor de grote historische fout van de Belgische sociaaldemocratie die weigerde om zich in te zetten voor de rechtvaardige strijd van het Vlaamse volk. De Duitser August Bebel had de Belgische Werklieden Partij (de voorloper van de BSP)

Annex 4 - Daniel Tanuro - De Belgische crisis (2007)

gewezen op het voordeel van een Vlaamse arbeidersbevolking die de taal van haar uitbuiters niet sprak. Tevergeefs echter: de partij van Émile Vandervelde[3] weigerde deze internationalistische weg in te slaan. Reeds aangetast door de klassensamenwerking verkoos de partij zich knus te koesteren in het ondemocratisch, monarchistisch en ... Franstalig institutioneel systeem. Een systeem dat de grootmachten in 1830 boven de doopvont hadden gehouden als buffer tussen het postrevolutionaire Frankrijk en Noord-Europa, zonder dat de twee volkeren in dit gebied (Vlamingen en Walen) ook maar iets te zeggen hadden over hun cohabitatie[4].

Gezien het ontbreken aan een links alternatief viel de Vlaamse beweging in handen van de lagere clerus. Haar rabiate heftigheid en typisch kleinburgerlijk revanchisme zijn het antwoord op de vernederingen en het misprijzen die zij heeft ondergaan. Dit is niet het enige gevolg van de historische fout van de BWP: in de arbeidersklasse heeft de weigering om zich de democratische Vlaamse eisen eigen te maken de weg geopend voor de katholieke hiërarchie, die, na de afkondiging in 1891 van de encycliek Rerum Novarum, een christelijke vakbeweging organiseert, openlijk gericht tegen de socialistische vakbeweging. Sindsdien is de christelijke vakbeweging overheersend in Vlaanderen, terwijl de socialistische vakbeweging sterker is in Wallonië. De conventionele splitsing heeft niet veel betekenis meer in de wereld van de arbeid, maar de organisatorische scheiding langs de taalgrens blijft bestaan.

Het Vlaams nationalisme, de revanche en het liberalisme

Het einde van het Belgisch kapitalisme is de sleutel om de objectieve grondslagen van de crisis te begrijpen. Om de subjectieve aspecten te begrijpen moet men echter de ontwikkeling van het Vlaams nationalisme onder ogen nemen, dit in de tweezijdige context van de economische triomf in Vlaanderen en de ideologische triomf van het neoliberalisme. Ook hier moet men zich hoeden voor oppervlakkige interpretaties. Het is duidelijk dat dit nationalisme niet meer de verpakking is van een bepaalde uitbuiting en onderdrukking. Maar men vergist zich schromelijk wanneer men in de eensgezindheid van de Vlaamse partijen rond de eisen voor autonomie de uiting ziet van een aangeboren erfelijke "fascisering" van het noorden onder leiding van het Vlaams Belang. Men begrijpe ons goed: het VB met zijn 25% van de stemmen in Vlaanderen is een uiterst rechtse partij, die steun krijgt van een fractie van de kapitalisten en wier historische kern een fascistisch verleden heeft. We mogen het gevaar dat van deze partij uitgaat niet onderschatten. Maar de Vlaamse ondernemers die de dans leiden hebben nog niet beslist om de kaart van uiterst rechts te spelen, wat een zware botsing met de machtige vakbeweging zou uitlokken[5]. En waarom zouden die ondernemers voor uiterst echts kiezen? Alle "democratische" partijen volgen de lijn die zij hebben uitgestippeld. De Vlaamse sociaaldemocratie, volkomen ontredderd door het verlies van haar volkse aanhang in het voordeel van het VB, heeft geen ander perspectief dan het neoliberaal project in Vlaanderen achterna te hollen. De Groenen vertonen sympathieke antinationalistische zielenroerselen, maar hebben geen sociaal alternatief.

In feite is het de neoliberale homogenisering van de Vlaamse politieke klasse, en niet haar "fascisering", die tot uiting komt in het Vlaamse front. Vandaar het nationalistische opbod van de partijen. Met de verplaatsing van het economische zwaartepunt naar het noorden van het land is het Vlaamse nationalisme de ideologische vorm geworden van het neoliberaal project in de bijzondere context van Vlaanderen. Het is deze alchemie die verklaart hoe de splitsing van het laatste electoraal tweetalig kiesarrondissement Brussel-Halle-Vilvoorde (BHV)[6] een fetisjkwestie is geworden in het politieke leven. "Wij zijn de rijken vandaag en we gaan jullie de wet dicteren": dat is de symbolische betekenis van het stemgedrag van de Vlaamse parlementairen i.v.m. de splitsing van BHV in de commissie binnenland van de Kamer. De verontwaardigde Franstaligen spreken van een "kaakslag". De arrogantie is van kamp veranderd. Maar de Vlamingen hebben toch een zekere logica aan hun kant: waarom zou men dit unitair arrondissement in stand houden wanneer het hele land gesplitst is op talige basis, waaronder de provincie Brabant waar de Franstaligen in 1962 een tweetalige zone hebben afgewezen? Dit gezegd zijnde moeten we erkennen dat hoger genoemd stemgedrag geen separatistische dreiging inhoudt. De Vlaamse ondernemers willen, een kleine

Annex 4 - Daniel Tanuro - De Belgische crisis (2007)

fractie uitgezonderd, geen gebarsten België, maar een autonoom Vlaanderen in een staatsbestel dat hun project niet in het gedrang brengt.

Het is nu duidelijk dat de Belgische crisis gekneld zit tussen een reeks historische factoren enerzijds, en een neoliberale politiek van de totale markt anderzijds. De ideologische bijproducten ervan zijn de arrogantie van het geld, de verheerlijking van de sociale ongelijkheid, de banalisering van de vreemdelingenhaat, de breuk in de sociale solidariteit. Als men de rol van de Europese Unie in de uitwerking van deze politiek in aanmerking neemt, is het ronduit belachelijk wanneer bepaalde Franstaligen, in naam van het "Europees model van samen leven in verscheidenheid" (waarvan België een illustratie is), de Vlamingen aan de kaak stellen. Maar over welk model gaat het eigenlijk? "De Europese integratie maakt de Belgische staat broos": hoe wel *Le Monde Diplomatique* deze diagnose twintig jaar geleden (juli 1988) stelde, blijkt niemand te willen inzien dat wat er in België gebeurt geen wrat is op de neus van de EU, maar een bijzonder product is van haar politiek. Een product dat bovendien steeds moeilijker te controleren is, want het liberale bestuur maakt de kloof tussen de rijke en de arme regio's alsmaar groter, zeker wanneer die bevolkt worden door twee verschillende volkeren. België is de illustratie van dít "model" en van geen ander: de vorming van regionale parlementen en regeringen met als taak het uitvoeren van de neoliberale politiek heeft de laatste vijftien jaar een bepaalde "communautaire vrede" mogelijk gemaakt. Maar daarvoor moest een prijs worden betaald: het onvermogen van het gros van het politiek personeel van de heersende klasse om te begrijpen wat er "aan de andere kant van de taalgrens" aan de gang is, om niet eens te spreken over het globale bestuur van de staat.

Er is geen uitweg als men de marktmechanismen in stand houdt

De totale genezing van de Belgische kwaal vereist een sociale en economische politiek waarmee de ongelijkheid tussen het noorden en het zuiden van het land kan worden opgelost. Zo'n politiek steunt op een herverdeling van de rijkdom en een relance van een openbaar investeringsbeleid, dus op een betwisting van de logica van de markt. Dit had de linkervleugel van het

NATIONALITEIT EN KLASSENSTRIJD IN BELGIË

ABVV aan het einde van de jaren 1950 begrepen: zij koppelde de eis van federalisme aan een programma van antikapitalistische structuurhervormingen (meer bepaald de naasting van de energiesector en het krediet). Dit programma werd goedgekeurd door de congressen van de socialistische vakbeweging in 1954 en in 1956, en speelde een beslissende rol in de mobilisatie van de arbeiders in wat de "staking van de eeuw" zou worden in de winter van 1960-1961. Na de staking raakte dit programma stilaan in de vergetelheid omdat de Waalse vleugel van het ABVV een terugtrekkende beweging op regionale basis uitvoerde, een beweging waarvan men vandaag beseft dat zij naar een impasse voerde. Toen ving de periode 1977-1993 aan waarin de werkende klasse, ondanks haar hardnekkig verzet, een zware nederlaag leed, waar de overleg- en verdeelpolitiek van haar vakbondsapparaten grotendeels verantwoordelijk voor was.

Wat nu? De in het nauw gedreven werkende klasse wordt geconfronteerd met een nieuwe uitdaging: het redden van het systeem van de sociale zekerheid. Deze strijd kan enkel gewonnen worden door een internationalistische strijd van de werkers, de Vlaamse en de Waalse werkers, van de socialistische en van de christelijke vakbeweging. In deze hachelijke situatie komt de algebraïsche formule van 1954-1956 goed van pas: er is geen volwaardig federalisme, er is geen democratie zolang Wallonië, Vlaanderen en Brussel een "paradijs voor de kapitalisten" zijn zoals Marx reeds had opgemerkt. Daarom moet de vakbeweging durven doorwegen op het politieke terrein met de betwisting van het neoliberaal keurslijf van de EU en van de Belgische staat. In de eerste plaats moet zij daarbij een internationalistische aanpak tegenover de nationalistische aanpak van de sociaaldemocratie stellen, 100% indruisend tegen het continue afglijden naar een "vakbeweging die de veranderingen begeleidt". Maar er is geen andere weg wil men de belangen verdedigen van de mannen en vrouwen die verplicht zijn hun arbeidskracht te verkopen. Als we dit gevecht verliezen dan zullen de levensomstandigheden en de mogelijkheden om ons te verzetten grondig veranderen, en dit voor lange tijd

(Dit artikel verscheen in *Inprecor*, een Franstalig tijdschrift van de Vierde Internationale, november-december 2007.)

Annex 4 - Daniel Tanuro - De Belgische crisis (2007)

1 In de gezondheidszorg bijv. zou een splitsing op basis van de belastingsbijdragen een verschil van ongeveer 25% teweegbrengen tussen de beschikbare middelen in het noorden en het zuiden. (D.T.)

2 Vic ANCIAUX was voorzitter van de Volksunie van 1979 tot 1986. (H.P.)

3 Émile VANDERVELDE (1866-1938), de leider van de BWP, werd voorzitter van de Tweede Internationale in 1900 en in 1914 bij het uitbreken van de oorlog minister van Zijne Majesteit.(H.P.)

4 Dit dient te worden genuanceerd. Er bestond toen geen Vlaams "volk" of Waals "volk" in de strikte betekenis van deze term, wel dialect sprekende, tamelijk aparte groepen. (H.P.)

5 Zij rekenen vandaag op het neoliberale NV-A dat electoraal het VB en de christendemocratische CD&V heeft ingehaald. (D.T.)

6 Die kieskring is gezien de federalisering van het rijk een grondwettelijke absurditeit. Hij werd onlangs opgeheven. (H.P.)

NATIONALITEIT EN KLASSENSTRIJD IN BELGIË

CHRONOLOGISCH OVERZICHT

1898 *Taalwet van 18 april*, de 'Gelijkheidswet': de Nederlandstalige wetteksten en koninklijke besluiten dragen hetzelfde officiële en juridische karakter als de Franstalige. Hiermee wordt het Vlaams tweede officiële taal.

1912 *J. Destrée* publiceert zijn 'Lettre au Roi sur la séparation de la Wallonie et de la Flandre'.

1917 *21 maart*: bestuurlijke scheiding van Vlaanderen en Wallonië door de Duitse bezettingsmacht;
22 december: de "Raad van Vlaanderen" roept onder de bezetting de onafhankelijkheid van Vlaanderen uit.

1919 *Kieswet van 10 april*: algemeen enkelvoudig stemrecht voor mannen.

1921 *Taalwet van 31 juli*: gebruik van het Nederlands in de gemeentelijke en provinciale besturen in Vlaanderen.

1929 *26 mei*: doorbraak van de Vlaamse nationalisten bij de parlementsverkiezingen van 26 mei.

1930 *Taalwet van 5 april*: totale vernederlandsing van de Rijksuniversiteit Gent.

1932 *Taalwet van 28 juni*: eentaligheid in de openbare diensten en parastatale instellingen (Frans in Wallonië en het arrondissement Nijvel, Nederlands in de Vlaamse provincies en in de arrondissementen Leuven en Brussel, tweetaligheid in Brussel, splitsing van de centrale staatsadministratie in twee taalrollen. Er zijn echter geen sancties voorzien;
Taalwet van 14 juli: de taal van de regio is de taal in het lager en secundair onderwijs. In Brussel en omgeving geldt "moedertaal is onderwijstaal", maar onderricht in de tweede taal vanaf de lagere school.

1933 *7 oktober*: oprichting van het rechtse nationalistische Vlaams Nationaal Verbond.

1935 *Taalwet van 15 juni*: vernederlandsing van de rechtspraak in

NATIONALITEIT EN KLASSENSTRIJD IN BELGIË

Vlaanderen. Er zijn sancties voorzien.

1936 *6 oktober*: geheim akkoord tussen Rex en het VNV over de splitsing van België en een corporatistische 'volksordening'.

1938 *Taalwet van 30 juli*: regelt het taalgebruik in het leger en de verhouding Vlaamse en Franstalige officieren.

1950 *12 maart*: in de volksraadpleging spreekt 57,68% zich uit voor de terugkeer van Leopold III (Vlaanderen stemt 72% voor, Brussel 48%, Wallonië 42%).

1960 *19 december*: begin van de staking tegen de 'Eenheidswet'

1961 *27 maart*: oprichting van de Mouvement Populaire Wallon;

22 oktober: Vlaamse 'mars op Brussel' georganiseerd door het Vlaams Aktiekomitee Brussel en Taalgrens (o.m. tegen de voor de Vlamingen nadelige volkstellingprocedures).

1962 *14 februari*: studentenbetoging voor "Leuven Vlaams";

14 oktober: tweede 'Vlaamse mars op Brussel' ;

Taalwet van 8 november: vastlegging van de taalgrens, mede onder druk van de "marsen op Brussel".

1963 *Taalwet van 30 juli* over het taalgebruik in het onderwijs;

Taalwet van 2 augustus over het taalgebruik in de administratie.

Brussel verdeeld in 3 gebieden: het tweetalig arrondissement van de 19 gemeenten, het eentalig arrondissement Halle-Vilvoorde en de 6 faciliteitengemeenten.

1967 *5 november*: massabetoging in Antwerpen voor 'Leuven Vlaams'.

1968 *17 januari*: staking Leuvense studenten;

7 februari: val van de regering;

23 februari: oprichting van het Rassemblement Wallon.

1971 *16 oktober*: oprichting van de gewestelijke Economische Raad van Wallonië;

31 december: herziening van de grondwet: indeling van België in drie gewesten.

1992 *Het Sint-Michielsakkoord* maakt van België een federale staat.

AFKORTINGEN

ABVV-FGTB	Algemeen Belgisch Vakverbond – Fédération Générale du Travail Belge
ACV-CSC	Algemeen Christelijk Vakverbond – Confédération Syndicale Chrétienne
ACW-MOC	Algemeen Christelijk Werkersverbond – Mouvement Ouvrier Chrétien
ALDL	Archief Léon De Lee
BB	Boerenbond
BSP-PSB	Belgische Socialistische Partij – Parti Socialiste Belge,
BWP-POB	Belgische Werklieden Partij – Parti Ouvrier Belge
CCI	Comité Central Industriel
CVP-PSC	Christelijke Volks Partij – Parti Social Chrétien
FDF	Front des Francophones
IKD	Internationale Kommunisten Deutschlands
ISAOL	Internationale Socialistische Antioorlogsliga
JGS-SJW	Jeune Garde Socialiste – Socialistische Jonge Wacht
KPB-PCB	Kommunistische Partij van België – Parti Communiste de Belgique
KOMINTERN	Communistische Internationale
KUL-UCL	Katholieke Universiteit Leuven – Université Catholique de Louvain
KVV	Katholieke Vlaamse Volkspartij
LSP-PLS	Links Socialistische Partij – Parti Socialiste de Lutte
MP	Meetingpartij
MPW	Mouvement Populaire Wallon
MR	Mouvement Réformateur
NEVB	Nieuwe Encyclopedie van de Vlaamse Beweging
PRL	Parti Réformateur Libéral
PS	Parti Socialiste
PVV-PLP	Partij voor Vrijheid en Vooruitgang – Parti de la Liberté et du

PWT	Progrès Parti Wallon des Travailleurs
RSP-PSR	Revolutionaire Socialistische Partij – Parti Socialiste révolutionnaire
SAK-CST	Socialistische Arbeiders Konfederatie – Confédération Socialiste des Travailleurs
SBV	Socialistische Beweging Vlaanderen
SFIO	Section Française de l'Internationale Ouvrière
SG	Société Générale de Belgique
SP	Socialistische Partij
UFAC	Union des Fraternelles de l'Armée de Campagne
UGS	Union de la Gauche Socialiste
UHGA	Unie van Hand- en Geestesarbeiders
VB	Vlaams Blok / Vlaams Belang
VERDINASO	Verbond van Dietsche Nationaal Solidaristen
VEV	Vlaams Economisch Verbond
VKP	Vlaamsche Kommunistische Partij
VLD	Vlaamse Liberale Democraten
VNV	Vlaams Nationaal Verbond
VOKA	Vlaams Netwerk van Ondernemingen
VU	Volksunie

www.ingramcontent.com/pod-product-compliance
Lightning Source LLC
Chambersburg PA
CBHW050625300426
44112CB00012B/1667